# 이렇게 기막힌 적중률

오직 스터디 카페 멤버에게만
주어지는 특별 혜택!

# 이기적 스터디 카페

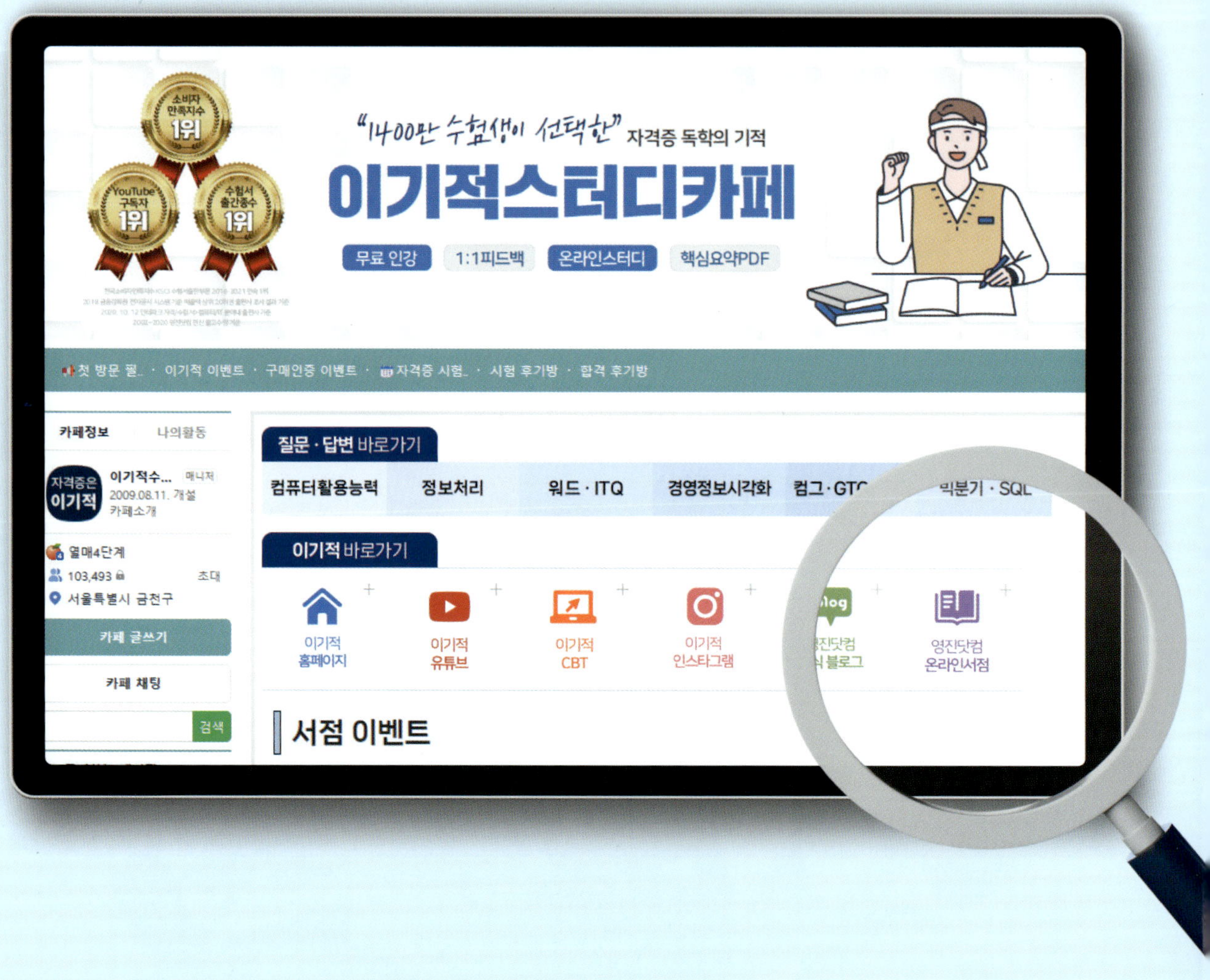


이기적 스터디 카페

합격을 위한 기적 같은 선물
**또기적 합격자료집**

혼자 공부하기 외롭다면?
**온라인 스터디 참여**

모든 궁금증 바로 해결!
**전문가와 1:1 질문답변**

1년 내내 진행되는
**이기적 365 이벤트**

도서 증정 & 상품까지!
**우수 서평단 도전**

간편하게 한눈에
**시험 일정 확인**

# 합격까지 모든 순간 이기적과 함께!

# 이기적 365 EVENT

## QR코드를 찍어 이벤트에 참여하고 푸짐한 선물 받아가세요!

**1  기출문제 복원하기**

이기적 책으로 공부하고 시험을 봤다면 7일 내로 문제를 제보해 주세요!

**2  합격 후기 작성하기**

당신만의 특별한 합격 스토리와 노하우를 전해 주세요!

**3  온라인 서점 리뷰 남기기**

온라인 서점에서 책을 구매하고 평점과 리뷰를 남겨 주세요!

**4  정오표 이벤트 참여하기**

더 완벽한 이기적이 될 수 있게 수험서의 오류를 제보해 주세요!

※ 이벤트별 혜택은 변경될 수 있으므로 자세한 내용은 해당 QR을 참고해 주세요.

모두에게 당신의 합격 스토리를 들려주세요

# 합격 후기 EVENT

**합격하고 마음껏 자랑하세요.**
**후기를 남기면 네이버페이 포인트를 선물로 드려요.**

**블로그에 자랑 남기기**

개인 블로그에
합격 후기 작성하고 20,000원 받기!

**20,000원**
네이버페이 포인트 지급

▲ 자세히 보기

**카페에 자랑 남기기**

이기적 스터디 카페에
합격 후기 작성하고 5,000원 받기!

**5,000원**
네이버페이 포인트 지급

▲ 자세히 보기

※ 자세한 참여 방법은 QR코드 또는 이기적 스터디 카페 '이기적 이벤트' 게시판을 확인해 주세요.
※ 이벤트에 참여한 후기는 추후 마케팅 용도로 활용될 수 있으며 혜택은 변동될 수 있습니다.

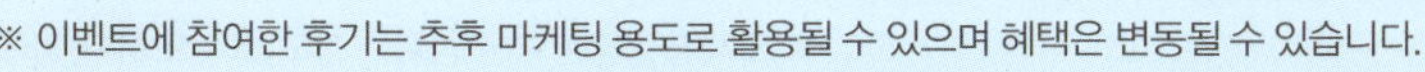

또, 드릴게요! 이기적이 준비한 선물

# 또기적 합격자료집

**1**  **시험에 관한 A to Z 합격 비법서**
책에 다 담지 못한 혜택은 또기적 합격자료집에서 확인

**2**  **편리하고 똑똑한 디지털 자료**
PC · 태블릿 · 스마트폰으로 언제든 열람하고 필요한 부분만 출력 가능

**3**  **초보자, 독학러 필수 신청**
혼자서도 충분한 학습 플랜과 수험생 맞춤 구성으로 한 번에 합격

※ 도서 구매 시 추가로 증정되는 PDF용 자료이며 실제 도서가 아닙니다.

◀ 또기적 합격자료집 받으러 가기

# SMAT 모듈 C
## 서비스 운영전략

# 차례

출제빈도에 따라 분류하였습니다.
- 상 : 반드시 보고 가야 하는 이론
- 중 : 보편적으로 다루어지는 이론
- 하 : 알고 가면 좋은 이론

▶ 핵심 이론 특강
저자 직강으로 제공되는 강의를 15p의 QR코드로 접속하거나 이기적 홈페이지(license.youngjin.com)에 접속하여 시청할 수 있습니다.

▶ 본 도서에서 제공하는 동영상은 1판 1쇄 기준 2년간 유효합니다.
  단, 출제기준안에 따라 동영상 내용은 변경될 수 있습니다.

## 부록 BONUS 또기적 합격자료집 · PDF

• 최신 기출문제 2회분
• 빈출 용어 정리 노트

※ **참여 방법** : '이기적 스터디 카페' 검색 → 이기적 스터디카페(cafe.naver.com/yjbooks) 접속 → '구매 인증 PDF 증정' 게시판 → 구매 인증 → 메일로 자료 받기

# 이 책의 구성



## 중요 개념과 핵심 이론



## 문제를 통한 이론 복습

다년간의 기출 분석을 통해 도출된
정말 중요한 핵심 정리

이론 학습 후 합격을 다지는 예상문제로
이론 복습 & 실력 체크

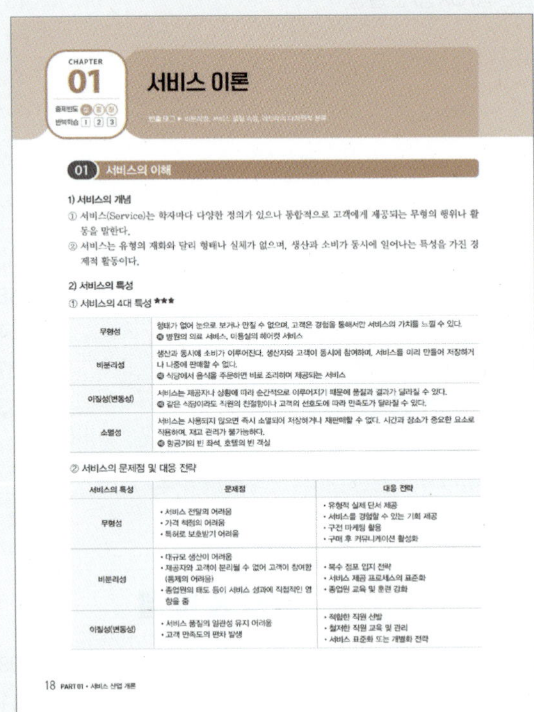

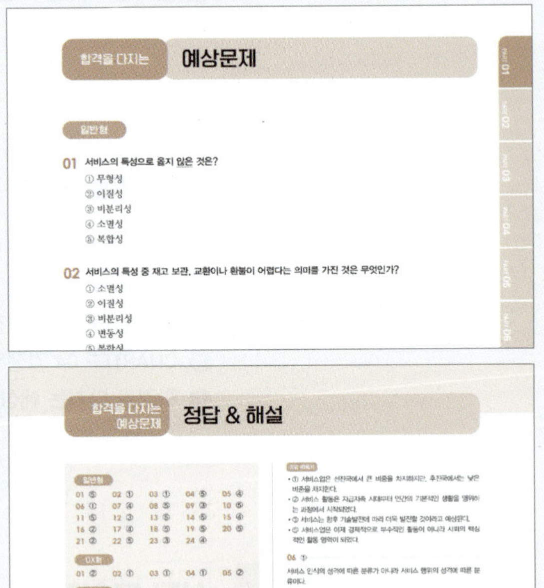

- ✅ 자주 출제되는 이론은 빈출태그로 확인
- ✅ 풍부한 예시와 설명을 활용한 학습
- ✅ 별 개수로 한눈에 중요도 파악

- ✅ 예상문제로 꼼꼼히 이론 복습
- ✅ 다양한 팁으로 학습 능률 향상
- ✅ 상세하고 정확한 해설 확인

# 실전 대비 모의고사



# 또기적 합격자료집

시행처 공개 모의고사 풀이를
통한 실전 감각 키우기

도서 구매자 특별 제공
최신 기출문제 + 빈출 용어 정리 노트

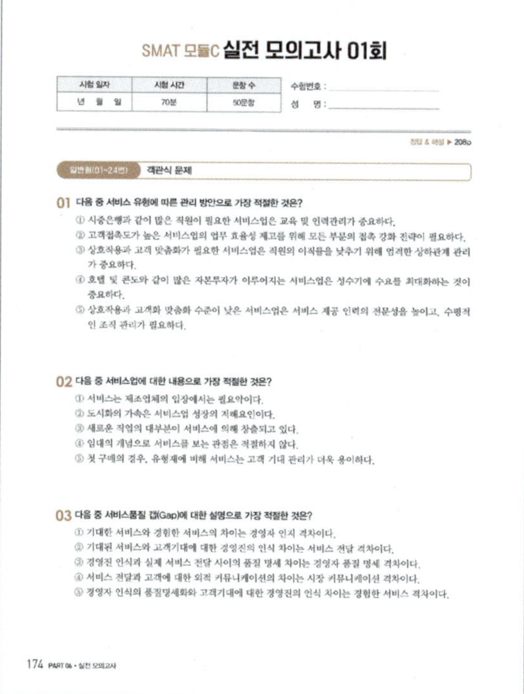

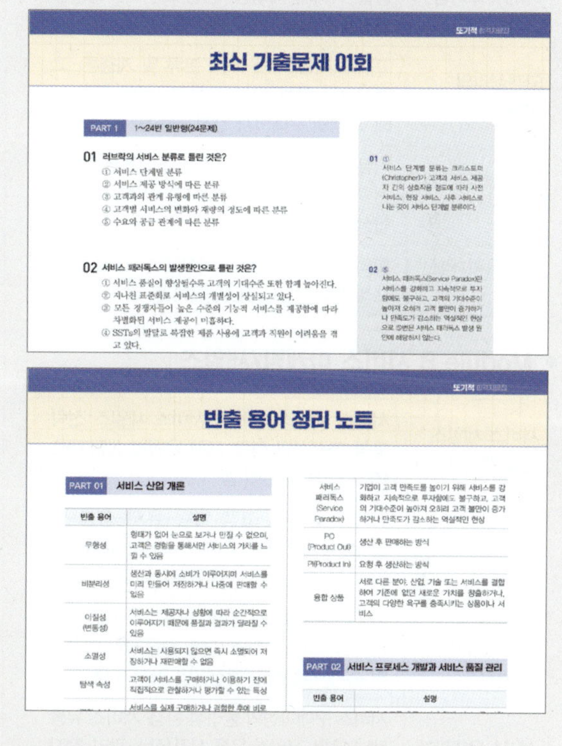

✅ 출제 유형 완벽 적응

✅ 철저한 실전 대비 가능

✅ 이해가 쏙, 친절한 해설 수록

✅ 기출문제로 최신 출제 경향 확인

✅ 정리 노트로 시험 직전 5분 정리

✅ 기출 + 용어 정리, 실전 대비 필수 조합!

## 출제 기준

### ● Module A 비즈니스 커뮤니케이션

| | |
|---|---|
| 비즈니스 매너/에티켓 | 매너와 에티켓의 이해, 비즈니스 응대, 전화 응대 매너, 글로벌 매너 등 |
| 이미지 메이킹 | 이미지의 개념, 이미지 메이킹 주요이론, 상황별 이미지 메이킹, 인상/표정 및 상황별 제스처, Voice 이미지 등 |
| 고객심리의 이해 | 고객에 대한 이해, 고객 분류 및 계층론, 고객심리의 이해, 고객의 성격유형에 대한 이해, 고객의 구매의사 결정과정 등 |
| 고객 커뮤니케이션 | 커뮤니케이션의 이해, 효과적인 커뮤니케이션 기법/스킬, 감성 커뮤니케이션, 설득과 협상 등 |
| 회의기획/의전 실무 | 회의운영 기획/실무, 의전운영 기획/실무, 프레젠테이션, MICE의 이해 등 |

### ● Module B 서비스 마케팅/세일즈

| | |
|---|---|
| 서비스 세일즈 및 고객상담 | 서비스 세일즈의 이해, 서비스 세일즈 전략 분석, 고객상담 전략, 고객 유형별 상담기법, MOT 분석 및 관리 등 |
| 고객관계관리 (CRM) | 고객관계 이해, 고객 획득–유지–충성–이탈–회복 프로세스, CRM 시스템, 고객접점 및 고객경험 관리, 고객 포트폴리오 관리 등 |
| VOC 분석/관리 및 컴플레인 처리 | VOC 관리시스템 이해, VOC 분석/관리법 습득, 컴플레인 개념 이해, 컴플레인 대응원칙 숙지, 컴플레인 해결방법 익히기 등 |
| 서비스 유통관리 | 서비스 구매과정의 물리적 환경, 서비스 유통 채널 유형, 서비스 유통 시간/장소 관리, 전자적 유통경로 관리, 서비스 채널 관리전략 등 |
| 코칭/교육훈련 및 멘토링/동기부여 | 성인학습의 이해, 교육훈련의 종류 및 방법, 서비스 코칭의 이해/실행, 정서적 노동의 이해 및 동기부여, 서비스 멘토링 실행 등 |

### ● Module C 서비스 운영전략

| | |
|---|---|
| 서비스 산업 개론 | 유형별 서비스의 이해, 서비스업의 특성 이해, 서비스 경제 시대 이해, 서비스 패러독스, 서비스 비즈니스 모델 이해 등 |
| 서비스 프로세스 설계 및 품질관리 | 서비스품질 측정모형 이해, 서비스 GAP 진단, 서비스 R&D 분석, 서비스 프로세스 모델링, 서비스 프로세스 개선방안 수립 등 |
| 서비스 공급 및 수요관리 | 서비스 수요 예측기법 이해, 대기행렬 모형, 서비스 가격/수율 관리, 서비스 고객기대 관리, 서비스 공급 능력계획 수립 등 |
| 서비스 인적자원관리(HRM) | 인적자원관리의 이해, 서비스 인력 선발, 직무분석/평가 및 보상, 노사관계 관리, 서비스인력 노동생산성 제고 등 |
| 고객만족경영 (CSM) 전략 | 경영전략 주요 이론, 서비스 지향 조직 이해, 고객만족의 평가지표 분석, 고객만족도 향상 전략 수립 등 |

## 시험 알아보기

### ● 자격 소개

- 서비스 산업 전반에 필요한 현업 역량을 평가하는 국가공인 민간자격
- 서비스업에 종사하는 사람들이 서비스 품질을 향상시키고, 고객 만족을 증진시키기 위한 전략을 수립하고 실행할 수 있는 능력을 갖추었는지 평가
- 주로 서비스 업종(호텔, 레스토랑, 관광, 유통 등)에서 경영 업무를 담당하는 사람들에게 중요한 자격증으로 서비스 경영 및 고객 관리의 전문성을 인정받을 수 있는 기회 제공

### ● 응시 자격

제한 없음

### ● 시험 형식

- PBT방식으로 70분간 진행
- 5개 유형 혼합 출제(일반형, O/X형, 연결형, 사례형, 통합형)

### ● 자격 필요성

- 관광·의료·금융·유통·물류 등 다양한 서비스 산업에서 활용
- 서비스 산업의 성장과 더불어 서비스 경영 전문가의 필요성 증대
- 대형 마트, 백화점 등 다양한 유통사에서 SMAT 자격증 소지자 우대

## 접수 및 합격 발표

### ● 시험 일자

- 2, 4, 6, 8, 10, 12월 : 둘째 주 토요일
- 5, 11월 : 마지막 주 토요일

### ● 접수 방법

- 정시 : KPC자격 홈페이지에서 접수, 연 8회 시험 시행
- 수시 : 전국 28개 지역센터에 문의, 연 1회 시험 시행

### ● 응시료

- 1개 Module : 20,000원
- 2개 Module : 36,000원
- 3개 Module : 50,000원

※2025년 제 6회 정기시험(10월 18일)부터 인상된 가격 적용 예정

### ● 합격자 발표

- KPC자격 홈페이지에서 합격자 발표
- 응시 익일부터 3주 후 목요일 홈페이지 공고

### ● 등급부여 기준

- 1급(컨설턴트) : 3개 Module 모두 취득(A+B+C)
- 2급(관리자) : 2개 Module 취득(A+B 또는 A+C)
- 3급(실무자) : Module A 취득

## 고사장 및 시험 관련 문의

- 시행처 : 한국생산성본부
- license.kpc.or.kr

☎ 1577-9402

## PART 01 서비스 산업 개론  무조건 점수를 따고 들어가야 하는 기본 파트!

**01 서비스 이론**

30%

빈출 태그  비분리성, 서비스 품질 속성, 러브락의 다차원적 분류

**02 서비스 산업**

20%

빈출 태그  서비스 패키지, 부가 서비스, 서비스 트라이앵글

**03 서비스 경제와 서비스 패러독스**

30%

빈출 태그  서비스 경제, 서비스 패러독스, SSTs

**04 서비스 비즈니스 모델**

20%

빈출 태그  패러다임 변화, PI방식, 융합 상품

## PART 02 서비스 프로세스 개발 및 품질 관리  제시된 예시와 사례 꼭 학습하기!

**01 서비스 프로세스**

25%

빈출 태그  서비스 매트릭스, 표준화, 개인화(고객화)

**02 서비스 프로세스의 개선**

20%

빈출 태그  서비스 디자인, 서비스 청사진, 가시선, PDCA 사이클, 피시본 다이어그램

**03 서비스 품질**

25%

빈출 태그  서브퀄, 카노 모형, SERVPERF모형, GAP모형

**04 전사적 품질 경영**

20%

빈출 태그  TQM, COQ, 전환 비용, 전환 장벽

**05 서비스 연구개발(R&D)**

10%

빈출 태그  혁신 유형, 가치 공동창조

## PART 03 서비스 공급 및 수요관리  다양한 관점을 제대로 이해하고 암기하기!

**01 서비스 가격 관리**

10%

빈출 태그  준거 가격, 가격 탄력성, 비금전적 비용

**02 서비스 기대 관리**

15%

빈출 태그  허용영역, 명시적 서비스, 델파이 기법, 시계열 분석법, 이동평균법

03 서비스 수요 관리

25%

빈출 태그  정량적 예측기법, 정성적 예측기법

04 서비스 공급 관리

20%

빈출 태그  자체 공급 모형, 주문 공급 모형, 일회 주문 모형, EOQ, POQ

05 서비스 수율 관리

15%

빈출 태그  수율 공식, 초과예약

06 서비스 대기 관리

15%

빈출 태그  대기 심리 원칙, 대기행렬, 포아송 분포, FCFS



# 서비스 인적자원관리 단골 출제 파트, 반드시 학습하기!

01 인적자원관리

10%

빈출 태그  HRM, 인적자원관리 6원칙

02 서비스 인력 선발

25%

빈출 태그  내부모집, 선발시험, 면접 유형

03 직무평가 및 보상

20%

빈출 태그  서열법, 평정척도법, 요소비교법, 인사평가 오류, 연공급제

04 노사관계 관리

25%

빈출 태그  노사관계, 노동조합, 단체교섭, 노사협의제도

05 노동생산성 관리

20%

빈출 태그  ESI, 직무 확대, 직무 충실화, 갈등의 순기능, 갈등 단계



# 고객 만족 경영 전략 헷갈리기 쉬운 부분, 반복 학습 필수!

01 고객 만족 경영과 전략

30%

빈출 태그  CSM, PSP 철학, 서비스 지향성

02 고객 만족도 측정

10%

빈출 태그  CSI, NCSI

03 경영전략과 분석

35%

빈출 태그  SCP 모형, 5 force, SWOT

04 경쟁우위 전략 및 서비스 마케팅

25%

빈출 태그  STP, 4Ps, IMC, SCA, Bass모델

**Q** 수험표는 반드시 지참해야 하나요?

**A** 수험표는 필수 준비물은 아니지만, 수험표를 통해 고사장 주소 및 약도와 같은 응시정보를 제공하니 반드시 확인이 필요합니다. 아울러 신분증은 반드시 지참해야 하며 미지참 시 시험 응시가 불가합니다.

**Q** 신분증은 어떤 것이 인정되나요?

**A** 실물 신분증은 주민등록증, 기간만료 전의 여권, 운전면허증, 공무원증 등이 인정되며 신분증 사본, 모바일을 이용한 신분증명은 인정되지 않습니다. 정확한 신분증 인정 범위는 한국생산성본부 홈페이지(www.kpc.or.kr)를 참고하시기 바랍니다.

**Q** 모듈 A와 B, C 중 무슨 모듈을 먼저 취득해야 하나요?

**A** 모듈 A의 우선 취득을 권장합니다. 모듈 B 또는 모듈 C를 먼저 취득 시, 모듈 A를 취득한 후에야 자격이 부여됩니다.

**Q** 시험이 끝나기 전에 퇴실이 가능한가요?

**A** 각 교시별 시험 종료 20분 전부터 퇴실이 가능하나 재입실은 불가합니다.

**Q** 시험문제나 답안이 공개되나요?

**A** 시험문제는 공개하지 않으나, 문항별 정답의 경우 통상 정기시험 당일 오후 2시에 KPC자격 웹사이트에 공지됩니다. 시험 당일 수험자는 본인이 작성한 답안을 수험표 뒷면에 기재하여 가지고 나갈 수 있으므로 웹사이트에 공지된 정답과 자신의 답안을 비교할 수 있습니다.

# "SMAT를 넘어,
# 서비스 경영의 리더로"

저는 이 책을 통해 '단순한 시험 대비용 학습서'가 아니라, 서비스 산업의 현장에서 즉시 적용할 수 있는 실용적인 지식과 인사이트를 제공하고자 했습니다.

SMAT는 A, B, C 모듈로 구성되어 있지만, 단순히 각각의 지식을 따로 떼어 공부하는 것이 아니라 서비스 산업을 하나의 유기적인 흐름 속에서 바라보는 통합적 사고가 중요합니다.

A 모듈(비즈니스 커뮤니케이션)은 고객과의 소통, 조직 내 협업, 디지털 시대의 커뮤니케이션 전략까지, 단순한 대화법이 아니라 비즈니스에서 성과를 창출하는 커뮤니케이션의 기술을 다룹니다.

B 모듈(서비스 마케팅 · 세일즈)로 차별화된 서비스 제공, 브랜드 전략, 디지털 마케팅 그리고 고객 경험 디자인을 통해 고객을 매료시키는 비즈니스 전략을 익힙니다.

C 모듈(서비스 운영 · 관리)을 통해 서비스 품질 관리, 프로세스 혁신, 데이터 기반 의사결정, 조직 운영 등 서비스의 본질을 효율적으로 관리하는 방법을 배웁니다.

각 모듈은 독립적이면서도 유기적으로 연결되어 있으며, 실전 사례와 함께 학습하면 보다 입체적인 시각을 가질 수 있도록 구성되었습니다.

이 책을 통해 여러분이 단순히 자격증 취득을 넘어서, 서비스 경영의 본질을 이해하고, 실전에서 차별화된 경쟁력을 갖춘 전문가로 성장하기를 기대합니다. SMAT가 여러분의 커리어에 새로운 기회를 열어주기를 바라며, 이 책이 변화하는 서비스 산업을 주도하는 첫걸음이 되기를 바랍니다.

지금, 당신이 미래의 서비스 경영을 이끌어갈 차례입니다.

저자 **김미정**

저자 유튜브 채널 바로가기 ▶
QR코드를 스캔하면 무료 동영상 강의를 시청하실 수 있습니다.

# 01

# 서비스 산업 개론

**파트 소개**

서비스의 기본 개념과 산업적 특성을 학습하고, 서비스 경제의 중요성을 이해합니다. 또한 서비스 산업에서 발생할 수 있는 '서비스 패러독스' 현상과 이를 해결할 수 있는 다양한 서비스 비즈니스 모델을 학습합니다. 이를 통해 서비스 산업 전반의 흐름과 특징을 체계적으로 파악할 수 있습니다.

**학습 방향**

서비스의 품질 속성과 현대적 서비스 산업의 특징을 알고, 학자별 서비스 분류 체계에 대한 내용을 숙지해야 합니다. 특히 전통적 관점(제조업)의 산업에서 서비스 중심으로 관점이 전환된 패러다임의 변화를 이해하며, 서비스 삼각형(Service Triangle), 서비스 패키지(Service Package), 서비스 패러독스(Service Paradox)등 핵심용어의 개념 정립과 특징을 명확히 숙지합니다.

**출제빈도**

| | | |
|---|---|---|
| CHAPTER 01 | 상 | 30% |
| CHAPTER 02 | 중 | 20% |
| CHAPTER 03 | 상 | 30% |
| CHAPTER 04 | 중 | 20% |

# 서비스 이론

빈출 태그 ▶ 비분리성, 서비스 품질 속성, 러브락의 다차원적 분류

## 01 서비스의 이해

### 1) 서비스의 개념

① 서비스(Service)는 학자마다 다양한 정의가 있으나 통합적으로 고객에게 제공되는 무형의 행위나 활동을 말한다.

② 서비스는 유형의 재화와 달리 형태나 실체가 없으며, 생산과 소비가 동시에 일어나는 특성을 가진 경제적 활동이다.

### 2) 서비스의 특성

① 서비스의 4대 특성 ★★★

| | |
|---|---|
| 무형성 | 형태가 없어 눈으로 보거나 만질 수 없으며, 고객은 경험을 통해서만 서비스의 가치를 느낄 수 있다.<br>예 병원의 의료 서비스, 미용실의 헤어컷 서비스 |
| 비분리성 | 생산과 동시에 소비가 이루어진다. 생산자와 고객이 동시에 참여하며, 서비스를 미리 만들어 저장하거나 나중에 판매할 수 없다.<br>예 식당에서 음식을 주문하면 바로 조리하여 제공되는 서비스 |
| 이질성(변동성) | 서비스는 제공자나 상황에 따라 순간적으로 이루어지기 때문에 품질과 결과가 달라질 수 있다.<br>예 같은 식당이라도 직원의 친절함이나 고객의 선호도에 따라 만족도가 달라질 수 있다. |
| 소멸성 | 서비스는 사용되지 않으면 즉시 소멸되어 저장하거나 재판매할 수 없다. 시간과 장소가 중요한 요소로 작용하며, 재고 관리가 불가능하다.<br>예 항공기의 빈 좌석, 호텔의 빈 객실 |

② 서비스의 문제점 및 대응 전략

| 서비스의 특성 | 문제점 | 대응 전략 |
|---|---|---|
| 무형성 | • 서비스 전달의 어려움<br>• 가격 책정의 어려움<br>• 특허로 보호받기 어려움 | • 유형적 실제 단서 제공<br>• 서비스를 경험할 수 있는 기회 제공<br>• 구전 마케팅 활용<br>• 구매 후 커뮤니케이션 활성화 |
| 비분리성 | • 대규모 생산이 어려움<br>• 제공자와 고객이 분리될 수 없어 고객이 참여함 (통제의 어려움)<br>• 종업원의 태도 등이 서비스 성과에 직접적인 영향을 줌 | • 복수 점포 입지 전략<br>• 서비스 제공 프로세스의 표준화<br>• 종업원 교육 및 훈련 강화 |
| 이질성(변동성) | • 서비스 품질의 일관성 유지 어려움<br>• 고객 만족도의 편차 발생 | • 적합한 직원 선발<br>• 철저한 직원 교육 및 관리<br>• 서비스 표준화 또는 개별화 전략 |

| 소멸성 | • 재고 보관이 어려움<br>• 수요와 공급의 불균형<br>• 교환, 반품, 환불의 어려움 | • 수요 및 공급의 예측 관리 전략<br>• 효율적 수율 관리 시스템 도입 |

### ③ 서비스의 품질 속성

서비스의 품질 속성이란 소비자들이 서비스를 선택하고 평가할 때 사용하는 주요 기준 또는 특징을 의미하며, 서비스가 소비자에게 어떻게 인식되고 평가되는지를 나타내는 기준이다.

| 탐색 속성 | • 고객이 서비스를 구매하거나 이용하기 전에 직접적으로 관찰하거나 평가할 수 있는 특성<br>• 주로 제품이나 서비스의 외형적 특성이나 정보를 통해 사전에 파악할 수 있는 요소로 작용<br>  예 의류, 가구, 장신구, 주택, 자동차 등 |
| --- | --- |
| 경험 속성 | • 서비스를 실제 구매하거나 경험한 후에 비로소 평가가 가능한 속성<br>• 고객이 서비스를 체험하는 과정에서 그 가치와 품질을 느끼고 판단<br>  예 식당 음식의 맛, 숙소의 편안함, 병원에서 치료 효과 등 |
| 신뢰 속성 | • 서비스를 구매하고 경험한 후에도 고객이 직접 평가하기 매우 어렵거나 불가능한 속성<br>• 주로 전문적이고 기술적인 요소나 결과에 대한 확신이 어려운 영역에서 발생<br>  예 법률 서비스, 수술 효과, 자동차 정비 |

## 3) 서비스의 중요성

① 현대 경제는 상품 생산 중심의 제조업 경제에서 서비스가 경제 활동의 중심이 되는 서비스 경제로 급격히 전환되고 있다.
② 전 세계 GDP의 70~80% 이상이 서비스 산업에서 창출되고 있으며, 고용 창출과 경제 성장에 서비스가 핵심적 역할을 수행하고 있다.
③ 현대 소비자들은 유형적 제품의 기능뿐만 아니라 무형적 활동의 가치도 중요하게 생각한다.

## 02 서비스 분류 체계

### 1) 대상과 서비스 행위에 따른 분류

서비스가 제공되는 대상(사람, 사물)과 서비스의 형태(유형, 무형)에 따라 서비스의 특성과 운영 방식을 체계적으로 나누는 서비스 분류 체계이다.

| 구분 | | 서비스 대상 | |
| --- | --- | --- | --- |
| | | 사람 | 사물 |
| 서비스<br>행위 | 유형 | • 사람에 대한 유형적 서비스 행위<br>• 고객의 참여도가 가장 높음<br>• 접점 직원의 능력과 태도가 중요함<br>  예 병원, 미용실, 식당 | • 사물에 대한 유형적 서비스 행위<br>• 고객이 현장에 존재할 필요 없음<br>  예 세탁, 택배, 자동차 정비 |
| | 무형 | • 사람에 대한 무형적 서비스 행위<br>• 감성, 지식 등 정신적 영역임<br>• 대부분 전문분야를 다루는 서비스에 해당함<br>  예 교육, 컨설팅, 법률상담, 공연 | • 사물에 대한 무형적 서비스 행위<br>• 직원의 전문성에 기초한 이미지 관리가 중요함<br>• 고객의 참여가 거의 없음<br>  예 회계, 은행, 증권, 보험 |

## 2) 러브락(Lovelock)의 다차원적 분류 ★★★

### ① 다차원적 분류의 개념

- 마케팅 학자인 크리스토퍼 러브락(Christopher Lovelock)이 서비스의 특성을 여러 기준에 따라 분류한 이론이다.
- 서비스가 매우 다양한 특성을 갖고 있기 때문에, 단순히 하나의 기준이 아니라 여러 가지 기준(차원)을 동시에 고려하여 서비스의 특성을 종합적으로 분석해야 한다고 강조하였다.

### ② 서비스 행위의 성격에 따른 분류

서비스가 대상(사람 또는 사물)에 따라 어떤 형태로 제공되는지를 기준으로 분류한 것이다.

| 구분 | 서비스를 받는 대상 | |
|---|---|---|
| | 사람 | 사물 |
| 유형 | 병원, 미용실, 공항, 호텔 | 화물 운송, 청소, 장비 수리 및 유지보수 |
| 무형 | 광고, 교육, 영화관 | 보험, 증권, 법률 서비스 |

### ③ 서비스 제공 방식에 따른 분류

서비스가 제공되는 방식이나 장소에 따라 구분한 것이다.

| 구분 | 서비스 입지 | |
|---|---|---|
| | 단일 입지 | 복수 입지 |
| 고객이 서비스기업으로 방문 | 영화관, 미용실 | 법률 사무소, 패스트푸드점, 대중교통 |
| 서비스기업이 고객에게 방문 | 소독 서비스, 잔디 깎기 | 택배, 자동차 긴급 출동 서비스 |

### ④ 고객과의 관계 유형에 따른 분류

고객과 서비스 제공자 간 관계의 지속성 여부에 따라 분류한 것이다.

| 구분 | 서비스기업과 고객 간 관계 | |
|---|---|---|
| | 회원 | 비회원(비공식) |
| 계속적 제공 | 은행, 보험 | 라디오, 방송국, 무료 고속도로 |
| 단발적 제공 | 승차권, 국제전화 | 렌터카, 유료 고속도로 |

### ⑤ 수요와 공급 관계에 따른 분류

서비스의 수요 변동성 여부 및 수요 관리 필요성에 따라 구분한 것이다.

| 구분 | | 시간에 따른 수요 변동 정도 | |
|---|---|---|---|
| | | 변동 폭 큼 | 변동 폭 작음 |
| 최대 피크 수요 충족 여부 | 가능 | 전화, 전기, 경찰 및 소방 | 법률 서비스, 보험, 세탁소 |
| | 불가능 | 호텔, 회계, 세무, 영화관 | (해당 없음 또는 드묾) |

### ⑥ 고객별 서비스의 변화와 재량의 정도에 따른 분류

서비스가 고객의 특성과 요구에 따라 개별화(맞춤화)되는 정도 또는 표준화되는 정도를 기준으로 구분한 것이다.

| 구분 | | 고객에 따라 서비스를 변화시킬 수 있는 정도 | |
|---|---|---|---|
| | | 높음 | 낮음 |
| 직원의 권한위임 정도 | 높음 | 의료, 법률, 건축, 가정교사 | 교육, 질병 예방 프로그램 |
| | 낮음 | 은행, 고급 음식점, 호텔 | 영화관, 대중교통, 패스트푸드점 |

> **기적의 TIP**
>
> 러브락의 다차원적 분류는 다양한 유형의 문제로 자주 출제되는 내용이니 꼭 이해해 두세요.

## 3) 호로비츠의 서비스 분류 ★

호로비츠(Jacques Horovitz)는 서비스를 상호작용의 밀도, 접점의 빈도와 지속 시간이라는 두 가지 기준으로 분류하였다.

① 상호작용의 밀도: 서비스 제공자와 고객이 얼마나 밀접하게 소통하는가.

② 접점의 빈도와 지속 시간: 고객과 서비스 제공자가 서비스 과정에서 얼마나 자주, 얼마나 오래 접촉하는가.

| 구분 | | 접점의 빈도와 지속 시간 | |
|---|---|---|---|
| | | 낮음 | 높음 |
| 상호작용의 밀도 | 낮음 | [일반화된 서비스(유쾌함과 즐거움)]<br>• 기본적인 기능 중심의 상호작용<br>• 숙련된 인력 필요 없음<br>• 고객 행동 예측 가능<br>◉ 패스트푸드, 택배 서비스 | [안정적인 서비스(정중한 도움)]<br>• 시간과 장소에 관계없이 직원의 일관된 태도가 중요<br>• 정해진 절차와 친절함이 중요<br>◉ 호텔, 레스토랑 |
| | 높음 | [개인화된 서비스(즉각적 대응과 순발력)]<br>• 고객 문제에 즉각 반응할 수 있는 순발력 필요<br>• 경청과 전문성 요구<br>◉ 유지보수, 세일즈 | [사려깊은 서비스(관계능력과 전문성)]<br>• 대인관계 및 문제 해결 능력이 요구됨<br>• 고객 상황을 이해하고 배려할 수 있는 숙련된 전문가 필요<br>◉ 법률 서비스, 컨설팅, 전문 교육 |

## 4) 크리스토퍼의 서비스 단계별 분류 ★

크리스토퍼(Christopher)는 서비스를 제공되는 단계(서비스 제공 과정) 중심으로 크게 3단계로 나누어 고객과 서비스 제공자 간의 상호작용 정도에 따라 분류하였다.

| | |
|---|---|
| 사전 서비스<br>(Before Service) | • 서비스 제공 이전 단계로, 고객의 기대를 형성하고 상호작용을 준비하는 과정이다.<br>• 고객 서비스 지침 제공 등을 통해 고객이 받을 서비스에 대해 사전에 인지할 수 있도록 한다.<br>• 고객에게 너무 과도한 사전 정보를 제공할 경우 부담감이나 불신을 초래할 수 있다.<br>• 예약 서비스 등을 통해 판매 가능성을 높일 수 있다. |
| 현장 서비스<br>(On Service) | • 고객이 업장에 들어오는 순간 시작되는 서비스이다.<br>• 서비스의 본질 부분으로, 서비스 제공자와 고객 간의 상호작용이 가장 활발하게 이루어진다.<br>• 직원의 친절함과 전문성이 서비스 만족도에 큰 영향을 미친다. |
| 사후 서비스<br>(After Service) | • 서비스 이용이 끝난 이후 고객에게 지원이 제공된다.<br>• 서비스에 대한 인상을 바꿀 수 있는 기회 또는 위기가 될 수 있다.<br>• 서비스 종료 이후 유지 서비스로, 지속적인 관리와 피드백을 통해 고객 충성도를 확보하는 데 중요한 역할을 한다. |

## 1) 매트릭스 작성과 활용 개요

① 고객은 서비스를 포괄적으로 인식하지만, 기업이 서비스 성과를 향상시키기 위해서는 서비스의 종류별로 자원 관리 방법을 찾아야 한다.

② 서비스 유형을 매트릭스 형식으로 분류하면, 각 서비스가 가진 특징을 정확히 파악하고 자원을 효율적으로 분배할 수 있다.

③ 기업은 각 서비스 특성에 맞는 관리 전략을 세울 수 있으며, 매트릭스를 작성함으로써 서비스 제공에 필요한 인적자원, 시간, 기술적 지원 등을 효율적으로 관리할 수 있다.

## 2) 서비스 분류 작성 시 고려 사항

### ① 고객의 참여 수준 ★

• 사람을 대상으로 서비스를 제공하는 경우, 고객과의 접점에서 고객의 참여 수준에 따라 다른 서비스를 제공해야 한다.

• 고객의 참여 수준은 서비스의 질과 고객 경험에 큰 영향을 미치기 때문에, 기업은 이를 고려하여 적절한 서비스를 제공해야 한다.

| 고객의 참여수준 | 내용 |
| --- | --- |
| 고 | • 고객이 적극적으로 개입하기 때문에 개별적인 요구가 증가하게 된다.<br>• 고객과 직원이 서비스를 공동으로 생산하므로 개별화된 서비스 제공이 필요하다.<br>• 고객과 종업원 간의 문제, 다른 고객들과의 상호작용에 대한 관리가 필요하다.<br>　예 결혼 상담, 건강 관련 서비스, 경영 컨설팅 |
| 중 | 서비스를 제공하는 과정에서 고객이 서비스 제공자를 돕기 위해 어느 정도 노력해야 한다.<br>예 미용 서비스, 건강검진, 고급 레스토랑 |
| 저 | • 일관되고 표준화된 서비스를 제공한다.<br>• 고객은 단순히 서비스업체를 방문해 제공된 서비스에 대한 가격만 지불한다.<br>　예 영화·콘서트 관람, 버스 운행 등 |

### ② 수요 변동성 ★

• 서비스에 대한 고객의 수요가 얼마나 빈번하게, 그리고 얼마나 크게 변동하는지를 나타내는 개념이다.

• 제공 시점, 계절, 요일, 시간대 등에 따라 서비스 수요가 크게 증가하거나 감소하는 특성이 있다.

| 수요 변동성 유형 | 내용 |
| --- | --- |
| 주기적 | 주기적으로 반복되는 수요 변동<br>예 호텔, 항공사(성수기–비수기), 식당(점심시간) |
| 무작위적 | 예측이 어렵고 불규칙적으로 나타나는 변동<br>예 병원 응급실, 긴급 수리 서비스 |
| 계절적 | 특정 계절이나 시기마다 수요가 급격히 변동<br>예 관광업(여름철 휴양지), 명절 선물 판매 서비스 |
| 일일(Daily) | 하루 중 특정 시간대에 집중된 수요<br>예 대중교통(출퇴근 시간), 은행(점심시간) |

③ 정보기술의 활용도
- 서비스업에서 정보커뮤니케이션기술(ICT; Information Communication Technology)의 활용은 경쟁력 향상에 매우 중요한 기술이다.
- 서비스 제공자와 고객이 분리될 수 있는 원격 교육, 원격 진료 등이 있다.

④ 부가 서비스 영역의 확장
- 고객 요구의 증가와 기업 간의 경쟁 심화로 부가 서비스 부문이 확대되고 있다.
- 제품 사용 중 발생하는 다양한 분야로의 서비스 확장과 실시간 기술 지원 서비스, AS의 제공, 위치 기반 서비스 제공 등과 같이 제공되는 서비스 영역이 확대되고 있다.
- 서비스 상품이 경쟁력을 갖추기 위해서는 핵심 서비스와 부가 서비스 모두에 집중해야 한다.

⑤ 고객 접촉도에 따른 접점 관리
- 서비스 접점에서 발생하는 접촉도에 따라 고접촉 서비스, 중접촉 서비스, 저접촉 서비스로 구분할 수 있다.
- 접촉도는 접점의 수와 양을 결정하므로 자원 배치에 매우 중요하다.
- 업무의 효율성을 위해 접촉이 꼭 필요한 부문은 접촉 강화 전략을, 그렇지 않은 부문은 접촉 약화 전략을 활용한다.
- 상호작용과 고객화가 높은 서비스업은 서비스 제공 인력의 전문성을 높이고, 수평적 상하관계 관리가 필요하다. 반면, 상호작용과 고객화가 낮은 서비스업은 표준화된 운영 절차와 엄격한 상하 관계 관리가 필요하다.
- 고객과 장기적 관계로 이어질 경우, 고숙련자 직원이 집중적 관리를 할 수 있도록 서비스가 진행된다.

| | |
|---|---|
| 고접촉 | • 주변 환경, 서비스 요소가 매우 중요하다.<br>• 일관된 서비스 제공이 어렵고, 품질 관리가 힘들다.<br>• 직접 고객이 방문하는 형태이다.<br>예 의료 서비스, 미용 서비스 |
| 중접촉 | 서비스 전 과정에 고객이 거의 참여하지 않는 경우이다.<br>예 택배, 보험 가입 |
| 저접촉 | • 물리적 접촉이 거의 일어나지 않는 일시적 관계이다.<br>• 안정된 서비스 생산이 가능하며, 고객과의 상호작용이 없다.<br>예 온라인 주식, 홈쇼핑 |

# 서비스 산업

빈출 태그 ▶ 서비스 패키지, 부가 서비스, 서비스 트라이앵글

## 01 서비스 산업의 이해 ★★

### 1) 서비스 산업의 개념

① 서비스 산업은 고객의 만족을 목적으로 주로 무형의 서비스를 제공하며, 이 서비스가 주요 상품이 되어 경제적 부가가치를 창출한다.

② 전통적인 제조업과 달리, 서비스 산업은 형태가 없고 고객과의 상호작용을 중심으로 가치를 제공하며, 서비스 자체를 상품으로 판매하거나 제공한다.

③ 도시화의 진행과 함께 서비스 산업은 꾸준히 성장해 왔다.

④ 서비스는 무형재이기 때문에 첫 구매 시 기대 형성이 어렵고, 최근 새롭게 생겨나는 직업들 대부분이 서비스 산업에서 비롯되고 있다.

⑤ 서비스는 임대의 개념으로 이해할 수 있으며, 예를 들어 의료 서비스는 병원의 시설과 의사의 전문 지식을 빌리는 것으로 볼 수 있다.

### 2) 서비스 산업의 시대적 변화

| 구분 | 전통적 서비스 산업 | 현대적 서비스 산업 |
| --- | --- | --- |
| 서비스 방식 | 사람 중심의 대면 서비스 위주 | 비대면 중심의 디지털 서비스 위주 |
| 고객 관계 | 직접적이고 개인적인 관계 중심 | 디지털 데이터 기반의 개인 맞춤형 관계 구축 |
| 기술 활용도 | 노동집약적인 소규모 형태 | 자동화 및 기술집약적인 서비스 |
| 서비스의 표준화 | • 표준화가 어려움<br>• 서비스 품질 변동성 큼 | • 자동화 기술로 표준화 용이<br>• 서비스 품질 안정성 높음 |
| 시설 의존도 | 서비스 제공을 위한 전통적 시설이 중요 | 디지털 플랫폼과 가상 환경 중심의 글로벌화 |

### 3) 서비스 산업의 특징

① 대부분의 서비스 산업은 노동집약적인 특성을 가지며, 인건비 비중이 높다.

② 서비스의 주체는 사람이므로, 서비스 가치는 서비스를 받는 사람의 경험에 크게 의존한다.

③ 서비스 산업은 특허를 받기 어려워 진입장벽이 낮다.

④ 규모의 경제(생산량이 늘어날수록 제품 하나를 만드는 비용이 줄어드는 현상)를 실현하기 어렵다.

⑤ 성수기와 비수기 등 수요 변동이 심하다.

⑥ 내부고객(직원)의 만족이 외부고객(소비자)의 만족으로 이어지므로, 내부고객의 만족이 중요하다.

⑦ 고객 충성도 확보는 매우 중요하며, 이는 경쟁자의 진입장벽이 될 수 있다.

## 4) 서비스 산업의 성장 배경

① 제조업 중심에서 지식 기반의 서비스 중심 경제로 전환되면서, 서비스 산업의 비중이 급격히 증가하였다.
② 정보통신기술(ICT)의 발전과 디지털 혁명으로 서비스의 제공 방식과 범위가 확대되었다.
③ 국민 소득 수준이 향상됨에 따라 여가, 문화, 건강, 교육 등 다양한 분야에서 서비스 수요가 크게 증가하였다.
④ 세계 경제의 글로벌화로 국제 간 서비스 교역이 활발해지고, 서비스 수출입도 급증하였다.
⑤ 소비자가 제품의 품질뿐 아니라 고객 경험과 서비스 품질을 중시하게 되면서, 서비스의 중요성이 더욱 부각되었다.
⑥ 고령화 사회로 진입함에 따라 의료, 요양, 복지 등 관련 서비스 산업의 수요가 증가하였다.
⑦ 소비자 욕구의 개성화 및 다양화로 인해 다양한 형태의 서비스 요구가 증가하였다.

## 5) 서비스 산업에서 경쟁이 치열해진 이유

① 서비스는 모방이 용이하여 진입장벽이 낮다.
② 서비스는 생산과 동시에 소비되므로 주로 소규모 기업 형태로 운영되며, 규모의 경제 실현이 어렵다.
③ 수요 예측이 어렵고, 수요 자체가 불규칙하다.
④ 제품 혁신으로 인해 기존 서비스가 대체될 가능성이 높다.
⑤ 고객 충성도가 낮아짐에 따라 고객 이탈 가능성이 높아지고 있다.
⑥ 퇴출 장벽(Exit Barrier)이 낮아 사업 중단이 비교적 용이하다.

## 02 서비스 패키지

### 1) 서비스 패키지의 개념 ★★

① 서비스 패키지(Service Package)란 고객이 서비스를 경험하거나 소비할 때 제공받는 일련의 유형적·무형적 구성 요소들의 묶음(Bundle)이다.
② 서비스 패키지는 특정 환경에서 재화와 정보가 결합되어 함께 제공되는 총체적인 개념이다.
③ 서비스의 무형적 특성으로 인해, 서비스 경영자가 서비스를 명확하게 설명하기 어려워 '서비스 패키지'라는 개념이 개발되었다.
④ 서비스 경영자에게는 고객이 원하는 서비스 패키지와 일치하는 종합적인 경험을 제공하는 것이 중요하다.

### 2) 서비스 패키지의 구성 요소 ★

| 구성 요소 | 설명 | 대표 예시 |
| --- | --- | --- |
| 핵심 서비스 | 본질적이며 핵심적인 서비스 | 호텔 객실 숙박, 병원의 의료 진료 |
| 촉진 서비스 | 핵심 서비스 제공을 위한 필수 보완 서비스 | 예약, 체크인/체크아웃, 접수 시스템 |
| 부가(부대) 서비스 | 고객 만족과 차별화를 위한 부가적 서비스 | 무료 와이파이, 카페, 기내식 서비스 |
| 명시적 서비스 | 고객이 직접 평가 가능한 서비스 요소 | 친절한 태도, 시설의 청결도 |
| 암묵적 서비스 | 고객이 간접적으로 느끼는 정서적 만족 요소 | 브랜드, 평판, 신뢰감, 심리적 안정 |

| 기본 시설 | 서비스의 핵심 제공에 직접 관련된 자원 | 스키장 리프트, 항공기 |
| --- | --- | --- |
| 정보 | 효율적이고 개인화된 서비스 제공을 위한 고객정보 | 정확성, 적시성, 유용성 |
| 지원 설비 | 편의성과 경험 개선을 위한 물리적 환경 | 입지, 건축적 적합성, 건물 구조, 인테리어 |
| 보조 용품 | 서비스 제공 과정에서 고객이 추가로 구매하거나 제공받은 물품 | 일관성, 양, 선택의 폭 |

### 3) 서비스 패키지의 개발

① 서비스의 무형적 특성으로 인해 서비스 경영자가 서비스를 명확하게 설명하기 어려워, 서비스 패키지 개념이 개발되었다.
② 서비스 패키지 개발은 통합적인 성격을 가지므로, 각 요소들이 상호 의존적이고 보완적임을 고려하여 설계해야 한다.
③ 핵심 서비스를 이용하기 위해 부대 서비스가 필요한 경우, 촉진 서비스가 핵심 서비스의 이용을 효과적으로 도울 수 있다.


## 03 서비스 트라이앵글

### 1) 서비스 트라이앵글의 개념

① 필립 코틀러(Philip Kotler)의 서비스 트라이앵글(Service Triangle)은 기업이 고객에게 높은 품질의 서비스를 제공하기 위해 반드시 고려해야 하는 3가지 핵심 주체 간의 상호관계를 나타낸 모형이다.
② 고객에게 일관되고 높은 품질의 서비스를 제공하기 위해 세 가지 주요 요소 간의 관계를 설명하는 모델이다.

| 요소 | 내용 |
| --- | --- |
| 내부 마케팅<br>(기업 → 직원) | • 기업이 서비스 제공자인 직원의 고객지향적 마인드와 서비스 역량을 키우기 위해 제공하는 마케팅이다.<br>• 마케팅 목표는 직원의 서비스 역량 강화 및 만족도 향상이다.<br>예 직원 교육, 보상, 동기부여, 커뮤니케이션 강화 |
| 외부 마케팅<br>(기업 → 고객) | • 기업이 고객에게 자사의 서비스를 알리고 판매를 촉진하는 활동이다.<br>• 서비스 상품의 가치를 고객에게 명확히 전달한다.<br>예 광고, 홍보, 프로모션, 가격 전략, 브랜드 관리 |
| 상호작용 마케팅<br>(직원 ↔ 고객) | • 서비스가 실제로 제공되는 과정에서 직원과 고객 간에 직접 이루어지는 상호작용이다.<br>• 고객의 서비스 만족과 불만족을 결정짓는 가장 중요한 마케팅 활동이다.<br>예 고객 응대 태도, 서비스 프로세스의 질, 즉각적 문제 해결 능력 |

# 서비스 경제와 서비스 패러독스

빈출 태그 ▶ 서비스 경제, 서비스 패러독스, SSTs

## 01 서비스 경제

### 1) 서비스 경제의 의의 ★★

① 서비스 경제는 경제 구조의 중심이 제조업과 같은 전통적 재화 중심에서 서비스 중심으로 이동한 경제 형태이다.

② 국가 경제에서 서비스 산업이 차지하는 비중이 매우 높아지고, 서비스 부문의 성장과 고용이 경제의 중심적 역할을 하는 상태이다.

③ 국내 총생산(GDP) 내 서비스 산업의 비중이 60~80%를 차지하는 것을 의미한다.

④ 서비스 혁명이란 서비스 경제에서 새로운 서비스가 탄생하여 파급되는 속도와 범위가 산업혁명보다 더 빠르게 진행되어 사회와 경제가 급진적으로 변혁하는 현상이 발생하는 것이다.

⑤ 국가의 경제가 발전할수록 서비스 경제화는 가속화되며 서비스 경제의 고도화 현상이 심화되고 있다.

### 2) 서비스 경제의 성장 이유

| 구분 | 내용 |
| --- | --- |
| 디지털 기술의 발전 | IT 기술의 발달로 기업은 추가적인 가치를 창출할 수 있게 되었으며, 비대면 및 원격 서비스 등 신개념 서비스가 등장함 |
| 개인 맞춤화 서비스 수요 증가 | • 소비자의 니즈가 점점 다양화, 개인화되면서 맞춤형 서비스 수요 증가<br>• 고객 중심의 서비스 혁신 및 고객 경험이 서비스 경쟁력의 핵심이 됨 |
| 글로벌화 | • 서비스가 국경을 넘어 제공되는 국제 서비스 무역 증가<br>• 디지털 플랫폼을 통한 서비스의 글로벌 진출 촉진 |
| 제조업의 자동화와 노동력 이동 | • 제조업의 자동화로 제조 부문에서 필요로 하는 노동력이 감소하고, 서비스 부문의 노동력 필요성 증가<br>• 서비스 부문의 일자리 창출이 서비스 산업 규모 확대로 이어짐 |
| 여성의 사회 진출 증가 | 여성의 취업 확대로 여성의 노동이 가사노동 서비스로 대체됨 |

### 3) 서비스 경제 현상

① 정보통신기술로 다양한 혁신 서비스가 등장하고 있다.

② 많은 제조 기업들이 서비스 기업화되고 있다.

③ 소비자 욕구가 다양해짐에 따라 제품으로 이를 충족시키기 어렵게 되어, 서비스의 중요성이 더욱 증가하고 있다.

④ 일반적으로 선진국의 국내 총생산 중 서비스 산업이 차지하는 비중이 높다.

⑤ 소비자는 제품 자체가 아닌 여러 가지 부수적인 서비스가 포함된 제품 패키지를 구매하는 경향이 있다.

## 1) 서비스 패러독스의 개념

① 서비스 패러독스(Service Paradox)란 기업이 고객 만족도를 높이기 위해 서비스를 강화하고 지속적으로 투자함에도 불구하고, 고객의 기대수준이 높아져 오히려 고객 불만이 증가하거나 만족도가 감소하는 역설적인 현상이다.

② 경제 및 기술의 발전으로 과거에 비해 풍요롭고 경제적 부를 누리는데도 고객의 기대는 더욱 높아지고 결과적으로 고객은 이전보다 서비스 품질에 대해 더 비판적으로 인식한다.

## 2) 서비스 패러독스의 발생 원인 ★★

| 원인 | 내용 |
| --- | --- |
| 고객 기대 수준 상승 | 서비스 품질이 향상될수록 고객의 기대수준 또한 함께 높아진다. |
| 서비스의 획일화(동질화) | 지나친 표준화로 서비스의 개별성이 상실되고 있다. |
| 경쟁적 서비스 환경 | 모든 경쟁자들이 높은 수준의 기능적 서비스를 제공함에 따라 차별화된 서비스 제공이 미흡하다. |
| 서비스의 기계화 및 기술의 복잡화 | SSTs(Self-Service Technologies)의 발달로 복잡한 제품 사용에 고객과 직원이 어려움을 겪고 있으며, 기술의 발달로 제품이 복잡해져 고객이 기술의 진보를 따라가지 못하게 되었다. |
| 일선 직원 확보의 악순환 | 일선 직원을 고용하고 유지하는 과정에서 발생하는 반복적이고 부정적인 사이클로, 특히 저임금, 높은 이직률, 낮은 업무 만족도, 불충분한 훈련 등으로 인해 서비스 품질이 저하되고 기업의 경쟁력 악화로 연결되는 현상이다. |
| 서비스의 인간성 상실 | 서비스가 제공되는 과정에서 인간적 요소나 감정적 교류가 감소하거나 사라지고, 지나치게 기계적이고 비인격적으로 이루어지게 되는 현상이다. |

## 3) 서비스 패러독스의 극복방안 ★

① 고객의 기대를 관리하고, 정확한 약속을 전달한다.

② 서비스가 지닌 가치에 맞는 약속을 통해 고객의 과도한 기대를 줄인다.

③ 셀프서비스 기술(SSTs; Self-Service Technologies)을 도입할 때는 고객 편의를 최우선으로 고려해 설계한다.

④ 자동화 및 기계화된 서비스에 대해 고객에게 충분한 안내와 적절한 교육을 제공한다.

⑤ 서비스 제공 시 기능적 측면뿐만 아니라 인간이 사회적 존재임을 고려하여 사회적 기능도 반영한다.

## 4) 서비스 패러독스의 인식을 통한 극복 방안

| | |
|---|---|
| **S**<br>(Sincerity, Speed, Smile) | 서비스에는 성의, 신속함, 미소가 필요하다. |
| **E**<br>(Energy) | 서비스에는 활기찬 에너지가 넘쳐야 한다. |
| **R**<br>(Revolutionary) | 서비스는 혁신적이고 창의적이어야 한다. |
| **V**<br>(Value) | 서비스는 거래에 참여하는 모든 이에게 가치를 제공해야 한다. |
| **I**<br>(Impressive) | 고객에게 기쁨과 감동을 줄 수 있어야 한다. |
| **C**<br>(Communication) | 서비스는 상호작용을 기반으로 한 커뮤니케이션이다. |
| **E**<br>(Entertainment) | 서비스에는 진심 어린 환대가 필요하다. |

# 서비스 비즈니스 모델

빈출 태그 ▶ 패러다임 변화, PI방식, 융합 상품

## 01 서비스 비즈니스 모델 환경

### 1) 서비스 비즈니스 모델 환경의 개념

① 서비스 비즈니스 모델 환경이란 서비스 기업이 비즈니스를 기획하고 운영할 때 영향을 미치는 모든 내·외부 환경 요소를 말한다.

② 서비스 기업이 비즈니스 모델을 구축하고 경쟁력을 유지하기 위해 필수적으로 고려해야 할 시장 환경, 기술 환경, 사회·문화 환경, 법률 및 제도적 환경 등을 포괄하는 개념이다.

③ 전통적인 비즈니스 모델과 달리, 서비스 중심의 비즈니스 모델은 개방성과 같은 유연한 특성을 지닌다.

### 2) 서비스 산업 생태계의 패러다임 변화 ★★★

전통적인 비즈니스 생태계는 폐쇄적인 채널에 고립되어 있었던 반면, 서비스 중심의 산업 생태계는 사용자와 고객을 중심으로 지식과 정보가 통합되는 개방형 생태계의 특징을 보인다.

| 전통적 관점 | | 서비스 중심 관점 | | 패러다임의 변화 |
| --- | --- | --- | --- | --- |
| 제품(Product) | → | 서비스(Service) | = | 가치 패러다임 |
| 밀다(Push) | → | 끌다(Pull) | = | 고객 패러다임 |
| 과정(Process) | → | 플랫폼(Platform) | = | 기술 패러다임 |
| 전략(Strategies) | → | 역량(Capability) | = | 역량 패러다임 |
| 정률(Scale) | → | 범위(Scope) | = | 수익 패러다임 |
| 능률(Efficiency) | → | 유연성(Flexibility) | = | 운영 패러다임 |

## 02 서비스 경제 환경 속 기업의 생존 전략

### 1) 서비스 경제 환경

① 서비스 경제 환경은 제조업 중심의 산업 구조에서 벗어나 서비스가 중심이 되어 부가가치 창출 및 경제 성장을 주도하는 경제적 환경을 의미한다.

② 경제 활동에서 서비스 산업이 차지하는 비중이 확대되면서 나타나는 전반적인 환경 변화를 말한다.

③ 제조업 중심에서 벗어나 서비스 중심의 경제 구조로 전환되는 흐름을 포함한다.

### 2) 제조업에서 서비스업으로의 전환

① 산업화 시대의 제조업 중심 구조에서, 고객 경험을 중시하는 서비스업 중심으로 전환이 이루어지고 있다.

② 과거의 제품 생산 및 판매 중심에서 벗어나, 현재와 미래는 서비스 제공과 고객 경험 중심의 서비스 경제로 변화하고 있다.

③ 서비스 경제 환경으로의 전환은 단순히 사업 범위를 바꾸는 것이 아니라, 기업의 조직 구조, 운영 시스템, 종업원의 업무 수행 방식과 마음가짐까지 변화시키는 매우 광범위한 전환을 의미한다.

### 3) 서비스 운영 중심으로의 경영 패러다임 변화 ★

① 가치 흐름

| 제조업 | 서비스업 |
| --- | --- |
| • 공급 중심의 운영 방식<br>• 생산 후 판매하는 PO(Product Out) 방식<br>• 생산된 제품은 재고 전략을 통해 안정적으로 공급 | • 수요 중심의 운영 방식<br>• 요청 후 생산하는 PI(Product In) 방식<br>• 시장에서 요구하는 만큼 적시에 공급하여 재고와 생산 자원의 유휴화를 최소화하는 최적 생산 시스템 추구 |

② 서비스 운영방식의 주요 패러다임

• '얼마에 거래되는가(교환 가치)'에서 '고객이 어떤 혜택과 만족을 느끼는가(사용 가치)' 중심으로 평가 기준이 변화함

• 고객 확보 중심에서 지속적인 고객 육성 중심으로 전환

• 유형적 요소에서 무형적 요소와 경험 제공 중심으로 전환

• 성과 중심의 경영 추구

• 요청 후 생산하는 PI(Product In) 방식에 적합한 생산 관리 시스템 도입

• 부서 간 기능적 경계를 허물고, 시장 지향성 및 고객 지향성에 따른 협업 중심 운영 강화

### 4) 융합 상품

① 융합 상품의 개념

• 융합 상품이란 서로 다른 분야, 산업, 기술 또는 서비스를 결합하여 기존에 없던 새로운 가치를 창출하거나, 고객의 다양한 욕구를 충족시키는 상품이나 서비스를 말한다.

• 개별적인 제품이나 서비스가 아닌 두 가지 이상 분야의 융합을 통해 새로운 형태로 제공되는 상품이다.

② 융합 상품의 등장 배경

• 고객 니즈의 다양화 및 복잡화로 인해 고객들은 한 번의 구매로 다양한 가치를 동시에 얻기를 원하게 되었다.

• 시장 경쟁의 심화로 인해 단일 상품이나 서비스만으로는 경쟁 우위를 유지하기 어려워졌고, 이에 따라 차별화 전략으로 융합 상품 출시가 증가하였다.

• 상품 개발이 기업 중심에서 고객 혜택 중심으로 전환되면서, 융합 상품이 더욱 발전하게 되었다.

③ 융합 상품의 형태

| 융합 형태 | 내용 |
| --- | --- |
| 제품 + 제품 | 두 가지 제품을 결합한 상품<br>예 스마트폰(휴대폰 + 카메라), 통합 세탁기(세탁기 + 건조기) |
| 제품 + 서비스 | • 제품 + 서비스(제품 중심): 제품에 관련된 서비스가 결합된 형태<br>• 제품 + 서비스(서비스 중심): 서비스에 부가적인 제품이 결합된 형태<br>　예 자동차 + 할부 금융 서비스, 컨설팅 결과 + 책자 제작 |
| 서비스 + 서비스 | 두 가지 서비스를 결합한 형태<br>예 의료 관광 서비스(의료 + 관광) |
| 제품의 서비스화 | 제품이나 제품의 기능을 서비스로 전환하여 결합한 형태<br>예 커피 머신 렌탈 서비스(정기적인 관리 서비스 포함) |
| 서비스의 제품화 | 서비스를 제품화하여 대량 제공 가능한 형태로 전환<br>예 키오스크, 관광 안내 번역 단말기 |

④ 융합 상품의 조건
• 고객이 받는 혜택을 향상시키는 융합
• 사용 가치에 집중한 개발
• 사용 시 문제 해결을 위한 목적의 융합
• 기업의 내부 자원에 국한되지 않고, 다양한 업종과 결합하는 창의적인 접근 방식의 융합

## 합격을 다지는 예상문제

**일반형**

**01** 서비스의 특성으로 옳지 <u>않은</u> 것은?
① 무형성
② 이질성
③ 비분리성
④ 소멸성
⑤ 복합성

**02** 서비스의 특성 중 재고 보관, 교환이나 환불이 어렵다는 의미를 가진 것은 무엇인가?
① 소멸성
② 이질성
③ 비분리성
④ 변동성
⑤ 복합성

**03** 서비스의 품질 속성 중 고객이 서비스를 구매하거나 이용하기 이전에 직접적으로 관찰하거나 평가할 수 있는 특성으로 주로 제품이나 서비스의 외형적 특성이나 정보를 통해 사전에 파악할 수 있는 요소는 무엇인가?
① 탐색 속성
② 경험 속성
③ 신뢰 속성
④ 기대 속성
⑤ 평가 속성

**04** 다음 중 서비스의 중요성에 대한 설명으로 옳지 <u>않은</u> 것은?
① 서비스는 유형의 재화와 달리 형태나 실체가 없으며 생산과 소비가 동시에 일어나는 특성을 가진 경제적 활동이라고 할 수 있다.
② 현대 소비자들은 유형적 제품의 기능뿐만 아니라 무형적 활동의 가치도 중요하게 생각한다.
③ 현대 경제는 상품 생산 중심의 제조업 경제에서 서비스가 경제 활동의 중심이 되는 서비스 경제로 급격히 전환되고 있다.
④ 전 세계 GDP의 70~80% 이상이 서비스 산업에서 창출되고 있으며, 고용 창출과 경제 성장에 서비스가 핵심적 역할을 수행하고 있다.
⑤ 모든 서비스는 구매 후 직접 평가가 가능하기 때문에 고객 만족 조사는 필수적으로 행해야 한다.

**05** 다음 중 서비스 및 서비스업에 대한 설명으로 올바른 것은?

① 서비스업은 모든 국가 경제에서 큰 비중을 차지한다.

② 서비스 활동은 산업사회 등장과 함께 시작되었다.

③ 서비스는 향후 기술의 급속한 발전에 따라 축소될 것으로 예상된다.

④ 운송과 통신을 포함한 인프라 서비스는 경제 부문을 연계시키는 기본적 연결고리가 된다.

⑤ 서비스는 제조업에서 파생된 것이므로 제조업의 쇠퇴와 더불어 사라질 것이다.

**06** 다음 중 러브락(Lovelock)의 서비스 분류 기준에 해당하지 <u>않는</u> 것은?

① 서비스 인식의 성격에 따른 분류

② 서비스 제공 방식에 따른 분류

③ 고객과의 관계 유형에 따른 분류

④ 수요와 공급 관계에 따른 분류

⑤ 고객별 서비스의 변화와 재량의 정도에 따른 분류

**07** 다음 중 크리스토퍼(Christopher)의 단계별 서비스 분류 중 아래 내용에 부합하는 서비스는 무엇인가?

> • 고객에게 너무 과도한 정보를 제공할 경우, 고객에게 부담과 불신을 줄 수 있다.
> • 구매 전 고객의 관심을 유도하고 구매 가능성을 높이기 위한 수단으로, 예약 서비스나 체험 서비스 등을 제공할 수 있다.

① 현장 서비스

② 사후 서비스

③ 중간 서비스

④ 사전 서비스

⑤ 접점 서비스

**08** 서비스 산업에서 경쟁이 치열해진 이유로 거리가 <u>먼</u> 것은?

① 서비스는 모방이 용이하여 진입장벽이 낮다.

② 수요 예측이 어렵고, 수요 자체가 불규칙하다.

③ 제품 혁신이 서비스를 대체할 가능성이 높다.

④ 고객 충성도가 낮아짐에 따라 고객 이탈 가능성이 높아지고 있다.

⑤ 퇴출 장벽(Exit Barrier)이 높아 사업 중단이 비교적 용이하다.

**09** 다음 중 서비스 패러독스(Service Paradox) 발생 원인으로 <u>틀린</u> 것은?

① 고객 기대 수준 상승

② 서비스의 획일화(동질화)

③ 차별화된 서비스 환경

④ 서비스의 인간성 상실

⑤ 서비스의 기계화 및 기술의 복잡화

**10** 서비스 패키지(Service Package)에 대한 설명으로 <u>틀린</u> 것은?

① 고객이 서비스를 경험하거나 소비할 때 제공받는 일련의 유형적·무형적 구성 요소들의 묶음(Bundle)이다.

② 핵심 서비스를 이용하기 위해 부대 서비스가 필요한 경우, 촉진 서비스가 핵심 서비스의 이용을 효과적으로 도울 수 있다.

③ 서비스 경영자에게는 고객이 원하는 서비스 패키지와 일치하는 종합적인 경험을 제공하는 것이 중요하다.

④ 서비스의 무형적 특성으로 인해, 서비스 경영자가 서비스를 명확하게 설명하기 어려워 '서비스 패키지'라는 개념이 개발되었다.

⑤ 서비스 패키지는 특정 환경에서의 재화와 정보는 각각 개별적으로 구별하여 제공된다는 개념이다.

**11** 필립 코틀러(Philip Kotler)의 서비스 마케팅 트라이앵글에 대한 설명으로 <u>틀린</u> 것은?

① 서비스 트라이앵글(Service Triangle)은 기업이 고객에게 높은 품질의 서비스를 제공하기 위해 반드시 고려해야 하는 3가지 핵심 주체 간의 상호관계를 나타낸 모형이다.

② 내부 마케팅이란 기업이 서비스 제공자인 직원이 고객지향적 마인드와 서비스 역량을 키우기 위해 제공하는 마케팅이다.

③ 외부 마케팅이란 기업이 고객에게 자사의 서비스를 알리고 판매를 촉진하는 활동이다.

④ 상호작용 마케팅이란 서비스가 실제로 제공되는 과정에서 직원과 고객 간에 직접 이루어지는 상호작용이다.

⑤ 외부 마케팅에는 직원 교육, 보상, 동기부여, 커뮤니케이션 강화 등의 활동이 있다.

**12** 서비스 경제의 성장 이유로 옳지 <u>않은</u> 것은?

① 디지털 기술의 발전

② 글로벌화

③ 서비스업의 자동화와 인건비 상승

④ 여성의 사회 진출 증가

⑤ 개인 맞춤화 서비스 수요 증가

**13** 서비스 산업 생태계의 패러다임의 변화로 옳지 <u>않은</u> 것은?

① 제품(Product) → 서비스(Service)

② 과정(Process) → 플랫폼(Platforms)

③ 전략(Strategies) → 역량(Capability)

④ 정률(Scale) → 범위(Scope)

⑤ 유연성(Flexibility) → 능률(Efficiency)

**14** 다음 중 서비스 운영 방식의 주요 패러다임에 대한 설명으로 <u>틀린</u> 것은?

① 고객 확보 중심에서 지속적인 고객 육성 중심으로 전환
② 부서 간 기능적 경계가 없어지고, 시장 지향성 및 고객 지향성에 따라 협업 중심 운영 강화
③ 유형적 요소에서 무형적 요소와 경험 제공 중심으로 전환
④ 요청 후 생산하는 PI(Product In) 방식에 적합한 생산 관리 시스템 도입
⑤ 사용 가치 중심에서 교환 가치 중심으로 평가 기준 변화

**15** 다음 중 융합 상품의 개념과 융합 상품이 등장하게 된 배경으로 <u>틀린</u> 것은?

① 융합 상품은 서로 다른 분야, 산업, 기술 또는 서비스를 결합하여 기존에 없던 새로운 가치를 창출하거나, 고객의 다양한 욕구를 충족시키는 상품이나 서비스를 말한다.
② 시장 경쟁의 심화로 인해 단일 상품이나 서비스만으로는 경쟁우위를 유지하기 어려워졌고, 이에 따라 차별화 전략으로 융합 상품 출시가 증가하였다.
③ 상품 개발이 기업 중심에서 고객 혜택 중심으로 전환되면서, 융합 상품이 더욱 발전하게 되었다.
④ 고객 니즈가 단순해짐에 따라, 융합 상품보다는 단일 상품에 대한 수요가 증가하고 있다.
⑤ 융합 상품은 개별적인 제품이나 서비스가 아닌 두 가지 이상 분야의 융합을 통해 새로운 형태로 제공되는 상품이다.

**16** 융합 상품의 형태로 옳은 것은?

① 제품 + 서비스: 키오스크, 관광 안내 번역 단말기
② 제품의 서비스화: 커피 머신 렌탈 서비스
③ 서비스 + 서비스: 스마트폰, 통합 세탁기
④ 서비스의 제품화: 자동차와 할부 금융 서비스
⑤ 제품 + 제품: 의료 관광 서비스

**17** 다음 중 서비스 패키지의 구성 요소로 <u>틀린</u> 것은?

① 핵심 서비스
② 촉진 서비스
③ 부가 서비스
④ 옵션 서비스
⑤ 기본 시설

**18** 현대적 서비스 산업의 설명으로 <u>틀린</u> 것은?

① 비대면 중심의 디지털 서비스 위주
② 자동화 및 기술집약적인 서비스
③ 디지털 플랫폼과 가상 환경 중심의 글로벌화
④ 디지털 데이터 기반의 개인 맞춤형 관계 구축
⑤ 표준화가 어렵고 서비스 품질 변동성 큼

**19** **고객별 접촉도에 따른 접점 관리에 대한 설명으로 틀린 것은?**

① 서비스 접점에서 발생하는 접촉도에 따라 고접촉 서비스, 중접촉 서비스, 저접촉 서비스로 구분할 수 있다.

② 접촉도는 접점의 수와 양을 결정하므로 자원 배치에 매우 중요하다.

③ 고객과 장기적 관계로 이어질 경우, 고숙련자 직원이 집중적 관리를 할 수 있도록 서비스가 진행된다.

④ 업무의 효율성을 위해 접촉이 꼭 필요한 부문은 접촉 강화 전략을, 그렇지 않은 부문은 접촉 약화 전략을 활용한다.

⑤ 상호작용과 고객화가 높은 서비스업은 서비스 제공 인력의 전문성을 높이고, 수평적 상하관계 관리가 필요하다.

**20** **다음 중 서비스 패러독스의 극복방안에 대한 설명으로 틀린 것은?**

① 셀프 서비스 기술(SSTs; Self-Service Technologies)을 도입할 때는 고객 편의를 최우선으로 고려해 설계한다.

② 고객의 기대를 관리하고, 정확한 약속을 전달한다.

③ 서비스가 지닌 가치에 맞는 약속을 통해 고객의 과도한 기대를 줄인다.

④ 고객에게 자동화 및 기계화된 서비스에 대해 고객에게 충분한 안내와 적절한 교육을 제공한다.

⑤ 서비스 제공의 기능적 측면만을 강조해서 제품 및 서비스의 신뢰감을 얻는다.

**21** **다음 중 고객접촉과 관련된 내용으로 올바른 것은?**

① 고접촉 시스템은 저접촉 시스템보다 제어하기 쉽다.

② 고객 접촉도란 고객에게 서비스가 제공되는 총 시간 중 고객이 시스템에 관여하는 시간의 비율로 정의된다.

③ 고접촉 시스템은 안정적인 서비스 생산이 가능하다.

④ 저접촉 시스템에서 고객의 관여도가 높아 서비스 품질에 영향을 미칠 수 있다.

⑤ 저접촉 시스템은 서비스 설계 시 서비스 자체뿐만 아니라 주변 환경을 중점적으로 고려해야 한다.

**22** **서비스 산업의 특징으로 틀린 것은?**

① 대부분의 서비스 산업은 노동집약적인 특성을 가지며, 인건비 비중이 높다.

② 서비스 산업은 특허를 인정받기 어려워 진입장벽이 낮다.

③ 규모의 경제를 실현하기 어렵다.

④ 성수기와 비수기 등 수요 변동이 심하다.

⑤ 내부고객의 만족은 외부고객의 만족과 별개이며, 서비스 품질에는 큰 영향을 주지 않는다.

**23** 서비스 산업의 성장 배경으로 <u>틀린</u> 것은?

① 제조업 중심에서 지식 기반의 서비스 중심 경제로 전환되면서, 서비스 산업의 비중이 급격히 증가하였다.
② 정보통신기술(ICT)의 발전과 디지털 혁명으로 서비스의 제공 방식과 범위가 확대되었다.
③ 소비자가 제품의 품질을 가장 중시하게 되면서 차별화할 수 있는 서비스의 중요성이 부각되었다.
④ 세계 경제의 글로벌화로 국가 간 서비스 교역이 활발해지고, 서비스 수출입이 급증하였다.
⑤ 고령화 사회로 진입함에 따라 의료, 요양, 복지 등 관련 서비스 산업의 수요가 증가하였다.

**24** 다음에서 설명하는 서비스 패키지의 구성 요소는 무엇인가?

> 고객 만족과 차별화를 위한 부수적인 서비스로는 카페, 기내식, 무료 와이파이 등이 있다.

① 핵심 서비스
② 촉진 서비스
③ 암묵적 서비스
④ 부가 서비스
⑤ 지원 설비

## OX형

**01** 서비스의 특성 중 하나인 무형성은 생산자와 고객이 동시에 참여하며, 서비스를 미리 만들어 저장하거나 나중에 판매할 수 없다는 것이다.

( ① O   ② X )

**02** 서비스 패키지란 특정 환경에서 재화와 정보를 함께 결합하여 제공되는 총체적인 개념이다.

( ① O   ② X )

**03** 서비스 경영 패러다임은 PO(Product Out)방식에서 PI(Product In)방식으로 전환되었다.

( ① O   ② X )

**04** 서비스 패러독스의 발생 원인 중 하나는 SSTs(Self Service Technologies)의 발달로 인한 서비스의 기계화 및 기술의 복잡화이다.

( ① O   ② X )

**05** 러브락(Lovelock)이 제시한 서비스 트라이앵글(Service Triangle)은 기업이 고객에게 높은 품질의 서비스를 제공하기 위해 반드시 고려해야 하는 3가지 핵심 주체 간의 상호관계를 나타낸 모형이다.

( ① ○   ② × )


**연결형**

〈보기〉

| ① 서비스 패러독스    ② 서비스 경제    ③ 서비스 트라이앵글    ④ 서비스 패키지    ⑤ 서비스 혁명 |
| --- |

**01** (          )(이)란 특정 환경에서 재화와 정보를 함께 결합하여 제공되는 총체적인 개념이다.


**02** 필립 코틀러(Philip Kotler)가 제시한 내부 마케팅, 외부마케팅, 상호작용 마케팅의 요소로 구성된 서비스 마케팅을 (          )(이)라고 한다.


**03** (          )(이)란 국가 경제에서 서비스 산업이 차지하는 비중이 매우 높아지고, 서비스 부문의 성장과 고용이 경제의 중심 역할을 하는 상태이다.


**04** (          )은/는 고객의 기대수준이 높아져 오히려 고객 불만이 증가하거나 만족도가 감소하는 역설적인 현상을 의미한다.


**05** 서비스 경제에서 새로운 서비스가 탄생하여 파급되는 속도와 범위가 산업혁명보다 더 빠르게 진행되어 사회와 경제가 급진적으로 변혁하는 현상이 발생하는 것을 (          )(이)라고 한다.

## 일반형

| | | | | |
|---|---|---|---|---|
| 01 ⑤ | 02 ① | 03 ① | 04 ⑤ | 05 ④ |
| 06 ① | 07 ④ | 08 ⑤ | 09 ③ | 10 ⑤ |
| 11 ⑤ | 12 ③ | 13 ⑤ | 14 ⑤ | 15 ④ |
| 16 ② | 17 ④ | 18 ⑤ | 19 ⑤ | 20 ⑤ |
| 21 ② | 22 ⑤ | 23 ③ | 24 ④ | |

## OX형

| | | | | |
|---|---|---|---|---|
| 01 ② | 02 ① | 03 ① | 04 ① | 05 ② |

## 연결형

| | | | | |
|---|---|---|---|---|
| 01 ④ | 02 ③ | 03 ② | 04 ① | 05 ⑤ |

### 01 ⑤

서비스의 특성에 복합성은 해당하지 않는다.

**오답 피하기**

- ① 무형성: 형태가 없어 눈으로 보거나 만질 수 없으며, 고객은 경험을 통해서만 서비스의 가치를 느낄 수 있다.
- ② 이질성: 서비스는 제공자나 상황에 따라 순간적으로 이루어지기 때문에 품질과 결과가 달라질 수 있다.
- ③ 비분리성: 생산과 동시에 소비가 이루어진다.
- ④ 소멸성: 서비스는 사용되지 않으면 즉시 소멸되어 저장하거나 재판매할 수 없다. 시간과 장소가 중요한 요소로 작용하며, 재고 관리가 불가능하다.

### 02 ①

서비스의 특성 중 재고 보관, 교환과 환불이 어렵다는 것은 소멸성에 대한 설명이다.

### 03 ①

서비스의 품질 속성 중 탐색 속성이란 고객이 서비스를 구매하거나 이용하기 이전에 직접적으로 관찰하거나 평가할 수 있는 특성으로, 주로 제품이나 서비스의 외형적 특성이나 정보를 통해 사전에 파악할 수 있는 요소이다.

### 04 ⑤

서비스 품질 속성 중 '신뢰 속성'에 해당하는 법률 서비스, 수술 효과, 자동차 정비 등은 서비스를 구매하고 경험한 이후에도 고객이 직접 평가하기 매우 어렵거나 불가능하다. 따라서 모든 서비스가 구매 후 직접 평가 가능한 것은 아니다.

### 05 ④

운송과 통신은 대표적인 인프라 서비스이며 사람, 상품, 정보 등을 연결하고 전달하여, 모든 산업 활동의 흐름을 가능하게 한다. 즉, 경제 각 부문을 유기적으로 연결한다고 할 수 있다.

**오답 피하기**

- ① 서비스업은 선진국에서 큰 비중을 차지하지만, 후진국에서는 낮은 비중을 차지한다.
- ② 서비스 활동은 자급자족 시대부터 인간의 기본적인 생활을 영위하는 과정에서 시작되었다.
- ③ 서비스는 향후 기술발전에 따라 더욱 발전할 것이라고 예상된다.
- ⑤ 서비스업은 이제 경제적으로 부수적인 활동이 아니라 사회의 핵심적인 활동 영역이 되었다.

### 06 ①

서비스 인식의 성격에 따른 분류가 아니라 서비스 행위의 성격에 따른 분류이다.

### 07 ④

사전 서비스란 서비스 제공 이전 단계로, 고객의 기대를 형성하고 상호작용을 준비하는 과정이다. 고객 서비스 지침 제공 등을 통해 고객이 받을 서비스에 대해 사전에 인지할 수 있도록 한다.

### 08 ⑤

퇴출 장벽이란, 기업이 특정 산업이나 시장에서 철수하고자 할 때 이를 방해하거나 어렵게 만드는 요인이다. 이미 진입한 시장에서 떠나고 싶어도 떠날 수 없는 이유 혹은 걸림돌을 뜻하는데, 서비스 산업은 이러한 퇴출 장벽이 낮아 사업을 쉽게 중단할 수 있다.

### 09 ③

서비스 패러독스의 발생 원인 중 경쟁적 서비스 환경은 모든 경쟁자들이 높은 수준의 기능적 서비스를 제공함에 따라 차별화된 서비스 제공이 미흡하다는 것이다.

### 10 ⑤

서비스 패키지는 특정 환경에서 재화와 정보가 결합되어 함께 제공되는 총체적인 개념이다.

### 11 ⑤

내부 마케팅에는 직원 교육, 보상, 동기부여, 커뮤니케이션 강화 등의 활동이 있다.

### 12 ③

제조업의 자동화로 서비스 경제가 성장했으며, 인건비 상승은 서비스 경제의 성장 이유에 해당하지 않는다.

### 13 ⑤

과거 능률을 중시하는 전통적 관점에서 급변하는 디지털 시대에 발맞춰 유연성을 중시하는 관점으로 전환되었다.

### 14 ⑤

'얼마에 거래되는가(교환 가치)'에서 '고객이 어떤 혜택과 만족을 느끼는가(사용 가치)' 중심으로 평가 기준이 변화하였다.

### 15 ④

고객 니즈의 다양화 및 복잡화로 인해 고객들은 한 번의 구매로 다양한 가치를 동시에 얻기를 원하게 되었다.

**16** ②

제품의 서비스화는 제품이나 제품의 기능을 서비스로 전환하여 결합한 형태를 말하며, 커피 머신 렌탈 서비스가 이에 해당한다.

**17** ④

서비스 패키지의 구성 요소에 옵션 서비스는 해당하지 않는다.

**오답 피하기**
- ① 핵심 서비스: 본질적이며 핵심적인 서비스
- ② 촉진 서비스: 핵심 서비스 제공을 위한 필수 보완 서비스
- ③ 부가 서비스: 고객 만족과 차별화를 위한 부가적 서비스
- ⑤ 기본 시설: 서비스의 핵심 제공에 직접 관련된 자원

**18** ⑤

전통적 서비스 산업에 대한 설명이며, 현대적 서비스 산업에서는 자동화와 기술로 표준화가 용이(서비스 품질 안정성 높음)하다.

**19** ⑤

서비스업에서는 수직적 관계 관리가 아니라 수평적 관계 관리가 필요하다.

**20** ⑤

서비스 제공 시 기능적 측면뿐만 아니라 인간이 사회적 존재임을 고려하여 사회적 기능도 반영해야 한다.

**21** ②

**오답 피하기**
- ① 고접촉 시스템은 제어하기 어렵다.
- ③ 저접촉 시스템이 안정적 서비스 생산이 가능하다.
- ④, ⑤ 고접촉 시스템에 대한 내용이다.

**22** ⑤

내부고객의 만족이 외부고객의 만족으로 이어지므로 내부고객의 만족이 중요하다.

**23** ③

소비자가 제품의 품질뿐만 아니라 고객 경험과 서비스 품질을 중시하게 되면서 서비스의 중요성이 부각되었다.

**24** ④

부가 서비스란 고객 만족과 차별화를 위한 부가적 서비스이다.

**오답 피하기**
- ① 핵심 서비스: 본질적이며 핵심적인 서비스
- ② 촉진 서비스: 핵심 서비스 제공을 위한 필수 보완 서비스
- ③ 암묵적 서비스: 고객이 간접적으로 느끼는 정서적 만족 요소
- ⑤ 지원 설비: 편의성과 경험 개선을 위한 물리적 환경

## OX형

**01** ②

서비스의 비분리성에 대한 설명이다. 형태가 없어 눈으로 보거나 만질 수 없으며, 고객은 경험을 통해서만 서비스의 가치를 느낄 수 있다는 특성은 서비스의 무형성에 대한 설명이다.

**02** ①

서비스 패키지란 고객이 서비스를 경험하거나 소비할 때 제공받는 일련의 유형적·무형적 구성 요소들의 묶음을 의미하며, 서비스 경영자에게는 고객이 원하는 서비스 패키지와 일치하는 종합적인 경험을 제공하는 것이 중요하다.

**03** ①

서비스 운영 중심에서 가치 흐름은 생산 후 판매하는 PO(Product Out) 방식에서 요청 후 생산하는 PI(Product In) 방식으로 전환되었다.

**04** ①

서비스 패러독스의 발생 원인에는 서비스의 기계화 및 기술의 복잡화 이외에도 고객 기대 수준 상승, 서비스 획일화, 경쟁적 서비스 환경, 일선 직원 확보의 악순환, 서비스의 인간성 상실 등이 있다.

**05** ②

필립 코틀러의 서비스 트라이앵글에 대한 설명이다.

## 연결형

**01** ④

서비스 패키지란 고객이 서비스를 경험하거나 소비할 때 제공받는 일련의 유형적·무형적 구성 요소들의 묶음이다.

**02** ③

필립 코틀러의 서비스 트라이앵글은 기업이 고객에게 높은 품질의 서비스를 제공하기 위해 반드시 고려해야 하는 3가지 핵심 주체 간의 상호관계를 나타낸 모형이다.

**03** ②

서비스 경제는 경제 구조의 중심이 제조업과 같은 전통적 재화 중심에서 서비스 중심으로 이동한 경제 형태이다.

**04** ①

서비스 패러독스란 경제 및 기술의 발전으로 과거에 비해 풍요롭고 경제적 부를 누리는데도 고객의 기대는 더욱 높아지고 결과적으로 고객은 이전보다 서비스 품질에 대해 더 비판적으로 인식하는 역설적인 상황이다.

**05** ⑤

서비스 경제에서 새로운 서비스가 탄생하여 파급되는 속도와 범위가 산업혁명보다 더 빠르게 진행되어 사회와 경제가 급진적으로 변혁하는 현상이 발생하는 것이다.

# 02

# 서비스 프로세스 개발 및 품질 관리

**파트 소개**

서비스 프로세스의 설계 및 효율적인 관리, 품질 향상 방법을 체계적으로 다룹니다. 특히 전사적 서비스 품질 경영과 서비스 연구개발(R&D)을 통해 품질 경쟁력을 확보하는 실무적 접근법을 학습합니다. 이를 통해 서비스 현장에서 발생 가능한 문제를 진단하고 개선할 수 있는 내용을 다룹니다.

슈메너(Schmenner)의 서비스 매트릭스와 서비스 청사진(Service Blueprint)의 구성 요소를 익히고 서비스 품질을 측정하는 다양한 품질 모형과 품질을 평가할 수 있는 비용의 개념을 꼭 이해합니다.



| CHAPTER 01 | 상 | 25% |
| CHAPTER 02 | 중 | 20% |
| CHAPTER 03 | 상 | 25% |
| CHAPTER 04 | 중 | 20% |
| CHAPTER 05 | 하 | 10% |

# 서비스 프로세스

빈출 태그 ▶ 서비스 매트릭스, 표준화, 개인화(고객화)

## 01 서비스 프로세스의 이해 ★★★

### 1) 서비스 프로세스의 개념

① 서비스 프로세스는 서비스가 고객에게 전달되는 모든 활동과 절차이다.
② 고객의 요구를 충족시키기 위해 서비스를 기획 및 설계하고 제공하는 전 과정을 체계적으로 구성한 일련의 과정이다.
③ 프로세스 단계와 서비스 제공자의 처리 능력은 고객에게 가시적으로 드러나므로, 서비스 품질의 중요한 요소이다.
④ 효과적인 서비스 프로세스를 통해 불필요한 요소의 투입을 방지함으로써 경제적 효과를 기대할 수 있다.

### 2) 서비스 프로세스의 중요성

① 서비스 생산 과정의 흐름은 제품 마케팅보다 더 중요할 수 있다.
② 고객의 만족 여부는 재구매 의도에 결정적인 영향을 미친다.
③ 서비스 프로세스를 설계할 때는 직원과 고객의 역할을 동시에 고려해야 한다.
④ 서비스 프로세스는 직원의 업무 수행 능력과 생산성에 영향을 미친다.
⑤ 서비스는 고객과의 상호작용이 필수적이므로, 서비스 프로세스는 결과 품질뿐만 아니라 과정 품질과 고객 경험에도 영향을 준다.
⑥ 내부 서비스가 미흡하면 외부고객에게 제공되는 서비스 품질이 저하될 수 있으므로, 내부고객 만족이 우선적으로 확보되어야 한다.

### 3) 서비스 프로세스 설계 시 고려 사항

① 서비스 제공자와 고객의 역할 관계를 명확히 정의한다.
② 고객에 대한 인식이 중요하므로 서비스 프로세스의 각 단계에 고객을 참여시킨다.
③ 내부 프로세스를 수행하는 직원도 전체적인 관점에서 사고하는 것이 필요하다.
④ 각각의 개별 활동은 하나의 시각으로 인식하여, 전체적인 관점에서 이해해야 한다.
⑤ 고객 만족을 극대화할 수 있도록 직원의 업무 처리 능력을 고려한다.
⑥ 서비스 프로세스와 성과 평가 프로그램을 상호 연계하여 관리한다.
⑦ 서비스 제공자와 내부고객 간의 관계는 고객지향적인 방식으로 관리되어야 한다.

### 4) 서비스 프로세스 선정 방법

① 어떤 서비스가 고객에게 가장 중요한가?
② 어떤 프로세스가 고객의 눈에 가장 잘 띄는가?
③ 서비스를 생산하는 프로세스는 어떤 것인가?

④ 어떤 프로세스가 고객이 설정한 성과 기준에 가장 큰 영향을 미치는가?
⑤ 어떤 서비스가 고객이 설정한 성과 기준에 가장 큰 영향을 미치는가?

## 02 서비스 프로세스의 분류

### 1) 서비스 프로세스 ★★★

① 슈메너(Schmenner)는 서비스 프로세스를 노동집약도(Labor Intensity)와 고객 맞춤화(Customization)라는 2가지 기준으로 설명했다.
② 기준
- 노동집약도
  - 서비스 제공 시 인적 자원의 투입 비중이 얼마나 높은지를 나타내는 척도이다.
  - 노동집약도가 높을수록 직원의 역할과 서비스 제공 과정에서 사람의 비중이 크다.
- 고객 맞춤화
  - 고객 요구에 맞춰 서비스가 얼마나 개인화되고 차별적으로 제공되는지를 나타내는 척도이다.
  - 고객 맞춤화가 높을수록 고객 요구에 따라 다양한 형태로 서비스가 유연하게 제공된다.

### 2) 서비스 프로세스 매트릭스(Service Process Matrix) ★★★

① 서비스 프로세스 매트릭스는 노동집약도와 고객 맞춤화를 기준으로 서비스를 4가지 유형으로 나누어 설명한다.

| 구분 | | 고객 맞춤화 | |
| --- | --- | --- | --- |
| | | 낮음 | 높음 |
| 노동집약도 | 낮음 | 서비스 공장 | 서비스 숍 |
| | 높음 | 대량 서비스 | 전문 서비스 |

② 서비스 공장(Service Factory)
- 노동집약도 낮음, 고객 맞춤화 낮음
- 효율적인 서비스가 대량으로 제공되는 형태이다.
- 표준화되고 효율적인 서비스를 자동화 기술을 사용하여 대량 생산한다.
  - 예 항공사, 호텔, 리조트, 화물 운반

③ 대량 서비스(Mass Service)
- 노동집약도 높음, 고객 맞춤화 낮음
- 직원의 역량이 중요하므로 적합한 직원을 선발하고 인재 육성 및 교육, 관리가 중요하다.
- 매뉴얼, 표준화된 운영 절차를 수립해야 한다.
  - 예 소매점, 공공 교육기관, 은행

④ 서비스 숍(Service Shop)

- 노동집약도 낮음, 고객 맞춤화 높음
- 고객의 니즈에 따라 다양한 서비스를 제공해야 하므로, 서비스 비용이 증가하고 품질 유지가 어렵다.
- 맞춤형 서비스는 표준화가 어려워, 일선 직원에 대한 임파워먼트 강화, 매뉴얼의 표준화 및 통제의 어려움 등이 발생한다.

    **예** 병원, 자동차 정비소, 고급 미용실, 레스토랑

⑤ 전문 서비스(Professional Service)

- 노동집약도 높음. 고객 맞춤화 높음
- 고객 문제를 해결하는 과정이 다양하여 표준화된 서비스 프로세스를 수립하기 어렵다.
- 고도의 전문성(충분한 역량)이 요구되며 주로 전문가 집단으로 구성된다.

    **예** 회계사, 변호사, 의사, 컨설턴트



## 3) 표준화 전략과 고객화 전략 ★

① 표준화 전략

- 표준화 전략은 서비스 제공 과정과 결과를 균일하고 일관되게 유지하기 위해, 명확한 기준과 절차를 정하여 모든 고객에게 동일한 방식으로 서비스를 제공하는 것이다.
- 서비스 과정의 균일성과 일관성 유지가 가능하다.
- 특정 업무가 반복적으로 처리되고, 효율적인 방법이 존재할 경우, 표준화된 서비스 프로세스 전략이 용이하다.
- 프로세스의 표준화는 기업의 효율성 증진과 생산성 향상을 목적으로 주로 사용된다.
- 특정 소수가 아닌 불특정 다수의 고객을 대상으로 하는 대중화 전략에 적합하다.

    **예** 패스트푸드점, 프랜차이즈 형태의 매장

② 고객화(개인화) 전략

- 고객화(개인화) 전략은 개별 고객의 다양한 요구와 선호도에 맞추어, 서비스 과정을 개별화하고 개인화하여 제공하는 것이다.
- 일반적으로 고객화 전략은 표준화 전략보다 직원에게 더 많은 권한이 부여되며, 이에 따라 서비스 제공자는 신속하고 유연한 대응이 가능하고, 고객은 개인적이고 차별화된 서비스를 경험할 수 있다.
- 고객화 지향 서비스 프로세스는 개인의 니즈에 맞추기 때문에 비용이 증가할 가능성이 높고, 서비스를 제공하는 직원의 전문성이 매우 중요하다.
- 기업은 고객의 관점에서 프로세스를 설계하고, 고객의 니즈와 기대 수준을 반영하여 서비스 프로세스를 관리해야 한다.

# 서비스 프로세스의 개선

빈출 태그 ▶ 서비스 디자인, 서비스 청사진, 가시선, PDCA 사이클, 피시본 다이어그램

## 01 서비스 디자인

### 1) 서비스 디자인의 개념
① 서비스 디자인은 고객의 경험을 시각화하여 유형의 요소로 구체화하는 과정이다.
② 고객의 입장에서 서비스의 모든 요소를 체계적이고 창의적으로 설계하여, 고객 경험과 만족을 향상시키고 서비스 품질을 극대화하는 활동이다.

### 2) 서비스 디자인의 요소 ★

| 가치 중심적 요소 | • 서비스 디자인은 고객과 이해관계자에게 실질적인 가치를 제공하는 데 초점을 맞춘다.<br>• 가치 중심적 요소는 고객이 서비스를 통해 얻는 효용성과 만족도를 강조한다. |
|---|---|
| 관계지향적 요소 | 서비스 디자인은 고객, 기업, 직원 간의 관계와 상호작용을 통해 고객 충성도와 신뢰성을 높이는 데 중점을 둔다. |
| 지속성 요소 | • 서비스 디자인은 장기적인 관점에서 지속 가능한 서비스 제공과 운영을 중시한다.<br>• 지속성 요소는 서비스가 환경적, 사회적, 경제적으로 지속 가능한 형태로 제공되도록 설계된다. |

### 3) 서비스 디자인의 프로세스

| 단계 | 내용 |
|---|---|
| 정보수집 | 고객과 서비스에 대한 정보를 수집하여, 서비스 개선의 방향을 설정한다. |
| 아이디어 창출 | 정보 수집 단계에서 파악된 고객의 문제점과 요구를 바탕으로 창의적이고 다양한 아이디어를 발굴한다. |
| 아이디어 공유 | 다양한 아이디어를 팀 내부 및 이해관계자들과 공유하여, 아이디어를 구체화하고 발전시킨다. |
| 프로토타입 | 아이디어 공유 단계에서 다듬어진 최종 아이디어를 고객이 체험할 수 있는 초기 형태(프로토타입)로 제작한다. |
| 아이디어 통합 | 프로토타입 과정에서 얻은 고객 피드백과 테스트 결과를 종합하여, 아이디어를 최종 서비스로 발전시키고 실제 운영 가능한 형태로 통합한다. |

### 4) 서비스 디자인의 특징
① 서비스의 시각화
서비스 과정과 내용을 고객과 직원이 이해하기 쉽도록 서비스 청사진(Service Blueprint) 등 시각적 도구를 활용하여 표현한다.
② 공동창작의 활성화
고객, 직원, 이해관계자 등 다양한 주체들이 서비스 설계 과정에 함께 참여하여 가치를 공동으로 창출한다.

③ 강화된 디자인 조사

고객의 실제 경험과 잠재적인 요구를 심층적으로 조사·분석하여 서비스를 설계한다.

④ 다양한 고객 경험

서비스 디자인은 고객의 다양한 접점에서의 경험을 체계적으로 관리하고 설계한다.

⑤ 총체적 접근을 통한 디자인

제품, 서비스, 직원의 태도 등 서비스의 모든 접점과 이해관계자 간의 상호작용을 고려하여, 종합적이고 통합적인 고객 경험을 설계한다.

## 02 서비스 디자인 도구

### 1) 서비스 청사진의 개념 ★★★

① 서비스 청사진(Service Blueprint)이란 린 쇼스탁(G. L. Shostack)이 처음으로 제시한 개념으로, 서비스가 제공되는 전체 과정을 고객의 관점에서 단계별로 시각화한 흐름도이다.

② 서비스 제공 과정의 각 단계에서 종업원과 고객이 수행해야 할 역할을 도식화하여, 서비스의 구조와 흐름을 쉽게 이해할 수 있도록 돕는 도구이다.

③ 서비스 디자인 및 검토 과정에서 각 접점에서의 실패 가능성을 사전에 파악하고 예방함으로써, 서비스 품질 향상에 기여한다.

④ 전사적 차원에서 직접 고객과 접하지 않는 직원이라 하더라도, 자신의 업무가 어떻게 고객에게 전달되고 영향을 미치는지를 파악하는 데 매우 효과적인 자료로 활용된다.

⑤ 서비스 청사진은 신서비스 개발, 서비스 표준화, 매뉴얼 작성, 프로세스 개선 등 다양한 목적으로 활용될 수 있다.

⑥ 품질 개선을 위한 도구로, 기존의 공정 흐름도에 '가시성 경계(Line of Visibility)' 개념을 추가한 시각적 설계 도구이다.

### 2) 서비스 청사진의 구성도 ★★★

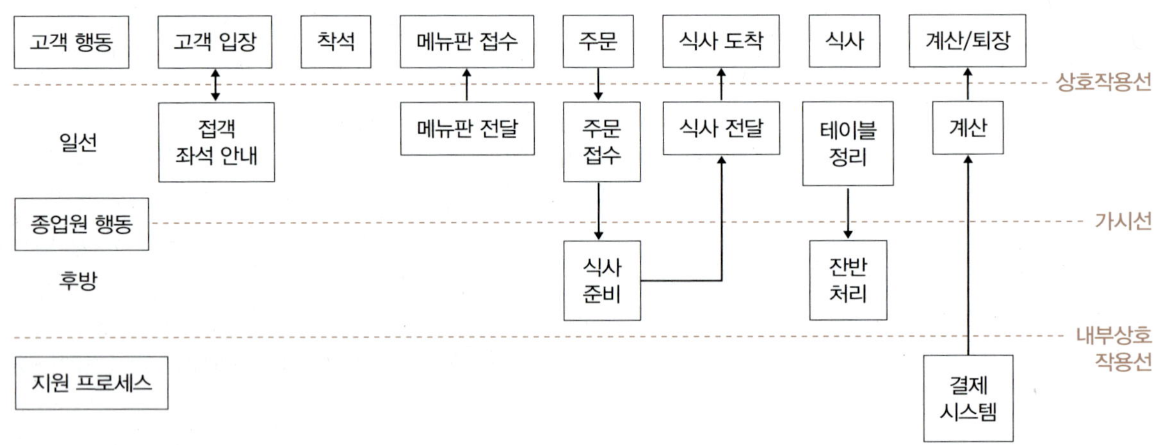


▲ 서비스 청사진 구성도

① 수평선

서비스 청사진은 다음과 같은 기준선(Line)으로 구성 요소 간의 관계를 구분하여 표현한다.

| 기준선 | 내용 |
| --- | --- |
| 상호작용선 | • 고객과 서비스 직원이 직접 상호작용하는 지점<br>• 고객과 직원의 접점 구분 |
| 가시선 | 고객이 볼 수 있는 활동(Frontstage)과 볼 수 없는 활동(Backstage) 구분 |
| 내부상호작용선 | 고객 접점 직원과 지원 업무 직원 간의 상호작용 구분 |

② 구성 요소

서비스 청사진은 다음 다섯 가지 주요 구성 요소로 이루어진다.

| 구성 요소 | 내용 |
| --- | --- |
| 물리적 증거 | 고객이 서비스를 제공받으면서 직접 보고 느끼는 유형의 증거<br>예 시설, 인테리어, 웹사이트 |
| 고객 행동 | 서비스 과정에서 고객이 직접 참여하고 경험하는 활동과 행동 |
| 일선 종업원 행동 | 고객과 직접 상호작용하면서 서비스를 제공하는 직원의 활동 |
| 후방 종업원 행동 | 고객과 직접 접촉하지는 않지만 서비스 제공을 지원하는 내부 직원의 활동 |
| 지원 프로세스 | 서비스 전달을 위해 필수적으로 수행되는 후방의 지원 활동<br>예 시스템 관리, 재고 관리 |

## 3) 서비스 청사진의 작성 단계 ★

| 1단계 | 프로세스 선정 | 서비스 청사진의 활용 목적과 분석할 서비스의 범위를 명확히 정한다. |
| --- | --- | --- |
| 2단계 | 고객행동 분석 | 고객 관점에서 서비스 이용 흐름을 정의하고 고객 행동을 명확히 나타낸다. |
| 3단계 | 서비스 프로세스 분해 | 직원의 행동 지원 프로세스를 분석 · 정리하고 상호작용선, 가시선, 내부 상호작용선을 구분한다. |
| 4단계 | 서비스 청사진 도식화 | 분석한 각 영역별 서비스 활동과 흐름을 도표로 이용해 시각화한다. |
| 5단계 | 물리적 증거 작성 | 물리적 요소를 기입한다. |

## 03  서비스 프로세스 재설계

### 1) 서비스 프로세스 재설계의 필요성

① 새로운 서비스 기능을 추가해야 할 때
② 새로운 서비스 콘셉트가 요구될 때
③ 기존 서비스 프로세스의 적합성이 저하되었을 때
④ 기술 환경의 변화로 인해 더 나은 프로세스가 필요한 경우
⑤ 유행의 변화에 따라 고객의 기대와 요구를 반영해야 할 때
⑥ 조직의 구조적 재편으로 인해 새로운 프로그램으로의 전환이 필요할 때

### 2) 서비스 프로세스 재설계의 목적

① 고객 만족도 향상
② 생산성 증대
③ 생산자 중심에서 고객 중심으로의 전환
④ 서비스 프로세스의 단순화를 통한 서비스 제공 시간 단축
⑤ 프로세스 내 인력 조정을 통한 서비스 결과 품질 향상
⑥ 프로세스상의 오류를 제거 및 부족한 부분 보완

### 3) 서비스 프로세스 개선 도구

① 서비스 프로세스 개선 도구의 의미

프로세스의 문제점이나 비효율성을 식별하고 원인을 분석하며, 효과적인 해결 방안을 마련하기 위해 활용하는 체계적인 분석 도구

② 서비스 프로세스 개선 도구의 종류

- 흐름도(Flow Chart) ★
  - 프로세스의 각 단계와 흐름을 도형과 화살표로 시각적으로 표현한 도구이다.
  - 전체 프로세스 흐름과 단계 간의 연관성을 명확하게 표현하여, 프로세스를 쉽게 이해할 수 있게 해준다.
  - 특정 기호를 사용하여 다이어그램 또는 블록 다이어그램이라고도 불린다.
- 파레토 차트(Pareto Chart)
  - 문제의 원인을 빈도 또는 중요도에 따라 크기순으로 정렬하여, 막대그래프와 누적 백분율을 함께 나타낸 차트이다.
  - 품질 관리, 문제 해결, 우선순위 선정 등에 주로 사용된다.
- 피시본 다이어그램(Fishbone Diagram) ★
  - 문제의 근본 원인을 체계적으로 분석하고 시각화하기 위한 도구로, 생선뼈 모양과 유사하여 어골도 또는 특성요인도(Cause-and-Effect Diagram)라고도 한다.
  - 일본의 품질관리 전문가인 이시카와 가오루(Kaoru Ishikawa)가 고안하여, 이시카와 다이어그램(Ishikawa Diagram)이라고도 불린다.
  - 문제의 원인을 카테고리별로 나누고 세부적으로 분석하여, 핵심 원인을 도출하는 데 사용된다.
  - 문제가 복잡하거나 다양한 원인이 있는 경우 가능한 많은 원인을 식별하고 문제 해결에 집중할 수 있어, 불필요한 의사결정을 줄이는 데 효과적이다.

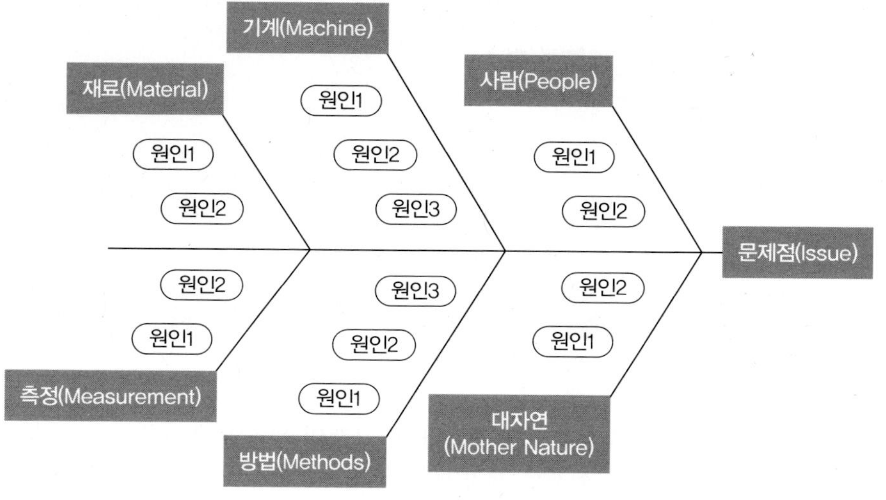


▲ 피시본 다이어그램 예시

- 데밍 사이클(Deming Cycle) = PDCA 사이클 ★★
  - 품질 경영 및 프로세스 개선을 위한 지속적인 개선 방법론으로, 목표를 설정하고 이를 달성하기 위한 관리 방식이다.
  - PDCA 사이클이라고도 하며, '계획(Plan) → 실행(Do) → 점검(Check) → 조치(Action)'의 4단계를 반복함으로써 지속적인 개선을 유도한다.

| PDCA 사이클 | 내용 |
|---|---|
| Plan(계획) | 문제 상황을 분석하고 목표를 설정하여 개선 계획을 수립한다. |
| Do(실행) | 수립한 계획을 실제 업무에 적용하여 실행한다. |
| Check(점검) | 실행 결과를 평가하고 목표 달성 여부를 확인한다. |
| Act(조치) | 평가 결과를 바탕으로 개선 사항을 표준화하거나 재조정한다. |

# 03



# 서비스 품질

빈출 태그 ▶ 서브퀼, 카노 모형, SERVPERF모형, GAP모형

## 01 서비스 품질의 이해

### 1) 서비스 품질의 개념 ★★

① 서비스가 고객의 기대에 부합하거나 이를 초과하여, 고객의 욕구와 요구를 충족시키는 정도이다.

② 고객이 기대하는 서비스 수준과 실제로 제공받은 서비스 간의 차이로 평가되며, 고객의 기대치와 인지된 서비스 간의 차이(Gap)를 기준으로 측정된다.

③ 서비스의 결과뿐만 아니라 분위기, 환경, 상황 등 전 과정을 포함하는 복합적인 개념이다.

④ 객관적이고 획일적인 개념이 아니라, 고객에 의해 판단되는 주관적 평가이며, 서비스 제공의 전 과정에서 평가된다.

⑤ 고객의 지각과 관련된 고객지향적 개념이다.

⑥ 탐색적 품질보다 경험적 품질의 비중이 더 크다.

### 2) 서비스 품질의 특성

① 보이지 않는 부분도 서비스 품질에 영향을 미친다.

② 서비스가 생산되고 소비되는 현장에서 결정된다.

③ 사용되는 시점에 인식되고 사라지지만, 긍정적인 경험은 기억에 남아 재구매로 이어진다.

④ 고객의 욕구, 사회적·기술적·환경적 변화에 따라 서비스 품질 역시 지속적으로 변화한다.

### 3) 서비스 품질의 중요성

① 고객 만족과 고객 충성도 향상

서비스 품질이 높을수록 고객의 재구매율과 추천 의향이 증가하여, 장기적인 고객 유지에 기여한다.

② 기업의 경쟁력 및 차별화 강화

서비스 품질이 우수한 기업은 경쟁사와의 차별화가 가능하며, 고객 유치와 유지에서 우위를 점할 수 있다.

③ 수익성과 비용 효율성 향상

높은 서비스 품질은 장기적으로 고객 유지 비용을 낮추고, 신규 고객 유치 비용도 절감하여 수익성을 높인다.

④ 직원 만족도와 내부 조직 강화

우수한 서비스 품질은 고객뿐만 아니라 내부 직원들의 만족과 동기부여에도 긍정적인 영향을 미친다.

### 4) 서비스 품질 측정의 어려움 ★

① 서비스는 형태가 없어 직접 보고 만질 수 없기 때문에, 객관적이고 정확한 측정이 어렵고 주관적인 개념이다.

② 서비스는 전달되기 전에는 품질 테스트가 불가능하다.

③ 고객으로부터 정량적 데이터를 수집하는 데 어려움이 있다.
④ 서비스는 고객이 자원과 함께 이동하므로, 고객이 자원의 변화를 직접 관찰할 수 있다.
⑤ 고객은 서비스 프로세스의 일부이며 그로 인해 변화 가능성이 존재한다.

### 5) 서비스 품질 측정의 필요성

① 서비스 품질의 개선, 향상, 재설계의 출발점은 측정에서부터 시작된다.
② 서비스 품질 측정을 통해 현재 서비스의 수준과 문제점을 분석할 수 있다.
③ 서비스 품질을 개선하고 재설계함으로써, 경쟁 우위를 확보할 수 있다.
④ 측정 없이 개선할 수 없으며, 측정의 목적은 평가가 아니라 품질의 개선이다.

### 6) 칼 알브레히트의 서비스 삼각형 구성 요소 ★★

알브레히트(Karl Albrecht)는 서비스 품질과 고객 만족을 관리하는 데 있어 세 가지 요소가 균형과 조화를 이루어야 한다고 주장했다.

① 서비스 전략
- 서비스 기업의 장기적 비전과 방향을 말한다.
- 고객의 기대와 욕구를 명확히 파악하고, 이를 충족시킬 수 있는 전략적 목표 설정이다.
  **예** 고객 만족 극대화 전략, 맞춤형 서비스 전략 등

② 서비스 시스템
- 서비스가 제공되는 물리적ㆍ기술적 프로세스와 체계를 말한다.
- 효율적이고 안정적으로 서비스가 제공될 수 있도록 설계된 시스템이다.
  **예** 서비스 전달 프로세스, IT 시스템, 설비 및 시설, 업무 절차 등

③ 서비스 인적자원
- 실제 서비스를 제공하는 직원의 능력, 태도, 행동, 서비스 정신을 의미한다.
- 직원의 고객 응대 태도, 숙련도, 서비스 의지 등이 포함된다.
  **예** 직원 교육 훈련, 서비스 마인드, 커뮤니케이션 능력 등


## 02 서비스 품질의 측정 모형 ★★★

### 1) 서브퀄 모형

① 서브퀄(SERVQUAL)은 'Service(서비스)'와 'Quality(품질)'의 합성어로, 고객의 기대된 서비스(Expected Service)와 실제로 경험한 인지된 서비스(Perceived Service) 수준 간의 차이를 바탕으로 서비스 품질을 평가하는 모형이다.
② 서브퀄 모형은 마케팅 학자인 PZB, 즉 파라슈라만(Parasuraman), 자이탐(Zeithaml), 베리(Berry)에 의해 개발되었다.
③ 서브퀄은 고객의 실제 서비스 경험에서 기대했던 서비스를 뺀 차이 점수(갭) 방식의 등식(Equation)을 활용한다.

> 〈서브퀄의 차이점수 등식(Equation)〉
>
> 서비스 품질(Q) = 인지된 서비스(P) − 기대된 서비스(E)

④ 서브퀄의 5가지 차원은 서비스 품질을 평가하기 위해 개발된 대표적인 측정 도구이다.

| 5가지 차원 | 내용 |
| --- | --- |
| 신뢰성 | 서비스 제공자가 약속한 대로 정확하고 신뢰성 있게 서비스를 제공하는 능력 |
| 확신성 | 직원의 지식, 능력, 친절성 등을 통해 고객에게 신뢰와 확신을 전달하는 능력 |
| 유형성 | 서비스의 물리적 시설, 장비, 직원의 외모와 복장 등 고객이 직접 보고 판단할 수 있는 요소 |
| 공감성 | 고객에게 개인적인 관심과 맞춤형 배려를 제공하여, 고객의 입장에서 이해하고 배려하는 능력 |
| 대응성 | 고객의 요구나 불만에 신속하고 적극적으로 대응하며, 문제 해결을 위한 즉각적인 행동을 수행하는 능력 |

⑤ 서브퀄의 문제점
- 차원성의 문제: 서브퀄의 5가지 차원이 명확히 구분되지 않고, 서로 중복되거나 상관관계를 가지는 경우가 많다.
- 기대 측정의 문제: 고객의 기대는 환경, 시간, 경쟁사 서비스 등에 따라 쉽게 변할 수 있어, 일관된 기준으로 평가하기 어렵다.
- 인지와 기대의 구분 문제: 고객이 서비스 이용 전의 기대와 이용 후의 경험(인지)을 정확히 구분하여 측정하기 어렵다. 따라서 해석과 조작화에 문제가 발생할 수 있다.
- 차이 점수 방식의 한계: 평가가 고객의 기억에 의존하므로, 신뢰성과 타당성 문제가 발생할 수 있다.
- 가격 요소 미반영: 서비스의 가격이나 비용이 반영되지 않아, 품질 평가에 한계가 있다.

## 2) 가빈의 품질 모형 ★

① 가빈(David A. Garvin)의 품질 모형은 제품이나 서비스의 품질을 평가할 때 고려해야 할 다양한 차원을 제시한 모델로, 품질은 단순한 개념이 아니라 여러 요소가 결합된 다차원적 개념이라고 생각했다.
② 가빈은 품질에 대한 접근 방식을 크게 다섯 가지 관점(품질 모형)으로 나누어 제시하였다.

| 5가지 관점 | 내용 |
| --- | --- |
| 선험적 접근 | 경험 이전에 존재하는 인식의 주관적 형식으로, 품질을 구체적으로 정의하긴 어렵지만 직관적으로 '우수함'이나 '탁월함'으로 인식하는 접근 방식 |
| 제품 중심적 접근 | 품질을 제품의 객관적인 성능이나 특성으로 판단하는 접근법 |
| 사용자 중심적 접근 | 품질을 제품이나 서비스가 사용자의 기대와 요구를 얼마나 충족시키는가로 평가하는 접근법 |
| 제조 중심적 접근 | 품질을 미리 정해진 규격이나 표준에 얼마나 일치하는지로 평가하는 방식 |
| 가치 중심적 접근 | 품질을 가격 대비 성능(가성비), 즉 제품이나 서비스가 제공하는 가치를 기준으로 평가하는 접근법 |

③ 가빈의 8가지 품질 차원은 품질을 더욱 구체적으로 분석하고 평가할 수 있도록 도와주는 기준이다.

| 8가지 품질 차원 | 의미 |
| --- | --- |
| 성과 | 제품 또는 서비스가 본래의 목적이나 기능을 얼마나 효과적으로 수행하는가에 대한 기준 |
| 특징 | 고객에게 차별화된 가치와 매력을 제공하는 요소 |
| 신뢰성 | 제품이나 서비스가 약속한 대로 일정 기간 동안 안정적인 성능을 유지하는 능력 |
| 적합성 | 고객의 세분화된 요구를 충족시키는 능력 |
| 내구성 | 제품이나 서비스가 정상적인 조건에서 얼마나 오랫동안 사용 가능한가를 의미 |
| 서비스 제공 능력 | 기업이 고객을 통해 발휘할 수 있는 속도, 친절, 문제 해결력 등 전반적인 서비스 경쟁력 |

| 심미성 | 제품이나 서비스의 외관, 디자인, 감각적인 매력 정도 |
| --- | --- |
| 인지된 품질 | 브랜드 이미지, 평판, 고객의 과거 경험 등을 통해 형성되는 주관적인 품질 인식 |

### 3) 카노의 모형 ★★

① 카노(Kano)의 품질 모형은 고객의 요구사항을 품질 속성으로 분류하고, 각 속성이 고객 만족에 어떤 영향을 미치는지를 체계적으로 설명하는 이론이다.

② 제품이나 서비스의 품질을 세 가지 주요 범주로 구분하여, 각 요소가 고객 만족과 불만족에 어떤 영향을 미치는지 명확히 설명함으로써 효과적인 품질 관리와 고객 만족도 향상을 목표로 한다.

③ 동기-위생 이론을 바탕으로 서비스 품질 요소를 주요 요소와 잠재 요소로 구분하였다.

| 요소 | 품질 | 내용 |
| --- | --- | --- |
| 주요 요소 | 기본적(당연) 품질 | • 고객이 당연히 갖추어야 한다고 여기는 요소<br>• 만족도를 높이지는 않지만 미흡할 경우 큰 불만족을 유발함<br>ⓔ 승무원의 서비스, 세탁기의 세탁 기능 |
| | 일원적(성과) 품질 | 제공 수준이 높아지면 만족도 증가, 낮아지면 불만족 증가<br>ⓔ 직원의 친절도, 교사의 전문성, 대기 시간 |
| | 매력적(감동) 품질 | 고객이 기대하지 않았던 요소로, 제공 시 만족도가 급격히 증가하지만, 미제공 시에도 불만족은 크지 않음<br>ⓔ 기내에서의 특별한 이벤트, 예측하지 못한 서비스 |
| 잠재 요소 | 무관심 품질 | • 제공 여부가 고객 만족에 거의 영향을 미치지 않는 요소<br>• 고객이 중요하게 생각하지 않는 요소로, 고객 만족과 관련성이 약해 중요성이 낮음<br>ⓔ FAQ, 커뮤니티 제공 |
| | 역품질 | 제공될수록 오히려 고객 만족도를 떨어뜨리는 요소<br>ⓔ 무인 결제 시스템, 인터넷 검색 광고 |

④ 카노 품질 모형의 장점

• 품질 속성의 진부화 현상을 설명할 수 있는 통찰을 제공한다.

• 소비자 만족에 가장 큰 영향을 주는 특성을 규명할 수 있으며, 매력적 품질 요소를 통해 차별화된 서비스를 제공할 수 있다.

• 기술적 또는 재정적 한계로 모든 품질 요소를 동시에 충족할 수 없는 경우, 고객 만족에 더 기여하는 요소를 우선 선택할 수 있도록 중요한 가이드라인을 제공한다.

• 주관적 만족 · 불만족과 객관적 충족 · 불충족을 함께 고려할 수 있다.

### 4) 그렌루스의 2차원 품질 모형

① 그렌루스(Grönroos)의 품질 모형은 서비스 품질을 고객이 지각하는 두 가지 핵심 차원으로 구분하여 설명한 모델이다.

② 그렌루스는 생산자와 소비자의 상호작용 과정을 반영하여 기술적 품질과 기능적 품질로 구성된 2차원 품질 모형을 개발하였다.

③ 그는 기술적 품질은 '무엇을', 기능적 품질은 '어떻게'를 의미하며, 이 두 요소가 기업의 이미지를 형성하고, 이 이미지가 인지된 서비스 품질에 영향을 미친다고 생각하였다.

| 기준 | 내용 |
| --- | --- |
| 전문성과 기술 | • 구성 요인: 기술적 품질(결과 품질)<br>• 고객의 문제를 전문적으로 해결하기 위한 지식과 기술 |
| 태도와 행동 | • 구성 요인: 기능적 품질(과정 품질)<br>• 친절함, 자발적인 대응, 배려 등 종업원의 태도 |
| 접근성과 유연성 | 입지, 운영 시간, 시스템 등 고객 접근성을 고려한 유연한 운영 방식 |
| 신뢰성 | 서비스 제공자, 직원, 시스템이 고객과의 약속을 지키며 성실히 수행한다는 믿음 |
| 서비스 회복 | 서비스 실패 시 신속하고 적극적으로 문제를 수정하는 능력 |
| 평판과 신용 | • 구성 요인: 이미지<br>• 고객이 서비스 제공자에 대해 신뢰하고 우수한 성과를 기대하는 정도 |

## 5) SERVPERF 모형

① SERVPERF(SERVice PERFormance)모형은 서비스 품질을 측정할 때 고객의 성과 인식(Performance Perception)만을 기준으로 평가하는 방식이다.

② 크로닌(Cronin)과 테일러(Taylor)가 1994년에 제시한 모델로, 기존 PZB의 SERVQUAL 모형과는 달리 고객의 기대 수준을 측정하지 않고, 실제로 경험한 서비스의 성과만을 평가하여 서비스 품질을 측정한다.

③ 신규 서비스업, 컨설팅업과 같이 기대 형성이 어려운 서비스에도 적용할 수 있다는 장점이 있다.

## 03 서비스 품질 GAP 모형

### 1) 서비스 품질 GAP의 개념

① 서비스 품질 GAP 모형은 고객의 기대와 실제 제공된 서비스 간의 차이(갭)를 분석하여, 서비스 품질 문제의 원인을 명확히 파악하고 개선할 수 있도록 돕는 모형이다.

② 서브퀄을 개발한 학자들인 파라슈라만, 자이탐, 베리가 제안한 것으로, 총 다섯 가지 품질 격차를 설명하는 모형으로, 다섯 가지 격차가 작을수록 서비스 품질이 우수하다고 볼 수 있다.

### 2) 서비스 품질 GAP 다섯 가지

① GAP 1: 인지적 격차

• 경영자가 고객의 기대를 정확히 파악하지 못할 때 발생하는 차이
• 고객과의 상호작용이 부족하거나, 고객의 기대를 파악하려는 의지가 없을 때 발생

| 발생 원인 | 해결 방안 |
| --- | --- |
| • 마케팅 조사에 대한 이해 부족<br>• 조사 결과에 대한 잘못된 해석<br>• VOC에 대한 피드백 및 이해 부족<br>• 과도한 정보 전달로 인해 조사 결과가 경영자에게 전달되지 않거나 왜곡됨 | • 고객 기대에 대한 시장 조사 수행<br>• 조사 결과에 대한 객관적 분석과 해석<br>• VOC에 대한 적절한 대응과 피드백<br>• 경영자와의 소통 확대 및 고객과의 접촉 기회 강화 |

② GAP 2: 표준적 격차

고객의 기대는 이해했으나, 이를 적절한 서비스 품질 기준으로 전환하지 못할 때 발생

| 발생 원인 | 해결 방안 |
| --- | --- |
| • 미흡한 서비스 설계<br>• 고객 중심의 서비스 표준화 부족<br>• 서비스 수행 기준 및 목표 설정 실패<br>• 서비스에 대한 경영자의 몰입 부족 | • 서비스 개발 과정의 체계화<br>• 전사적인 고객 만족 비전 수립<br>• 서비스 기준에 부합하는 목표 수립<br>• 고객 니즈를 반영한 제품 및 서비스 개발 |

③ GAP 3: 전달적 격차

• 서비스가 잘 설계되었음에도 불구하고, 일선 직원이 이를 제대로 수행하지 못할 때 발생
• 설정된 서비스 기준을 실제 서비스 현장에서 제대로 실행하지 못할 때 발생

| 발생 원인 | 해결 방안 |
| --- | --- |
| • 부적절한 인사 정책<br>• 업무에 적합하지 않은 인력 배치<br>• 일선 직원의 권한 인식 부족<br>• 과도하게 인식되는 서비스 기준<br>• 수요와 공급 간 불일치 | • 적절하고 공정한 보상 제공<br>• 직무에 적합한 인력 배치 및 교육 실시<br>• 일선 직원에게 권한 위임(임파워먼트)<br>• 서비스 기준 설정 시 직원 참여 확대<br>• 정확한 수요 예측 및 공급 능력 확보 |

④ GAP 4: 커뮤니케이션 격차

기업의 홍보나 광고를 통해 고객에게 약속한 서비스와 실제 제공되는 서비스가 다를 때 발생

| 발생 원인 | 해결 방안 |
| --- | --- |
| • 기업의 과도한 약속<br>• 수평적 커뮤니케이션 부족<br>• 고객 기대 관리 실패<br>• 광고나 홍보 부서 간 소통 부족 | • 이행 가능한 약속과 서비스 보증<br>• 수평적 커뮤니케이션 활성화<br>• 고객 기대에 대한 효과적인 관리<br>• 통합적 마케팅 커뮤니케이션 강화<br>• 약속 변경 시 고객에게 명확한 고지 |

⑤ GAP 5: 인식적 격차

• GAP 1~GAP 4의 복합적인 요인으로 인해 고객의 기대를 충족시키지 못해 발생하는 전체적인 격차
• 고객이 기대한 서비스와 실제 경험한 서비스 간의 차이에서 비롯됨

| 발생 원인 | 해결 방안 |
| --- | --- |
| • GAP 1(인지적 격차)<br>• GAP 2(표준적 격차)<br>• GAP 3(전달적 격차)<br>• GAP 4(커뮤니케이션 격차) | • GAP 1~GAP 4의 원인을 파악하고 체계적으로 개선<br>• 전사적인 품질 개선 노력과 고객 중심 문화 정착 |

# 전사적 품질 경영

빈출 태그 ▶ TQM, COQ, 전환 비용, 전환 장벽

## 01 전사적 품질 경영의 이해

### 1) TQM의 개념 ★★

① TQM(Total Quality Management)은 '전사적 품질 경영' 또는 '종합적 품질 경영'이라고 하며, 기업의 모든 구성원이 참여하여 모든 경영 프로세스와 활동에서 지속적인 품질 개선과 고객 만족을 달성하고자 하는 경영 방식이다.
② TQM은 품질 관리를 제품이나 서비스 생산 과정에만 한정하지 않고, 직원들의 의식 수준과 업무 역량까지 고려하는 경영 철학이다.
③ 조직의 변화는 특정 개인이 아니라 전체 조직 단위에서 지속적으로 이루어져야 한다.
④ 전사적인 개념으로, 부서 간에 품질 문화를 공유하고 유기적으로 협업해야 한다.
⑤ 최고경영자는 조직 내에 품질 중심 문화를 정착시키고, 장기적인 안목으로 직원들을 독려하는 리더십을 발휘해야 한다.

### 2) TQM의 성과

① 고객 만족도 및 생산성 향상
② 종업원의 고객 중심 가치관 정립 및 원만한 노사관계 유지
③ 직원 참여도 증가 및 조직 문화 개선
④ 지속적인 개선 활동으로 제품 및 서비스 품질 향상
⑤ 프로세스 혁신과 조직 효율성 증대

## 02 서비스 품질 3박자

### 1) 주란(Juran)의 품질 트릴로지(Service Quality Trilogy)

품질 경영 분야의 선구자인 조셉 주란(Joseph M. Juran)이 제시한 품질 관리 방법론은 품질 관리의 핵심 활동을 다음과 같은 세 가지 단계로 나누어 제시하였다.

| 단계 | 설명 |
| --- | --- |
| 품질 계획 | 고객의 요구를 충족할 수 있는 제품이나 서비스를 사전에 계획하는 것 |
| 품질 관리(통제) | 실제 수행 결과가 계획한 품질 기준을 유지하는지 점검하고, 문제를 통제하는 활동 |
| 품질 개선 | 현재 품질 수준을 뛰어넘는 지속적인 혁신을 통해 고객 만족을 극대화하는 활동 |

## 2) 서비스 품질 3박자의 구성 ★

서비스 품질 삼박자는 품질 개선을 위해 다음 3가지 측면의 노력이 조화를 이루어야 함을 강조한다.

| 품질 계획 | 품질 관리(통제) | 품질 개선 |
|---|---|---|
| • 고객 정의<br>• 고객 욕구 결정<br>• 상품 콘셉트 개발<br>• 품질 목표 설정<br>• 프로세스 개발<br>• 프로세스 자원역량 분석 | • 프로세스 능력 입증<br>• 품질 통제 대상 선정<br>• 측정 단위 선정<br>• 측정 방법 설정<br>• 성과 표준 설정<br>• 실제 성과 측정<br>• 차이에 대한 대응책 개발 및 실행 | • 개선 필요성 입증<br>• 개선을 위한 특정 프로세스 규명<br>• 프로젝트 진행 절차 구성<br>• 원인 규명을 위한 진단 절차 마련 및 실행<br>• 해결 방안 제시 및 유효성 입증<br>• 개선 성과 유지를 위한 통제 방안 제공 |

## 03 서비스 품질 평가 비용

### 1) 서비스 품질 비용 모델 ★★

서비스 품질 비용이란 서비스의 품질을 유지하거나 개선하는 데 들어가는 비용뿐만 아니라, 품질 문제가 발생했을 때 기업이 부담하는 비용까지 포함하는 개념이다.

| 품질 비용<br>(COQ; Cost Of Quality) | • 품질 실패로 발생하는 비용과 품질 유지를 위해 투자하는 비용을 모두 포함한다.<br>• 품질을 확보하고 유지하기 위해 투입되는 모든 비용으로 예방 비용, 평가 비용, 내부 실패 비용, 외부 실패 비용이 있다. |
|---|---|
| 불량 품질 비용<br>(PQC; Poor Quality Cost) | • 품질의 불량으로 발생하는 다양한 가시적, 비가시적 비용에 중점을 둔다.<br>• 서비스 품질 관리 실패에 따른 비용이다. |

### 2) 품질 비용(COQ; Cost Of Quality)의 구성 ★★

① 품질 비용은 품질 수준의 변화에 따라 발생하는 가시적인 비용의 측면에 중점을 둔다.
② 예방 비용과 평가 비용은 품질 관리를 위한 비용으로, 품질의 개선을 위해 지불되는 비용인 반면, 실패 비용은 품질의 관리 실패에 따라 발생하는 비용으로, 품질 저하로 발생되는 비용이다.

| 품질 비용 유형 | 내용 |
|---|---|
| 예방 비용 | 품질 문제가 발생하지 않도록 사전에 예방하기 위해 투입되는 비용<br>예 직원 품질 교육 비용, 품질 관리 시스템 구축 비용 |
| 평가 비용 | 서비스 품질 수준을 점검하고 평가하는 데 투입되는 비용<br>예 고객 만족도 조사 비용, 서비스 품질 측정 비용, 검사 비용 |
| 내부 실패 비용 | 고객에게 서비스가 제공되기 전에 발견된 품질 문제로 발생하는 비용<br>예 폐기, 재작업, 기계 수리 비용 |
| 외부 실패 비용 | 고객에게 서비스가 제공된 후 품질 문제가 발생하여 초래되는 비용<br>예 제품 설치 후 문제에 따른 고객 보상 비용, 클레임 치리 비용 |

### 3) 불량 품질(PQC; Poor-Quality Cost) 비용 ★

① 제품이나 서비스가 기준 품질 수준에 미달했을 때 발생하는 모든 직접적·간접적 손실 비용이다.
② 품질이 나빠서 생기는 낭비와 손실의 총합이라고 볼 수 있다.

| | |
|---|---|
| **직접적 불량 품질 비용** | • 불량 품질로 인해 즉시 확인 가능하고, 수치화 가능한 비용<br>• 통제 가능 불량 품질 비용: 예방 비용, 평가 비용<br>• 결과적 불량 품질 비용: 내부 실패 비용, 외부 실패 비용<br>• 장비의 불량 품질 비용 |
| **간접적 불량 품질 비용** | 불량 품질로 인해 발생하지만, 즉각적 수치로 환산하기 어려운 장기적·비가시적 손실<br>예 고객 불만족 비용, 고객 귀속 비용, 기회 상실 비용 |

### 4) 고객의 전환 비용과 전환 장벽 ★★

① 전환 비용

• 고객이 현재 이용하는 서비스나 제품에서 다른 서비스나 제품으로 바꿀 때 발생하는 모든 비용과 손실이다.
• 금전적, 비금전적인 것을 포함하여 고객이 실제로 지각할 수 있는 모든 비용이다.

② 전환 장벽

• 고객이 현재 사용하는 서비스에서 다른 서비스로 옮겨가는 것을 어렵게 만드는 장애물을 의미한다.
• 고객의 이탈을 방지하고 장기적으로 유지하기 위해 기업이 전략적으로 구축하는 요소를 말하며, 전환 비용이 클수록 전환 장벽이 높아진다.

③ 전환 장벽의 종류

| 종류 | 내용 |
|---|---|
| 경제적 전환 장벽 | 전환 시 추가 비용이나 경제적 손실 발생 |
| 탐색 비용 증가 | 새로운 제품이나 서비스를 찾는 데 들어가는 시간, 노력, 비용의 부담 |
| 학습 비용 증가 | 새 제품이나 서비스 사용법을 익히는 데 들어가는 시간과 노력 부담 |
| 사생활 위험 | 개인정보나 민감한 정보가 유출될 위험에 따른 부담 |
| 성과 위험 | 새로운 서비스나 제품으로 전환 시 성능이나 품질이 떨어질 수 있다는 위험 부담 |
| 개인적 위험 | 서비스 제공자와 형성된 인간적 관계가 단절될 수 있는 심리적 부담 |

# 서비스 연구개발(R&D)



## 01 서비스 연구개발의 이해

### 1) 서비스 연구개발의 개념

① 서비스 연구개발(R&D; Research and Development)은 서비스 산업에서 고객의 다양한 욕구를 충족시키고 경쟁력을 확보하기 위해 새로운 서비스를 기획하거나, 기존 서비스를 지속적으로 개선하기 위해 체계적으로 연구하고 개발하는 활동이다.

② 제품 중심의 R&D와 마찬가지로, 서비스를 혁신적으로 개선하고, 서비스의 품질을 높이며, 고객의 만족을 극대화하는 데 목적을 둔 체계적이고 창의적인 활동이다.

### 2) 혁신의 유형 ★

| | |
|---|---|
| 급진적 혁신 | 완전히 새로운 기술이나 개념을 도입하여 기존 제품·서비스·시장을 근본적으로 변화시키는 혁신<br>예 키오스크, 무인 자동차 개발, ATM 도입 |
| 향상적 혁신 | 기존 제품이나 서비스에 추가적인 기능을 더하여 더 높은 성능과 가치를 제공하는 혁신<br>예 스마트폰 배터리 성능 향상, 카메라 해상도 증가 |
| 점진적 혁신 | 기존 제품이나 서비스의 작은 부분을 단계적으로 개선하거나 발전시키는 혁신<br>예 서비스 개선, 자동차 연비 개선, 소프트웨어 버전 업데이트 |
| 파괴적 혁신 | 새로운 기술이나 사업 모델로 기존 시장을 파괴하고 새로운 시장을 창출하는 혁신<br>예 샤오미, 넷플릭스 |
| 존속적 혁신 | 기존의 제품이나 서비스를 지속적으로 개선하고 유지하여 시장에서의 경쟁력을 높이는 혁신<br>예 점점 기능이 진화하는 스마트폰 |
| 협력적 혁신 | 기업 간 또는 기업과 소비자 간의 협력을 통해 이루어지는 혁신<br>예 항공 서비스와 호텔을 결합한 패키지 상품 |

### 3) 서비스 연구개발 유형

| | |
|---|---|
| 서비스 개선 | 현재 제공되는 서비스의 특성을 변경하여 기존 서비스를 더 효율적이고 편리하게 개선하거나 질적 수준을 높이는 활동<br>예 품질 향상, 프로세스 효율화, 외국인 맞춤 관광 코스 개발 |
| 서비스 확장 | 기존에 제공하던 서비스에 추가적인 부가 서비스를 더하여, 서비스의 범위나 가치를 확장하는 활동<br>예 카페에서 배달 서비스 추가, 병원에서 모바일 앱을 통한 진료 예약 |
| 고객 확장 | 현재 제공 중인 서비스의 품질과 특성은 유지하면서, 서비스를 제공하는 고객층이나 대상 시장을 확대하는 활동<br>예 성인 대상 영어 학원을 어린이 대상까지 확장 |
| 서비스 창출 | 기존 서비스의 개념에서 벗어나 창의적이고 혁신적인 신규 서비스를 개발하는 활동<br>예 3D 가상현실을 활용한 의류 구매, 차량 공유 서비스 |

### 1) 가치 공동창조의 개념

① 서비스 제공 과정에 고객이 직접 참여하여 새로운 가치를 창출하는 것이다.
② 기업 중심이 아닌, 기업과 고객, 협력자 등 모든 이해당사자가 함께 새로운 가치를 창출하는 주체가 된다.
③ 가치 공동창조의 3가지 요소는 고객, 기업, 상호작용이다.

### 2) 가치 공동창조의 등장 배경

① 과거 소비자는 단순한 수동적 제품·서비스 수혜자였으나, 현대의 소비자는 능동적 참여자로 전환되어 서비스 생산에 고객의 참여가 증가하였다.
② 인터넷과 디지털 플랫폼의 발전으로 기업의 독점적 정보가 대중화되면서, 고객 사이에서 기업만이 가치 생산의 주체가 아니라는 인식이 확산되었다.
③ 과거에는 가치를 기업이 생산한 상품이나 서비스가 시장에서 얼마에 거래되는가(교환가치)로 평가했으나, 현재는 고객이 해당 상품이나 서비스를 이용하면서 느끼는 혜택과 만족(사용가치)으로 평가 기준이 전환되었다.
④ 고객뿐만 아니라 상품과 관련된 이해관계자의 경험도 중요하다는 연구가 제기되었다.

### 3) 가치 공동창조의 이점

| 고객의 이점 | 기업의 이점 |
| --- | --- |
| • 참여 과정에서 느끼는 만족도 증대<br>• 참여를 통해 얻는 재무적 인센티브<br>• 시간 절약과 더 높은 생산성<br>• 자부심과 안정감 형성<br>• 커뮤니티의 일원이라는 소속감 고취 | • 고객과 협력한 차별화된 서비스로 매출 증대<br>• 고객과의 상호작용을 통해 시장 변화를 빠르게 파악하여 시장 위험 감소<br>• 고객관계 강화로 고객 충성도 증가<br>• 고객 서비스 비용 절감 |

**일반형**

**01** 다음 중 서비스 프로세스에 대한 설명으로 틀린 것은?

① 서비스 프로세스는 서비스가 고객에게 전달되는 모든 활동과 절차를 말한다.

② 객의 요구를 충족시키기 위해 서비스를 기획 및 설계하고 제공하는 전 과정을 체계적으로 구성한 일련의 과정이다.

③ 효과적인 서비스 프로세스를 통해 불필요한 요소의 투입을 방지함으로써 경제적 효과를 기대할 수 있다.

④ 서비스 생산 과정의 흐름은 제품을 마케팅하는 것보다 더 중요하다.

⑤ 외부 서비스가 미흡하면 내부고객에게 제공되는 서비스의 품질이 저하될 수 있으므로, 외부고객 만족이 우선적으로 선행되어야 한다.

**02** 서비스 프로세스 설계 시 고려 사항으로 틀린 것은?

① 우선 서비스 제공자와 고객의 역할 관계를 명확히 정의한다.

② 고객에 대한 인식이 중요하므로 서비스 프로세스의 각 단계에 고객을 참여시킨다.

③ 내부 프로세스를 수행하는 직원은 소속 부서와 같은 부분적인 관점에서 사고하는 것이 필요하다.

④ 고객 만족을 극대화할 수 있도록 직원의 업무 처리 능력을 고려한다.

⑤ 서비스 프로세스와 성과 평가 프로그램을 상호 연계하여 관리한다.

**03** 서비스 프로세스 선정 방법으로 틀린 것은?

① 어떤 서비스가 고객에게 가장 중요한가?

② 어떤 프로세스가 직원의 눈에 가장 잘 띄는가?

③ 서비스를 생산하는 프로세스는 어떤 것인가?

④ 어떤 프로세스가 고객이 설정한 성과 기준에 가장 큰 영향을 미치는가?

⑤ 어떤 서비스가 고객이 설정한 성과 기준에 가장 큰 영향을 미치는가?

**04** 슈메너가 제시한 서비스 프로세스 매트릭스에 대한 설명으로 거리가 먼 것은?

① 서비스 숍은 고객 맞춤화 수준과 노동집약도가 모두 높다.

② 서비스 공장은 상호작용과 고객 맞춤화기 수준이 낮고, 노동 집약도도 낮다.

③ 대량 서비스는 노동집약도와 고객 의존도가 높아서 종업원의 역량이 서비스 성과에 중요하게 작용한다.

④ 서비스 공장은 대규모 시설 투자가 수반되는 업종으로, 서비스 제공 능력이 일정 수준으로 고정되는 경향이 있다.

⑤ 전문 서비스는 고객의 문제를 해결하는 과정에서 매우 다양한 접근법을 사용하므로, 표준화된 프로세스를 갖추기 어렵다.

**05** 슈메너가 제시한 서비스 매트릭스에서 (다)에 들어갈 업종에 해당하는 것은?

| 구분 | | 고객 맞춤화 | |
| --- | --- | --- | --- |
| | | 낮음 | 높음 |
| 노동 집약도 | 낮음 | (가) | (나) |
| | 높음 | (다) | (라) |

① 항공사
② 병원
③ 학교
④ 회계사
⑤ 자동차 정비소

**06** 다음 중 고객화 전략에 대한 설명으로 거리가 먼 것은?
① 표준화 전략에 비해 직원에게 많은 권한이 주어지지 않는다.
② 서비스 제공자는 신속하고 유연한 대응이 가능하다.
③ 고객의 관점에서 프로세스를 설계하고, 고객의 니즈와 기대 수준을 반영하여 서비스 프로세스를 관리해야 한다.
④ 개인의 니즈에 맞추기 때문에 비용이 증가할 가능성이 높다.
⑤ 서비스를 제공하는 직원의 전문성이 중요하다.

**07** 서비스 디자인의 프로세스에 대한 순서로 맞는 것은?
① 아이디어 창출 – 정보수집 – 프로토타입 – 아이디어 공유 – 아이디어 통합
② 정보수집 – 아이디어 창출 – 아이디어 공유 – 프로토타입 – 아이디어 통합
③ 아이디어 창출 – 아이디어 통합 – 정보수집 – 프로토타입 – 아이디어 공유
④ 아이디어 공유 – 정보수집 – 아이디어 창출 – 프로토타입 – 아이디어 통합
⑤ 정보수집 – 아이디어 공유 – 아이디어 창출 – 프로토타입 – 아이디어 통합

**08** 다음 중 서비스 청사진에 대한 설명으로 옳은 것은?
① 서비스가 제공되는 일부 과정을 고객의 관점에서 시각적으로 표현한 흐름도이다.
② 서비스 제공 과정의 각 단계에 고객이 수행해야 할 역할을 도식화한 것이다.
③ 서비스 디자인 및 검토 과정에서 각 지점에서의 성공 가능성을 제시함으로써 서비스 품질을 더욱 높이는 역할을 한다.
④ 전사적 차원에서 직접 고객과 접하지 않는 직원이라 하더라도, 자신의 업무가 어떻게 고객에게 전달되고 영향을 미치는지를 파악하는 데 매우 효과적인 자료로 활용된다.
⑤ 서비스 청사진의 용도는 기존 서비스 보완, 서비스 차별화이다.

**09** 서비스 청사진에서 고객과 서비스 직원이 직접 대면하는 지점으로, 고객과 직원의 접점을 구분하는 기준선을 무엇이라고 하는가?

① 상호작용선
② 가시선
③ 내부상호작용선
④ 외부상호작용선
⑤ 기준선


**10** 서비스 청사진의 주요 구성 요소에 해당하지 <u>않는</u> 것은?

① 물리적 증거
② 일선 종업원 행동
③ 후방 종업원 행동
④ 지원 프로세스
⑤ 경영자 행동


**11** 서비스 청사진의 작성 단계에 대한 설명으로 거리가 <u>먼</u> 것은?

① 1단계: 프로세스 선정
② 2단계: 직원 행동 분석
③ 3단계: 서비스 프로세스 분해
④ 4단계: 서비스 청사진 도식화
⑤ 5단계: 물리적 증거 작성


**12** 서비스 프로세스 재설계의 목적에 해당하지 <u>않는</u> 것은?

① 생산성 증대
② 고객 만족도 향상
③ 생산자 중심에서 고객 중심으로의 전환
④ 프로세스 내 인력 조정을 통한 서비스 결과 품질 향상
⑤ 서비스 프로세스의 복잡화를 통한 서비스 제공 시간 증가


**13** 서비스 프로세스 개선 도구 중 문제의 근본적인 원인을 체계적으로 분석하고 시각화하기 위해 사용하는 도구로, 특성요인도라고도 하는 것은 무엇인가?

① 플로우 차트
② 파레토 차트
③ 피시본 다이어그램
④ PDCA사이클
⑤ 흐름도

**14** 서비스 품질에 대한 설명으로 거리가 <u>먼</u> 것은?

① 보이지 않는 부분도 서비스 품질에 영향을 준다.

② 서비스 품질은 서비스의 생산과 소비가 발생하는 현장에서 결정된다.

③ 서비스 품질은 고객의 지각과 관련된 고객지향적 개념이다.

④ 서비스 품질은 경험적 품질보다 탐색적 품질이 더 강하다.

⑤ 서비스 품질은 객관적이고 획일적인 개념이 아니라, 고객에 의해 판단되는 주관적 평가이며, 서비스 제공의 전 과정에서 평가된다.


**15** 서비스 품질의 중요성에 대한 설명으로 옳지 <u>않은</u> 것은?

① 고객 만족과 고객 충성도 향상

② 기업의 경쟁력 및 차별화 강화

③ 수익성과 비용 효율성 향상

④ 직원 만족도와 내부 조직 강화

⑤ 객관적이고 정확한 측정으로 고객 만족도 향상에 기여


**16** 서비스 품질 측정 모형 중 서브퀄(SERVQUAL)에 대한 설명으로 거리가 <u>먼</u> 것은?

① 고객의 기대된 서비스(Expected Service)와 실제로 경험한 인지된 서비스(Perceived Service) 수준 간의 차이를 바탕으로 서비스 품질을 평가하는 모형이다.

② 고객의 실제 서비스 경험에서 기대했던 서비스를 뺀 차이 점수(갭) 방식의 등식(Equation)을 활용한다.

③ 서브퀄의 다섯 가지 차원 중 서비스의 물리적 시설, 장비, 직원의 외모와 복장 등 고객이 직접 보고 판단할 수 있는 요소는 확신성에 해당한다.

④ 서브퀄의 다섯 가지 차원이 명확히 구분되지 않고, 서로 중복되거나 상관관계를 가지는 경우가 많다.

⑤ 서비스의 가격이나 비용이 반영되지 않아, 품질 평가에 한계가 있다.


**17** 카노의 품질 모형에 대한 설명으로 거리가 <u>먼</u> 것은?

① 고객의 요구사항을 품질 속성으로 분류하고, 각 속성이 고객 만족에 어떤 영향을 미치는지를 체계적으로 설명하는 이론이다.

② 동기-위생 이론을 바탕으로 서비스 품질 요소를 주요 요소와 잠재 요소로 구분하였다.

③ 주요 요소는 기본적 품질, 일원적 품질, 매력적 품질이다.

④ 잠재 요소는 무관심 품질, 역품질이다.

⑤ 일원적 품질이란 고객이 기대하지 않았던 요소로, 제공 시 만족도를 급격히 높이는 요소이다.

**18** 서비스 품질 GAP 다섯 가지 중 다음에 해당하는 것은 무엇인가?

> - 서비스가 잘 설계되었음에도 불구하고, 일선 직원이 이를 제대로 수행하지 못할 때 발생하는 차이
> - 설정된 서비스 기준을 실제 서비스 현장에서 제대로 실행하지 못할 때 발생하는 차이

① GAP 1
② GAP 2
③ GAP 3
④ GAP 4
⑤ GAP 5

**19** 다음 중 전사적 품질 경영에 대한 설명으로 옳지 <u>않은</u> 것은?

① 기업의 모든 구성원이 참여하여 모든 경영 프로세스와 활동에서 지속적인 품질 개선과 고객 만족을 달성하고자 하는 경영 방식이다.
② 품질 관리는 제품이나 서비스 생산 과정에 집중하여 프로세스를 개선 및 보완하는 것이다.
③ 조직의 변화는 특정 개인이 아니라 전체 조직 단위에서 지속적으로 이루어져야 한다.
④ 전사적인 개념으로, 부서 간에 품질 문화를 공유하고 유기적으로 협업해야 한다.
⑤ 최고경영자는 조직 내에 품질 중심 문화를 정착시키고, 장기적인 안목으로 직원들을 독려하는 리더십을 발휘해야 한다.

**20** 서비스 품질 비용에 대한 설명으로 옳지 <u>않은</u> 것은?

① 품질 비용은 서비스의 품질을 유지하거나 개선하는 데 들어가는 비용이다.
② 내부 실패 비용이란 고객에게 서비스가 제공되기 전에 발견된 품질 문제로 발생하는 비용이다.
③ 예방 비용이란 품질 문제가 발생하지 않도록 사전에 예방하기 위해 투입되는 비용이다.
④ 외부 실패 비용이란 고객에게 서비스가 제공된 후 품질 문제가 발생하여 초래되는 비용이다.
⑤ 불량 품질 비용이란 서비스 품질 수준을 점검하고 평가하는 데 투입되는 비용이다.

**21** 서비스 혁신에 있어 향상적 혁신에 대한 설명으로 바른 것은?

① 완전히 새로운 기술이나 개념을 도입하여 기존 제품·서비스·시장을 근본적으로 변화시키는 혁신
② 기존 제품이나 서비스에 추가적인 기능을 더하여 더 높은 성능과 가치를 제공하는 혁신
③ 기존 제품이나 서비스의 작은 부분을 단계적으로 개선하거나 발전시키는 혁신
④ 새로운 기술이나 사업 모델로 기존 시장을 파괴하고 새로운 시장을 창출하는 혁신
⑤ 기존의 제품이나 서비스를 지속적으로 개선하고 유지하여 시장에서의 경쟁력을 높이는 혁신

**22** 가치 공동창조의 3가지 요소는 무엇인가?

① 고객, 기업, 상호작용
② 고객, 기업, 경영자
③ 고객, 종업원, 기업
④ 기업, 경영자, 종업원
⑤ 기업, 상호작용, 경영자

**23** 서비스 품질 삼박자에 대한 설명으로 거리가 <u>먼</u> 것은?

① 서비스 품질의 삼박자는 품질 계획, 품질 통제, 품질 개선이다.
② 서비스 품질 계획은 서비스 품질 표준을 충족시킬 수 있는 서비스 전달 시스템을 제공하기 위한 일련의 활동이다.
③ 고객에게 우수한 품질의 서비스가 전달되기 위해서는 품질 계획, 품질 통제, 품질 개선의 활동이 독립적으로 시행되어야 한다.
④ 서비스 품질 개선은 고객에게 보다 나은 서비스 제공을 위해 서비스 생산 활동을 개선하기 위한 일련의 활동이다.
⑤ 서비스 품질 통제는 서비스 통제를 위한 표준을 설정하고 지속적인 모니터링을 통해 수정 활동이 필요한 시기를 결정하기 위한 일련의 활동이다.

**24** 전환 장벽에 대한 설명으로 거리가 <u>먼</u> 것은?

① 전환 비용이 작을수록 전환 장벽이 높아진다.
② 학습 비용이 증가하면 전환 장벽이 높아진다.
③ 탐색 비용이 증가하면 전환 장벽이 높아진다.
④ 사생활 위험이 적으면 전환 장벽이 낮아진다.
⑤ 성과 위험이 낮으면 전환 장벽이 낮아진다.

## OX형

**01** 서비스 청사진에서 고객 접점 직원과 지원 업무 직원 간의 상호작용을 구분하는 선을 외부상호작용선이라고 한다.

( ① O    ② X )

**02** 슈메너의 서비스 프로세스 매트릭스 중 서비스 공장은 노동 집약도와 고객 맞춤화 정도가 모두 낮은 특성을 갖고 있다.

( ① O    ② X )

**03** 서브퀄 모형에서 서비스 품질 계산은 인지된 서비스에서 기대된 서비스를 빼면 된다.

( ① O   ② X )

**04** 서비스 품질 갭 모형에서 다섯 가지 격차가 클수록 서비스 품질이 우수하다.

( ① O   ② X )

**05** TQM에서 품질 관리는 제품이나 서비스 생산 과정에 한정하여 집중적으로 품질 보완 및 프로세스 개선을 위해 고려하는 경영 철학이다.

( ① O   ② X )


### 연결형

〈보기〉

| ① COQ   ② PQC   ③ PDCA   ④ 예방 비용   ⑤ 탐색 비용 |
| --- |

**01** (          )(이)란 제품이나 서비스가 기준 품질 수준에 미달했을 때 발생하는 모든 직접적 · 간접적 손실 비용이다.

**02** 품질 문제가 발생하지 않도록 사전에 예방하기 위해 투입되는 비용을 (          )(이)라고 한다.

**03** 품질 실패로 발생하는 비용과 품질 유지를 위해 투자하는 비용을 모두 포함하는 비용을 (          )(이)라고 한다.

**04** (          )은/는 새로운 제품이나 서비스를 찾는 데 들어가는 시간, 노력, 비용의 부담 등을 말한다.

**05** 품질 경영 및 프로세스 개선을 위한 지속적인 개선 방법론으로 목표를 정해놓고 달성을 위해 행하는 것을 (          )(이)라고 한다.

# 정답 & 해설

## 일반형

| | | | | |
|---|---|---|---|---|
| 01 ⑤ | 02 ③ | 03 ② | 04 ① | 05 ③ |
| 06 ① | 07 ② | 08 ④ | 09 ① | 10 ⑤ |
| 11 ② | 12 ⑤ | 13 ③ | 14 ④ | 15 ⑤ |
| 16 ③ | 17 ⑤ | 18 ③ | 19 ② | 20 ⑤ |
| 21 ② | 22 ① | 23 ③ | 24 ① | |

## OX형

| | | | | |
|---|---|---|---|---|
| 01 ② | 02 ① | 03 ① | 04 ② | 05 ② |

## 연결형

| | | | | |
|---|---|---|---|---|
| 01 ② | 02 ④ | 03 ① | 04 ⑤ | 05 ③ |

## 일반형

**01 ⑤**

내부 서비스가 미흡하면 외부고객에게 제공되는 서비스의 품질이 저하될 수 있으므로, 내부고객 만족이 우선적으로 선행되어야 한다.

**02 ③**

내부 프로세스를 수행하는 직원도 전체적인 관점에서 사고하는 것이 중요하다.

**03 ②**

'어떤 프로세스가 고객의 눈에 가장 잘 띄는가?'가 맞는 표현이다.

**04 ①**

서비스 숍은 고객 맞춤화 정도가 높고 노동집약도가 낮다.

**05 ③**

슈메너의 서비스 프로세스 매트릭스는 노동집약도와 고객화 정도에 따라 4가지 유형으로 나눈 서비스 분류 방법으로 (다)에 들어갈 업종은 소매점, 공공 교육기관, 은행 등이므로 학교가 정답이다.

**06 ①**

일반적으로 고객화(개인화) 전략은 표준화 전략보다 직원에게 더 많은 권한이 주어진다.

**07 ②**

서비스 디자인이란 고객의 경험을 시각화하여 유형의 요소로 만들어 주는 과정으로 프로세스의 순서는 '정보수집 – 아이디어 창출 – 아이디어 공유 – 프로토타입 – 아이디어 통합'이다.

**08 ④**

서비스 청사진은 전사적 차원에서 직접 고객과 접하지 않는 직원이라 하더라도, 자신의 업무가 어떻게 고객에게 전달되고 영향을 미치는지를 파악하는 데 매우 효과적인 자료로 활용된다.

**오답 피하기**

- ① 서비스 청사진은 서비스가 제공되는 전체 과정을 고객의 관점에서 단계별로 시각화한 흐름도이다.
- ② 서비스 제공 과정의 각 단계에서 종업원과 고객이 수행해야 할 역할을 도식화하여, 서비스의 구조와 흐름을 쉽게 이해할 수 있도록 돕는 도구이다.
- ③ 서비스 디자인 및 검토 과정에서 각 접점에서의 실패 가능성을 사전에 파악하고 예방함으로써, 서비스 품질 향상에 기여한다.
- ⑤ 서비스 청사진은 신서비스 개발, 서비스 표준화, 매뉴얼 작성, 프로세스 개선 등 다양한 목적으로 활용될 수 있다.

**09 ①**

상호작용선은 고객과 서비스 직원이 직접 상호작용하는 지점으로 고객과 직원의 접점을 구분한다.

**오답 피하기**

- ② 가시선: 고객이 볼 수 있는 활동과 볼 수 없는 활동 구분
- ③ 내부상호작용선: 고객 접점 직원과 지원 업무 직원 간의 상호작용 구분
- ④ 서비스 청사진의 기준선에 외부상호작용선은 해당하지 않는다.
- ⑤ 기준선: 구성 요소 간의 관계를 구분하여 표현한 것으로 상호작용선, 가시선, 내부상호작용선을 말한다.

**10 ⑤**

서비스 청사진의 구성 요소에 해당하는 것은 경영자 행동이 아니라 고객 행동이다.

**11 ②**

서비스 청사진의 작성 단계 중 2단계는 고객 행동 분석이다.

**12 ⑤**

복잡화가 아니라 서비스 프로세스의 단순화가 맞는 표현이며 서비스 전달 시간이 감소한다.

**13 ③**

문제의 근본 원인을 체계적으로 분석하고 시각화하기 위한 도구를 피시본 다이어그램이라고 한다.

**오답 피하기**

- ①, ⑤ 흐름도: 흐름도를 영어로 플로우 차트라고 하며, 프로세스의 각 단계와 흐름을 도형과 화살표로 표현한 시각적 도구이다.
- ② 파레토 차트: 문제의 원인을 빈도 또는 중요도에 따라 크기순으로 정렬하여 막대그래프와 누적 백분율을 함께 표현한 차트이다.
- ④ PDCA 사이클: '계획(Plan) → 실행(Do) → 점검(Check) → 조치(Action)'의 4단계를 반복적으로 실행함으로써 지속적인 개선을 이루는 순환적인 관리 방식이다.

**14 ④**

서비스 품질은 탐색적 품질보다 경험적 품질이 더 강하다.

**15** ⑤

서비스는 형태가 없어 직접 보고 만질 수 없기 때문에 객관적이고 정확한 측정이 어려우며 주관적 개념이다.

**16** ③

서브퀄의 다섯 가지 차원 중 확신성이 아니라 유형성에 대한 설명이다.

**17** ⑤

일원적 품질이 아니라 매력적(감동) 품질에 대한 설명이다.

**18** ③

보기의 내용은 GAP 3(전달적 격차)에 대한 설명이다.

**19** ②

전사적 품질 경영에서 품질 관리는 제품이나 서비스 생산 과정에만 한정하지 않고, 직원들의 의식 수준, 업무 역량까지 고려하는 경영 철학을 말한다.

**20** ⑤

서비스 품질 수준을 점검하고 평가하는 데 투입되는 비용은 평가 비용이다.

**21** ②

오답 피하기

- ① 급진적 혁신에 해당한다.
- ③ 점진적 혁신에 해당한다.
- ④ 파괴적 혁신에 해당한다.
- ⑤ 존속적 혁신에 해당한다.

**22** ①

가치 공동창조란 서비스 제공 과정에 고객을 직접 참여하게 하여 새로운 가치를 창출해 내는 것으로 기업 중심이 아닌 기업과 고객, 협력자 등 모든 이해 당사자가 함께 새로운 가치를 창출하는 주체가 된다.

**23** ③

품질 계획, 품질 통제, 품질 개선의 활동이 독립적으로 시행되는 것이 아니라 유기적으로 구조화되어야 한다.

**24** ①

전환 비용이란 고객이 현재 이용하는 서비스나 제품에서 다른 서비스나 제품으로 바꿀 때 발생하는 모든 비용과 손실을 의미한다. 전환 비용이 클수록 다른 서비스로 옮겨가는 것이 어렵기 때문에 전환 장벽이 높아진다.

OX형

**01** ②

외부상호작용선이 아니라 내부상호작용선이나.

**02** ①

서비스 공장은 노동집약도와 고객 맞춤화 정도가 모두 낮은 특성을 갖고 있으며, 업종으로 항공사, 호텔, 리조트, 화물 운반 등이 해당한다.

**03** ①

서브퀄은 고객의 실제 서비스 경험에서 기대했던 서비스를 빼서 평가하는 차이 점수 등식을 사용한다.

**04** ②

서비스 품질 갭 모형에서 다섯 가지 격차가 작을수록 서비스 품질이 우수하다.

**05** ②

TQM은 '전사적 품질 경영' 또는 '종합적 품질 경영'이라고 하며, 품질 관리를 제품이나 서비스 생산 과정에만 한정하지 않고 직원들의 의식 수준, 업무 역량까지 고려하는 경영 철학이다.

연결형

**01** ②

PQC란 불량 품질 비용으로 제품이나 서비스가 기준 품질 수준에 미달했을 때 발생하는 모든 직접적·간접적 손실 비용이다. 즉, 품질이 나빠서 생기는 낭비와 손실의 총합이라고 볼 수 있다.

**02** ④

예방 비용에는 직원 품질 교육 비용, 품질 관리 시스템 구축 비용 등이 있다.

**03** ①

COQ란 품질을 확보하고 유지하기 위해 투입되는 모든 비용으로 예방 비용, 평가 비용, 내부 실패 비용, 외부 실패 비용이 있다.

**04** ⑤

새로운 제품이나 서비스를 찾는데 필요한 시간과 노력, 비용에 대한 부담을 탐색 비용이라고 한다.

**05** ③

서비스 프로세스 개선 도구 중, PDCA 사이클은 데밍 사이클이라고도 불리며, '계획(Plan) → 실행(Do) → 점검(Check) → 조치(Action)'의 4단계를 반복함으로써 지속적인 개선을 유도한다.

# 03

# 서비스 공급 및 수요 관리

**파트 소개**

서비스 가격 책정부터 고객의 기대 수준 관리, 서비스 공급과 수요의 불균형 문제 해결에 이르기까지 서비스 운영상의 핵심 관리기법을 다룹니다. 또한 서비스 수율 관리 및 효율적인 대기 관리를 통한 서비스 자원 최적화를 학습하여 실무 적용력을 높입니다. 이를 통해 서비스 현장에서 자원의 효율적 운영 능력을 익힐 수 있습니다.

서비스 수요를 예측하는 기법을 정량적, 정성적 기법으로 구분하여 익히고 다양한
예측기법의 종류를 숙지합니다. 또한 다양한 공급 모형의 개념을 정립하고 경제 용
어(POC, EOQ, POQ)가 의미하는 것을 이해합니다. 가끔 계산하는 문제도 출제되니
직접 계산하는 연습을 하여 이해도를 높이시기 바랍니다.



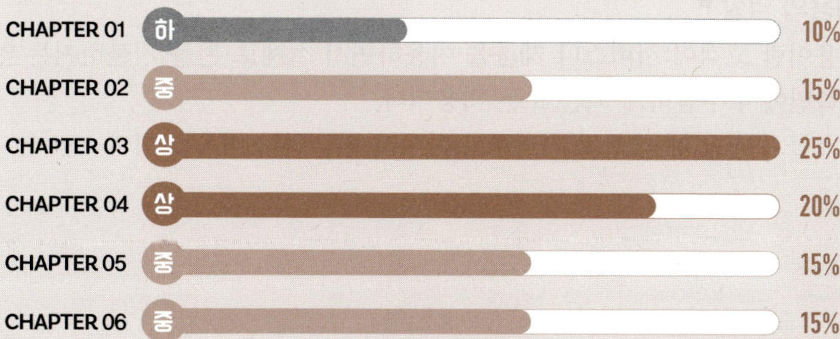

# 서비스 가격 관리

빈출 태그 ▶ 준거 가격, 가격 탄력성, 비금전적 비용

## 01 서비스 가격의 이해

### 1) 서비스 가격의 개념

① 서비스 가격은 서비스가 제공하는 가치를 화폐적 단위로 나타낸 것으로, 고객이 특정 서비스를 이용하는 대가로 지불하는 금전적 가치이다.
② 고객이 서비스로부터 얻는 효용과 가치를 측정하고 평가할 수 있게 해주는 중요한 지표이다.
③ 일반적인 상품 가격과는 달리, 서비스 가격은 독특한 특성과 조건을 가지고 있어 다양한 기준과 방식에 따라 차별화할 수 있다. 이를 통해 기업은 고객의 특성과 상황에 맞는 탄력적이고 효율적인 가격 전략을 수립할 수 있다.

### 2) 서비스 가격의 차별적 특징

① 서비스의 질을 표현하는 역할
- 소비자들은 가격을 서비스 품질의 지표로 인식하는 경향이 있다.
- 일반적으로 고가의 서비스일수록 고품질로 여겨지지만, 정보가 풍부해지면서 가격이 미치는 영향력은 과거보다 줄어들고 있다.

② 서비스 준거 가격에 의한 정보 차이 ★

준거 가격이란 고객이 특정 서비스나 상품의 가격을 평가할 때 기준으로 삼는 심리적 비교 가격이다.

| 종류 | 내용 |
|---|---|
| 내부 준거 가격 | 고객이 기억이나 경험을 바탕으로 형성한 기준 가격<br>예 "지난번에 이 커피는 4,000원이었는데..." |
| 외부 준거 가격 | 실제 시장에서 확인되는 경쟁 가격<br>예 "경쟁 브랜드가 30% 할인 중인데, 그럼 이건 비싸네." |

③ 비금전적 비용의 역할 ★
- 비금전적 비용이란 고객이 서비스나 제품을 이용하면서 실제로 돈을 지불하지는 않지만, 심리적·시간적·노력적 측면에서 부담하게 되는 모든 비용이다.
- 고객이 서비스를 구매할 때 금전적 가격뿐만 아니라 비금전적 비용도 함께 고려한다.

| 비금전적 비용의 종류 | 내용 |
|---|---|
| 시간적 비용 | 서비스를 이용하기 위해 소모되는 시간 |
| 심리적 비용 | 서비스 이용 중 발생하는 스트레스, 불안, 감정적 불편함 |
| 물리적(노력) 비용 | 정보 탐색이나 이용 과정에서의 귀찮음, 수고로움 |
| 탐색 비용 | 새로운 제품이나 서비스를 찾는 데 들어가는 시간과 노력 |
| 감각 비용 | 악취, 추위, 더위, 소음 등 서비스나 제품을 이용하면서 감각적으로 느끼는 불쾌감이나 자극 |
| 기회 비용 | 시간과 자원을 투자함으로써 포기하게 된 것의 가치 |

④ 비금전적 비용의 절감을 통한 경쟁 우위 확보 방법

- 대기 시간을 최소화하여 소비에 필요한 시간을 절감한다.
- 각 접점에서 불필요한 심리적 비용을 제거한다.
- 원치 않는 물리적 노력을 줄인다.
- 쾌적하고 편안한 환경을 제공하여 감각 비용을 줄인다.

⑤ 가격 탄력성

- 가격 탄력성은 상품이나 서비스의 가격이 변할 때 수요량이 얼마나 민감하게 반응하는지를 측정하는 지표이다.
- 가격이 오르거나 내릴 때 소비자가 얼마나 더 사거나 덜 사는지를 설명하는 개념이다.
- 탄력성이 높다는 것은 가격이 조금만 변해도 수요가 크게 변동한다는 의미로, 가격 결정 시 중요한 요소 중 하나가 수요의 가격 탄력성이다.

| 가격 탄력성 결정 요인 | 내용 |
|---|---|
| 대체재의 유무 | 대체할 수 있는 제품이나 서비스가 많을수록, 소비자는 가격이 오르면 더 쉽게 다른 선택지로 이동한다(가격 탄력성↑). |
| 지출 비중 | 예산에서 차지하는 비중이 클수록 가격 변화에 민감하다(가격 탄력성↑).<br>예 자동차, 주택 등 고가의 지출 |
| 소비자의 소득 수준 | 고소득층은 가격 변화에 덜 민감하지만(가격 탄력성↓), 저소득층은 가격에 민감하게 반응한다(가격 탄력성↑). |
| 시간의 경과 | 처음에는 가격 변화에 둔감하지만, 시간이 지나면서 점차 민감해진다. 이는 소비자가 가격 변화에 적응하고, 대체재를 탐색하거나 소비 습관을 전환하는 시간이 필요하기 때문이다.<br>예 휘발유 가격이 갑자기 올라가도 당장은 출퇴근 차량 이용을 줄이기 어렵지만(비탄력적), 시간이 지나면 카풀이나 대중교통을 활용하게 되어 수요가 조정된다(탄력적). |
| 재화나 서비스의 필수성 | 필수재는 가격이 올라가도 수요가 크게 변하지 않고(가격 탄력성↓), 사치재는 가격에 민감하게 반응한다(가격 탄력성↑). |
| 용도의 다양성 | 용도가 다양한 재화나 서비스는 더 넓은 수요층을 형성하며, 가격이 조금만 변해도 전체 수요에 큰 영향을 줄 수 있다(가격 탄력성↑). |

〈가격 탄력성〉
- 가격이 조금만 올라도 구매량이 크게 줄어든다면 → 가격 탄력성이 높다(민감하다).
  - 📌 평소 1,000원이던 아이스크림이 갑자기 2,000원으로 오르면, 사람들은 가격이 비싸다고 느끼고 구매를 크게 줄인다. 이처럼 가격 변화에 민감하게 반응하는 경우, 해당 제품은 가격 탄력성이 높다고 할 수 있다.
- 가격이 많이 올라도 구매량이 크게 줄지 않는다면 → 가격 탄력성이 낮다(둔감하다).
  - 📌 휘발유 가격이 10~20% 올라도 자동차를 사용하지 않을 수 없기 때문에, 구매량이 크게 변하지 않는다. 이런 경우는 가격 탄력성이 낮다고 할 수 있다.

### 3) 서비스 가격 결정이 제품 가격 결정보다 어려운 이유

① 서비스 가격은 수요에 의해 큰 영향을 받는다.
② 서비스의 원가는 물리적 환경에 따라 달라진다.
③ 서비스는 전달 과정에서 소요되는 시간에 따라 변동성이 발생한다.
④ 서비스는 생산 능력의 활용 정도에 따라 가격의 변동 폭이 크다.
⑤ 서비스의 원가를 고객이 명확히 이해할 수 있도록 제시하기 어렵다.

## 02 서비스 가격 결정 방식

### 1) 원가 중심 가격 결정 ★★

① 개념
- 가장 전통적인 방식으로 제품이나 서비스를 제공하는 데 드는 비용(원가)을 기준으로 일정한 이윤을 더해 판매 가격을 결정하는 방식이다.
- 원가 중심 가격 결정은 경쟁 중심 가격 결정과 마찬가지로 고객보다는 기업 내부와 경쟁사를 기준으로 하는 방식이다.
- 직접비와 간접비에 이윤을 더해 가격을 산정한다.



- 가격 = 직접비 + 간접비 + 이윤
- 직접비: 특정 제품이나 서비스의 생산과정에 직접적으로 관련되어 있어, 쉽게 추적하거나 명확히 구분할 수 있는 비용
  - 📌 재료비, 인건비 등
- 간접비: 제품이나 서비스의 생산에 직접적으로 관련되지 않거나, 여러 제품·서비스에 공통적으로 쓰이는 비용으로서, 개별적으로 명확한 추적이나 배분이 어려운 비용
  - 📌 유지보수 비용, 공공요금 등
- 이윤: (직접비 + 간접비)에 추가로 더해지는 순수한 이익

② 원가 중심 가격 결정이 어려운 이유

- 서비스는 제조업처럼 원자재가 아닌 접점 직원의 시간이 주요 투입 요소이기 때문에, 투입 시간을 계산하기가 모호하고 복잡하다.
- 다양한 서비스를 제공하는 경우, 개별 서비스의 원가를 정확히 산출하기 어려워 가격 산정이 더욱 복잡해진다.

## 2) 경쟁 중심 가격 결정

### ① 개념

- 자사 제품이나 서비스의 가격을 정할 때, 경쟁사의 가격을 기준으로 결정하는 방식으로 기업이 경쟁사의 가격을 기준으로 삼아 그보다 높게, 비슷하게, 또는 낮게 가격을 책정하는 방법이다.
- 고객이 가격을 쉽게 비교할 수 있기 때문에 빠르게 시장 진입할 수 있고, 시장 점유율 확대에 효과적이다.
- 경쟁 중심의 가격 결정 방식에 영향을 미치는 요소는 판매량과 경쟁사의 반응이다.
- 특히 표준화된 업종이나 가격이 유일한 비교 대상이 되는 업종에서 경쟁사들의 가격정책에 민감하게 반응한다.

### ② 가격경쟁 심화 상황

- 경쟁자의 수가 증가할 때
- 대체재의 수가 증가할 때
- 생산 능력이 과도하게 증가할 때
- 경쟁자 혹은 대체재가 시장에 폭넓게 분포할 때
- 서비스 표준화가 명확하고 가격이 유일한 비교 대상이 되는 업종일 때

### ③ 경쟁 중심 가격 결정의 어려움

- 경쟁 기업과의 가격 인하 경쟁이 반복되면, 결국 마진이 축소되어 수익성 저하가 발생할 수 있다.
- 가격이 고객가치를 반영하지 않을 수 있다.
- 가격이 비슷하더라도 서비스의 실제 가치는 비슷하지 않을 수 있다.
- 경쟁사 중심으로 가격을 책정하면 자사의 생산 비용, 원가 구조를 반영하기 어렵다.

## 3) 수요 중심 가격 결정

### ① 개념

- 수요 중심 가격 결정 방식은 제품이나 서비스의 원가나 경쟁 가격에만 의존하지 않고, 고객이 느끼는 가치와 그에 따라 지불할 의사가 있는 금액을 바탕으로 가격을 책정하는 방식이다.
- 소비자의 지각된 가치가 핵심 요소이며, 수요가 높을 때는 가격을 올리고, 수요가 낮을 때는 가격을 낮추는 전략이다.
- 고객이 느끼는 가치는, 서비스를 통해 얻는 혜택과 지불한 비용의 차이로 판단된다.

### ② 비금전적 비용

- 비금전적 비용이란, 고객이 서비스를 이용하면서 실제 금전 지출 외에도 부담하게 되는 시간, 노력, 정보 탐색, 감정적 스트레스 등을 포함한 비용이다.
- 기업은 고객이 지불하는 금전적 비용과 비금전적 비용을 모두 줄임으로써, 고객이 인식하는 가치를 높일 수 있다.

## 1) 가격 차별화 조건 전략

동일하거나 유사한 서비스를 조건에 따라 서로 다른 가격으로 판매하는 전략이다.

| 가격 차별화 조건 | 내용 |
|---|---|
| 계절 | 특정 계절이나 시기에 따라 수요 변화에 맞춰 가격을 차별화함<br>⑩ 호텔, 리조트의 성수기(여름 휴가철) 및 비수기 가격 |
| 구매 시점 | 조기 구매자에게 할인 혜택을 주거나, 긴급 구매자에게 높은 가격을 책정할 수 있음<br>⑩ 공연 티켓 사전 예매 할인 |
| 집단 소속 여부 | 특정 그룹에 속한 고객에게 가격 혜택을 제공하여 충성도를 확보함 |
| 제품 형태 | 같은 제품이나 서비스를 형태, 포장, 부가 기능의 차이에 따라 다르게 책정<br>⑩ 항공사의 비즈니스 클래스와 이코노미 클래스의 가격 차이 |
| 시간, 요일 | 혼잡한 시간대에는 높은 가격, 한가한 시간대에는 낮은 가격을 적용<br>⑩ 영화관의 평일 낮 할인과 주말 가격 인상 |
| 장소, 위치 | 지역이나 지리적 위치에 따라 고객이 지불할 수 있는 가격 수준을 고려하여 가격을 달리 책정<br>⑩ 공연장 내 좌석 등급 차이, 음식점의 전망(View)에 따른 가격 차이 |

## 2) 고객 가치 차원에 따른 가격 차별화 전략

고객 가치(Customer Value)는 고객이 서비스를 구매하거나 이용할 때 느끼는 혜택의 크기와 유형을 의미한다. 고객마다 가치를 느끼는 기준과 기대 수준이 다르므로, 이러한 차이를 바탕으로 가격을 차별화할 수 있다.

### ① 고객의 가치 인식 차이

고객이 가격을 낮게 인식하는 경우에는 다음과 같은 전략을 활용할 수 있다.

| 단수 가격 | • 제품이나 서비스 가격을 정수가 아닌 단수(홀수)로 설정하여 고객이 가격을 더 낮게 느끼도록 하는 심리적 가격 책정 전략<br>• 주로 끝자리를 9, 5 등으로 설정하여 가격 인식을 낮추는 효과를 유도<br>⑩ 10,000원 → 9,900원, 5,000원 → 4,990원 |
|---|---|
| 침투 가격 | 새로운 제품이나 서비스를 시장에 출시할 때, 초기에 매우 낮은 가격을 책정하여 시장 점유율을 빠르게 높이는 전략 |
| 일치 가격 | 경쟁 기업의 가격과 동일하거나 유사한 수준으로 가격을 설정하여 경쟁력을 유지하는 전략 |

### ② 고객의 지불 의사 차이

고객마다 지불할 의사가 있는 가격이 다를 수 있으므로, 이를 고려한 전략이 필요하다.

| 가치 가격 | 고객이 지각한 가치에 따라 가격을 설정하여, 고객이 높은 가격을 지불하더라도 만족감을 느낄 수 있도록 하는 전략 |
|---|---|
| 세분 시장 가격 | 서로 다른 고객 그룹에 대해 서로 다른 가격을 책정하는 전략 |

③ 고객의 니즈에 따른 차이

| 품위 가격 | '비싼 제품이 품질이 우수하다.'는 인식을 바탕으로 하는 고가격 전략 |
| 초기 고가격 | 신제품을 출시하며 초기 고품질 상품에 높은 가격을 설정하여 상위층을 대상으로 판매하는 전략 |

# 서비스 기대 관리

빈출 태그 ▶ 허용영역, 명시적 서비스, 델파이 기법, 시계열 분석법, 이동평균법

## 01 고객의 기대

### 1) 서비스 기대 수준 ★★

서비스 기대 수준이란 고객이 서비스에 대해 갖는 다양한 기대의 강도를 나타낸다. 이를 명확히 구분하여 정리하면 다음과 같다.

#### ① 이상적 서비스(바람직한 서비스)

- 고객이 상상할 수 있는 가장 완벽한 수준의 서비스로, 가장 바람직한 형태의 서비스이다.
- 이상적 서비스는 항상 제공되기는 어려우며, 고객도 이 서비스가 더 높은 가격을 요구할 수 있음을 인지하고 있다.
  > 예 자동차가 고장났을 때 100% 복원되기를 기대함

#### ② 희망 서비스

고객이 현실적으로 기대하거나 바라는 수준의 서비스로, 이상적 기대보다는 낮지만 일반적인 기대보다는 높은 수준이다.

#### ③ 적정 서비스

- 고객이 받아들일 수 있는 최소한의 서비스 수준으로, 허용 가능한 기대의 하한선이다.
- 이 수준에 미치지 못하면 고객은 불만을 갖게 된다.

#### ④ 예측된 서비스(수용 가능한 서비스)

- 고객이 과거 경험, 주변 정보, 광고, 구전 등을 통해 실제로 받게 될 것이라고 예상하는 서비스 수준이다.
- 이상적 서비스부터 적정 서비스까지 전 구간을 포함할 수 있다.

#### ⑤ 허용 영역(허용 구간) ★★

- 희망 서비스와 적정 서비스 사이에 위치한 구간으로, 서비스 실패가 쉽게 드러나지 않는 '미발각 지대'이다.
- 고객이 서비스 품질에 대해 수용할 수 있는 상한선과 하한선 사이의 허용 가능한 영역이다.

### 2) 고객의 기대 영향 요인 ★★★

고객의 기대 영향 요인이란 고객이 특정 서비스나 제품에 대해 기대를 형성하거나 변화시키는 데 영향을 미치는 모든 요소를 말한다.

| 기대 영향 요인 | 내용 |
| --- | --- |
| 내부 요인 | 고객 개인의 특성에 의해 형성되는 기대 요인<br>예 개인의 니즈, 관여도, 과거 경험 |
| 외부 요인 | 고객의 주변 환경이나 타인의 영향을 통해 형성되는 기대 요인<br>예 구전, 경쟁자 상황, 사회적 환경 |
| 기업 요인 | 기업이 제공하는 정보, 메시지, 서비스 약속 등을 통해 형성되는 기대 요인<br>예 가격, 판매, 광고, 유통, 기업 이미지 |
| 상황 요인 | 서비스 이용 시점의 특정 상황이나 환경에 따라 달라지는 기대 요인<br>예 날씨, 시간적 제약, 고객의 기분 |

## 02 서비스 기대 관리 방안 ★★

### 1) 서비스 기대 관리 방안의 개념

① 서비스 기대 관리 방안은 기업이 고객이 특정 서비스에 대해 가지는 기대 수준을 효과적으로 조정하고 통제하여, 고객의 기대와 실제 제공된 서비스 간의 차이를 최소화하기 위한 일련의 전략적 활동이다.

② 고객이 느끼는 방식에 따라 서비스는 크게 명시적 서비스와 묵시적 서비스로 구분된다.

### 2) 명시적 서비스 기대관리 방안

① 명시적 서비스: 고객이 서비스를 이용하면서 명확히 보고, 직접 느끼고, 평가할 수 있는 구체적인 서비스 요소

② 관리 방안

- 현실적이고 정확한 약속을 제공한다.
- 과도한 경쟁으로 인해 지나치게 과장된 약속을 하지 않는다.
- 서비스 보증 제도를 통해 서비스 약속을 공식화한다.
- 광고나 인적 판매 과정에서 이루어진 약속의 정확성을 서비스 직원에게 지속적으로 피드백한다.

### 3) 묵시적 서비스 기대 관리 방안

① 묵시적 서비스: 고객이 명확하게 인식하지는 못하지만, 정서적 · 감정적 · 심리적으로 느끼는 암묵적인 가치 요소

② 관리 방안

- 서비스의 유형적 단서(시설, 복장, 태도 등)가 실제 서비스 수준을 정확하게 반영하고 있다는 확신을 고객에게 심어준다.
- 프리미엄 가격을 지불한 만큼, 중요한 속성에서의 서비스 수준 역시 높다는 점을 고객이 느낄 수 있도록 한다.

## 1) 서비스 기대 관리 요인의 개념

① 서비스 기대 관리 요인은 기업이 고객의 서비스 기대를 효과적으로 조정하고 관리할 때 영향을 미치는 다양한 요소를 의미한다.

② 이러한 요인은 크게 기업이 직접적으로 관리하거나 통제할 수 있는 통제 가능 요인과 기업이 관리하기 어려운 통제 불가능 요인으로 나눌 수 있다.

## 2) 통제가 가능한 요인

| 요인 | 내용 |
| --- | --- |
| 가격 | 가격이 높을수록 고객은 서비스 품질에 대한 기대가 커지며 합리적인 가격 책정을 통해 고객의 기대를 적절히 관리할 수 있다. |
| 광고 | 광고 내용이 고객의 서비스 기대를 형성하는데 중요한 역할을 하며, 과장된 광고는 고객의 기대를 지나치게 높여 불만을 초래할 수 있다. |
| 판매 | 판매 직원의 설명이 고객의 서비스 기대에 큰 영향을 미친다. |
| 촉진 | 고객의 구매를 촉진하기 위해 유도하는 특별 행사로 고객의 서비스 기대를 변화시킬 수 있다. |
| 명시적 서비스 약속 | 명확한 약속으로 고객의 기대를 구체적으로 설정할 수 있다. |
| 묵시적 서비스 약속 | 고객이 브랜드나 서비스 이미지로부터 자연스럽게 기대하게 되는 서비스 수준이다. |

## 3) 통제가 어려운 요인

| 요인 | 내용 |
| --- | --- |
| 개인적 욕구 | 기업이 고객의 개인적 욕구를 정확하게 파악하기 어렵다. |
| 과거 사용 경험 | 이전 서비스 경험은 고객의 기대 수준을 높이거나 낮출 수 있으나, 기업은 이러한 과거 경험 자체를 변경할 수 없다. |
| 구전 | 다른 고객의 의견을 통해 형성된 기대는 기업이 직접적으로 통제하기 매우 어렵다. |
| 지각된 서비스 대안 | 고객이 인지하는 다른 서비스 제공자의 품질이나 가격 등 대안의 존재 여부를 말한다. |
| 지각된 고객의 서비스 역할 | 고객이 서비스 과정에서 수행해야 할 역할에 대한 인식으로, 기업이 고객의 참여 태도를 완전히 통제하기는 어렵다. |
| 상황 요인 | 서비스 제공 시점에 고객이 처한 상황적 환경이다. |
| 서비스 증강 요인 | 고객이 서비스에 대해 높은 기대를 갖게 되는 요인이다. |

# 서비스 수요 관리

## 01 서비스 수요 관리의 이해

### 1) 서비스 수요 관리의 개념

① 서비스 수요 관리는 서비스 공급 능력과 고객의 서비스 수요 사이의 균형을 맞추기 위해 기업이 고객의 수요를 적극적으로 예측하고 관리하며 조정하는 활동이다.

② 제조업에서는 수요 변화에 재고 관리로 유연하게 대응할 수 있지만, 서비스업에서는 수요가 상대적으로 불규칙하고 공급 능력을 탄력적으로 조정하기 어렵다.

### 2) 서비스 수요의 특징 ★★

#### ① 변동성

서비스 수요는 시간대, 요일, 계절 등에 따라 자주 변동한다.

예 점심시간 식당의 수요 급증, 주말 영화관 방문객 증가

#### ② 다양성과 이질성

서비스는 종류가 다양하고 상황에 따라 달라지는 이질적인 특성을 지니므로, 서비스 공급을 수요에 맞추기 어렵다.

#### ③ 저장 불가능성, 재고 불가능성

• 서비스의 수요는 재고로 저장하거나 보관할 수 없다.

• 서비스 수요는 눈에 보이지 않으며, 제공과 동시에 소멸된다.

#### ④ 시간과 공간의 제약

서비스는 제공되는 시간과 장소가 정해져 있어, 수요가 특정 시간대나 장소에 집중되는 현상이 나타난다.

## 02 서비스 수요 예측 기법

### 1) 수요 예측의 이해

#### ① 수요 예측의 개념

• 수요 예측이란 언제, 어느 정도의 제품이나 서비스가 판매될 것인가를 추정하는 것이다.

• 수요 예측이 필요한 이유는 수요에 대한 정확한 예측을 바탕으로 서비스 공급 계획을 수립하여 공급의 과잉이나 부족 문제를 방지하는 것이다.

• 예측 기법은 예측하고자 하는 대상의 성격과 대상 기간에 따라 달라지는데, 크게 사람의 주관에 근거하는 정성적 예측법과 과거의 수요 데이터를 근거로 하는 정량적 예측법이 있다.

• 서비스는 시간 단위에 따른 변화가 크게 발생하기 때문에 가급적 시간 경과의 세분화된 단위에 따라 수요를 예측하고 관리하는 것이 좋다.

## 2) 수요 예측 기법

### ① 대상 기간에 따른 예측 기법

| 구분 | 예측 대상 기간 | 내용 |
| --- | --- | --- |
| 단기 예측 | 6개월 이내의 분기별, 월별 일별 예측 | 예측 정확도가 비교적 높음 |
| 중기 예측 | 6개월 ~ 2년 | 계량적 접근이 가능함 |
| 장기 예측 | 2년 이상 | • 전략적 의사결정, 시설 투자 결정에 활용됨<br>• 정확도가 상대적으로 낮고 불확실성이 높음 |

### ② 정성적 예측 기법 ★★★

- 통계나 수치보다는 전문가의 판단, 경험, 직관적인 통찰, 의견 수렴 등을 활용하여 서비스 수요나 시장 변화를 예측하는 방법이다.
- 소수의 사람을 대상으로 고객의 의견을 심층적으로 파악하는 방식이다.
- 과거 데이터가 부족하거나 정확한 수치 자료가 없을 때 주로 사용된다.
- 중·장기적인 예측에 적합하며, 제품 개발, 시장 공략, 공장 입지 선정 등의 의사결정에 활용된다.
- 장점
  - 비용이 저렴하고 데이터가 없어도 예측이 가능하다.
  - 유연하고 심층적인 판단이 가능하다.
  - 단순하지만 명확한 의사결정을 도출할 수 있다.
  - 환경 변화에 민감하게 반응하여 현장성이 높다.
- 한계점
  - 전체 시장을 대표하지 못해 편향의 가능성이 있다.
  - 연구자의 주관성으로 인해 과학적이고 논리적인 근거가 부족할 수 있다.
  - 고객 외의 환경적 요인 변화를 반영하거나, 장기적인 수요 예측에는 한계가 있다.

| 종류 | 내용 |
| --- | --- |
| 지명집단 기법<br>(NGT; Nominal Group Technique) | • '지명'이라는 단어는 모든 참가자의 의견이 고르게 반영되도록 균등한 발언 기회를 부여한다는 의미를 담고 있다.<br>• 참여자들이 개별적으로 아이디어를 제시한 후, 토론 없이 아이디어를 공유하고, 구조화된 투표 과정을 통해 최선의 대안을 도출하는 집단 의사결정 기법이다.<br>• 브레인스토밍과 유사하지만, '의견 제시 → 공유 → 평가 → 선택'의 절차가 더 구조화되어 있다. |
| 델파이 기법<br>(Delphi Method) | • 여러 전문가의 의견을 익명으로 수차례 수렴하고, 피드백을 반복하면서 최종 예측을 도출하는 구조화된 방법이다.<br>• 시간과 노력이 많이 들며, 장기적인 예측에 주로 사용된다. |
| 시장 조사법<br>(Market Survey) | • 소비자를 대상으로 한 설문조사, 인터뷰 등 직접적인 시장 조사를 통해 고객 수요나 반응을 예측하는 방법이다.<br>• 정성적 기법 중 가장 계량적이고 객관적인 방법이다.<br>• 주로 신서비스를 시장에 출시하기 전, 미래 수요를 예측하는 데 활용된다.<br>• 시간과 비용이 많이 들며, 전문가의 분석이 요구된다.<br>• 단기적으로는 정확도가 높지만, 장기적으로는 기술이나 환경 변화로 인해 정확도가 감소할 수 있다. |
| 유추법 | • 유사한 과거 제품, 서비스, 시장의 데이터를 바탕으로 현재 대상의 미래 수요를 예측하는 방법이다.<br>• 완전히 새로운 시장보다는 기존에 유사한 사례가 있는 경우에 적합하다. |

### ③ 정량적 예측 기법 ★★★

- 정량적 예측 기법이란 과거의 수치 데이터와 통계적 분석 기법을 활용하여 미래의 수요나 경영 현황을 수학적으로 예측하는 방법이다.
- 시간의 흐름에 따라 과거 데이터를 분석하므로 '시계열 분석'이라고도 한다.
- 모집단을 대표할 수 있는 표본을 대상으로, 구조화된 질문지를 사용해 양적 자료를 수집한다.
- 수학적 모델이나 통계 분석을 통해 미래를 예측하며, 주로 일정 기간 동안 축적된 데이터가 있을 때 효과적으로 활용할 수 있다.
- 장점
  - 객관적이고 신뢰할 수 있는 예측이 가능하다.
  - 충분한 과거 데이터를 확보할 경우 높은 정확도로 수요나 현황을 예측할 수 있다.
  - 명확한 분석을 통해 다양한 목적으로 예측 결과를 활용할 수 있다.
- 한계점
  - 시간이 오래 걸리고, 인력 소모로 인한 비용이 많이 든다.
  - 심층적인 이해나 통찰이 부족할 수 있다.
  - 인과관계가 불분명한 표본 조사가 이루어질 수 있다.

| 종류 | 내용 |
| --- | --- |
| 시계열 분석법 | • 시간의 흐름에 따라 정리된 데이터를 바탕으로 일정한 패턴이나 추세를 찾아 미래의 값을 예측하는 방법<br>• 과거의 변화 양상을 보고 앞으로의 변화를 예측함<br>• 주로 단기 예측에 많이 사용됨<br>　예 월별 환자 수를 분석해 다음 달 진료 수요를 예측하거나, 요일별 매출 패턴을 분석해 다음 주의 예상 매출을 산출 |
| 이동평균법 | • 과거 일정 기간의 데이터를 평균 내어 다음 값을 예측하는 방법<br>• 기간을 이동시키며 평균을 구하기 때문에 '이동평균'이라 함<br>• 계절성이 없는 데이터에 유용함 |
| 지수평활법 | • 최근의 수요 데이터를 가장 중요하게 반영하고, 과거 데이터는 점점 덜 반영하는 방식<br>• 오래된 자료일수록 가중치가 작아지지만 완전히 배제되지는 않음<br>• 데이터가 시간에 따라 지수 함수 형태의 가중치를 가지므로 '지수평활'이라고 함 |

**＋ 더 알기 TIP**

〈정성적 예측을 하는 경우〉
- 정량적 데이터가 부족하거나, 미래 상황에 대한 불확실성이 클 경우
- 신규 서비스에 대한 수요 예측과 같이 과거 데이터가 없는 경우
- 외부 환경요인에 크게 변화하여 과거의 데이터가 의미가 없어졌을 경우
- 양적 조사의 사전 단계로 가설을 발견하거나 예비 정보를 수집할 경우
- 시장의 수요가 여러 요인들 사이의 복합적인 상호관계에 의해 결정되어야 할 경우
- 과거 데이터 수집에 지나치게 많은 비용과 시간이 드는 경우

〈정량적 예측을 하는 경우〉
과거 수치 데이터가 충분히 존재하는 경우
- 추세, 계절성, 순환성 등 규칙적인 변동이 관찰되는 경우
- 단기적이고 반복적인 수요 예측이 필요한 경우

# 서비스 공급 관리

빈출 태그 ▶ 자체 공급 모형, 주문 공급 모형, 일회 주문 모형, EOQ, POQ

## 01 서비스 공급 관리의 이해

### 1) 서비스 공급 관리의 개념

① 서비스 공급 관리란 서비스에 대한 고객의 수요를 충족시키기 위해, 기업이 보유한 인력 · 설비 · 기술 등의 자원을 적절히 관리하고 배치하여 서비스 공급 능력을 최적화하는 활동이다.

② 서비스 공급 능력이란 기업이 일정 기간 동안 고객에게 서비스를 제공할 수 있는 최대 역량을 의미한다.

### 2) 서비스 공급 부족 시 발생하는 현상

① 고객 불만 증가

긴 대기시간으로 인해 고객이 원하는 서비스를 적시에 제공받지 못하게 되면서 불만이 증가한다.

② 고객 이탈 증가

불만이 누적된 고객들이 경쟁사나 다른 서비스로 이동하게 된다.

③ 서비스 품질 저하

공급이 부족할 때 기존 직원들에게 업무가 과중되어 서비스가 급하게 제공되고, 업무 스트레스가 증가하면서 전반적인 서비스 품질이 저하된다.

④ 기업 이미지 악화

공급 부족과 고객 불만족이 반복되면, 기업의 평판과 브랜드 이미지가 손상된다.

### 3) 서비스 공급 모형

① 서비스 공급 모형이란 고객 수요에 효과적으로 대응하기 위해, 기업이 자원을 어떻게 관리하고 배치할지를 구조적으로 제시한 모델이다.

② 기업이 보유한 인력, 시설, 장비 등의 자원을 고객 수요와 효율적으로 연결하기 위한 전략적 관리 체계이다.

③ 서비스 공급 모형의 유형

- 자체 공급 모형: 서비스를 미리 준비해 놓고, 고객이 오면 즉시 제공하는 방식
- 주문 공급 모형: 고객의 요구가 들어온 후, 일부 구성 요소를 조합하여 서비스를 제공하는 방식
- 일회 주문 모형: 고객의 주문이 들어온 이후, 처음부터 서비스를 준비해 제공하는 방식

〈Trickle Down(트리클 다운)의 이해〉

'Trickle(트리클)'은 '물이 한 방울씩 떨어지다'는 뜻으로, 상위 계층에서 시작된 유행이나 소비가 천천히 아래로 전달되는 현상을 비유한다. 'Trickle Down'이란 상위 계층의 소비나 유행이 점차 중·하위 계층으로 확산되는 현상을 의미한다. 경제학에서는 대기업의 성장을 촉진하면, 그 혜택이 중소기업과 소비자에게도 전달되어 전체 경기가 활성화된다는 개념으로 사용되기도 한다.

## 02 자체 공급 모형 ★★★

### 1) 자체 공급 모형의 개념

수요에 맞추어 자체적으로 공급 능력을 확보하는 방식으로, 전략 방법에는 수요 추구형 전략, 공급 평준화 전략, 혼합 전략이 있다.

📵 패스트푸드점의 미리 준비된 햄버거와 음료 제공, 영화관의 미리 준비된 팝콘 및 음료 제공

### 2) 자체 공급 모형의 전략 방법

① 수요 추구형 전략

- 수요 자체를 조절하거나 분산시켜 공급에 맞추는 전략
- 장점: 자원 낭비 감소, 수요 분산 가능, 대기 시간 감소
- 단점: 급격한 수요 변동 시 인력 초과 근무, 추가 장비 임대 등으로 인한 추가 비용 발생

② 공급 평준화 전략

- 공급(서비스 제공 역량)을 수요 변화에 맞춰 조절하는 전략
  📵 피크 타임에 임시 인력 채용, 서비스 자동화
- 장점: 인력이나 장비의 안정적 유지
- 단점: 수요 변동에 대한 대응 어려움, 재고 비용 증가 및 낭비 가능성

③ 혼합 전략

수요 추구형 전략과 공급 평준화 전략을 적절히 조합하여 사용하는 전략

## 03 주문 공급 모형 ★★★

### 1) 주문 공급 모형의 개념

① 고객의 주문(요청)이 발생한 이후에 서비스를 제공하는 방식으로, 사전에 재고나 생산이 거의 없는 형태이다.

② 고객 맞춤형 서비스에 적합하다.

③ 자체적인 공급 능력이 없는 기업들은 주로 주문을 통해 공급량을 조절한다.

④ 주문량, 주문 시기, 일회성 여부에 따라 고정 주문량 모형, 고정 주문 간격 모형, 일회 주문 모형으로 구분된다.

📵 고급 레스토랑의 주문 후 요리 서비스, 맞춤형 의류 제작, 맞춤형 가구 제작 서비스

## 2) 고정 주문량 모형

### ① 개념

- 재고 관리에 있어 재고가 일정 수준 이하(재주문점)에 도달하면 항상 동일한 양(Q)을 주문하여 재고를 보충하는 방식이다.
- 재고가 미리 정해진 수준(재주문 시점)에 도달하면 일정량을 주문하여 항상 일정한 재고 수준을 유지한다.
- 재주문 시점(ROP; ReOrder Point): 재고가 일정 수준 이하로 떨어졌을 때 새로운 주문을 하는 시점

> 〈ROP 공식〉
>
> - ROP = 일일 평균 수요(D) × 리드타임(LT) + 안전재고(SS)
> - 일일 평균 수요(D): 하루 동안 소비되는 평균 재고량 (판매 또는 사용량)
> - 리드타임(LT): 주문 후 실제로 재고가 도착하기까지 걸리는 시간
> - 안전재고(SS): 예기치 못한 수요 증가나 공급 지연에 대비해 추가로 보유하는 재고량

### ② 경제적 주문량(EOQ; Economic Order Quantity) ★★★

- 주문 비용(배송비, 주문 절차비)과 재고 유지 비용(보관비, 창고비)을 최소화하는 최적의 주문량을 말한다.
- 주문량을 결정하는 기준은 다양하지만, 가장 오래전부터 사용되어 온 대표적인 기준은 경제적 주문량이다.
- 주기(Cycle Time)란 한 번 주문한 후 다음 주문 시점까지의 시간 간격을 의미한다.
- EOQ 모형의 기본 가정
  - 수요는 일정하고 예측 가능하다(수요량에 변동 없음).
  - 주문 비용과 재고 유지 비용은 일정하고 고정되어 있다.
  - 재고 부족(품절)이 발생하지 않는다.
  - 주문 후 도착까지 걸리는 리드타임은 일정하다.

> 〈EOQ 공식〉
>
> $$EOQ = \sqrt{\frac{2DS}{H}} = \sqrt{\frac{2 \times (\text{연간 수요량}) \times (\text{주문 비용})}{(\text{단위당 연간 재고 유지 비용})}}$$
>
> - EOQ: 경제적 주문량
> - D: 연간 수요량(Demand)
> - S: 주문 비용(Ordering Cost)
> - H: 단위당 연간 재고 유지 비용(Holding Cost per Unit)
>
> Q) 연간 100단위 서비스가 팔릴 것으로 예측하며 외부에서 공급받는다. 주문 비용이 8원, 연간 재고 유지 비용이 단위당 4원일 때 경제적 주문량은 얼마인가?
>
> A) $EOQ = \sqrt{\dfrac{2 \times 100 \times 8}{4}} = \sqrt{\dfrac{1600}{4}} = \sqrt{400} = 20$

## 3) 고정주문 간격 모형

### ① 개념

- 재고를 관리할 때 일정한 간격(매주, 매월 등)을 정해두고, 그 주기마다 재고 수준을 점검하여 필요한 만큼 주문하는 방식이다.
- 이 모형에서의 주문량을 주기적 주문량(POQ; Periodic Order Quantity)이라고 하며, POQ는 매번 달라진다.

> 고정주문 간격 모형 = 고정된 주문 주기 + 변동하는 주문량 + 목표 재고 수준

### ② 장단점

- 장점
  - 주기적으로 재고를 점검하므로 재고 통제 비용이 감소한다.
  - 동일한 공급자에게 반복적으로 주문하므로 주문 비용이 절감된다.
- 단점
  - 안전재고를 넉넉하게 확보해야 하므로 불필요한 재고가 발생할 수 있다.
  - 주문 시기와 주기가 고정되어 있어 재고 관리의 유연성이 떨어진다.

## 4) 일회 주문 모형

① 특정 기간에만 판매 가능한 서비스나 제품에 대해 일회성으로 주문하고 공급하는 방식으로, 서비스 공급이 단발적이고 기간이 한정적인 경우 사용한다.
② 수요가 단기간에 발생하고, 기간이 지나면 서비스의 가치가 크게 떨어지는 특성을 가진다.
  - **예** 크리스마스 시즌 상품, 발렌타인데이 초콜릿 등 계절 상품

## 04 서비스 수요와 공급 관리

### 1) 수요와 공급의 불일치

### ① 과잉 수요

- 고객의 수요가 기업의 서비스 공급 능력을 초과하는 경우
- 고객이 서비스를 받기 위해 오랜 시간 대기해야 하므로 고객 불만과 서비스 품질 저하가 발생함
- 기업 입장에서는 고객 이탈 및 수익 감소로 인해 기회비용이 발생함

### ② 과잉 공급

- 공급이 수요를 초과한 경우로, 서비스 자원(인력, 시설 등)의 낭비가 발생
- 이미 투자한 시설이나 환경 등의 공급 능력을 충분히 활용하지 못해 매몰비용이 발생함

### ③ 수요가 적정 공급량을 초과

- 수요가 적정 공급량을 초과하였지만, 최대 공급 능력을 넘지 않는 상황
- 기회비용은 발생하지 않지만, 제한된 서비스 자원으로 인해 서비스 품질의 편차가 발생할 수 있으며, 서비스 제공자에게는 업무 과중이 초래될 수 있음

④ 수요와 공급의 균형
- 수요와 공급이 일치하는 상태로, 서비스 품질이 최적화됨
- 양질의 서비스를 제공할 수 있으며, 고객은 고품질의 서비스를 경험함

### 2) 서비스 수요와 공급의 조정 관리 ★★★

① 수요 조정 관리

고객의 서비스 이용 수요를 관리하여, 수요의 크기나 시기를 조정하는 활동이다.

| 성수기 수요 조정 전략 | 비수기 수요 증대 전략 |
| --- | --- |
| • 예약제도 활용<br>• 가격 정책 조정(성수기 할증 요금 부과)<br>• 영업 시간대, 장소의 조정<br>　예 휴가철 리조트 손님이 많아 평소보다 객실 가격을 높게 책정 | • 가격 차등화<br>• 비수기 할인 및 추가 혜택 제공<br>• 시설의 용도 변경<br>　예 놀이공원에 방문객이 적은 평일 낮 시간대 50% 할인 적용 |

② 공급 조정 관리

서비스 제공 능력을 관리하여, 고객의 수요 변화에 맞추어 공급 능력을 확대하거나 축소하는 활동이다.

| 성수기 공급 증대 전략 | 비수기 공급 조정 전략 |
| --- | --- |
| • 임시 인력 확보 및 배치<br>• 운영 시간 확대<br>• 시설 및 설비 임시 확충<br>• 아웃소싱 활용<br>　예 여름철 아이스크림 매장의 손님이 2배 증가하여 파트타이머 채용 | • 서비스 공급 능력 축소(직원 교육, 휴가 등 제공)<br>• 시설 및 설비 유지보수<br>• 유휴 자원의 재배치 및 용도 변경<br>　예 여름철에 눈썰매장 부지를 수영장으로 꾸며 유휴 자원을 재활용 |

# 서비스 수율 관리



## 01 수율 관리의 이해

### 1) 수율 관리의 개념

① 수율 관리(Yield Management)는 수익 관리(Revenue Management)라는 표현으로도 사용되며, 한정된 서비스 공급 능력을 효율적으로 활용해 수익을 극대화하기 위한 가격 및 수요 관리 전략이다.
② 서비스의 공급량이 제한적일 때, 고객의 수요에 따라 가격을 유연하게 조정하여 최대한 많은 수익을 얻는 방법이다.
③ 항공기 좌석 수, 호텔 객실 수 등과 같이 서비스는 보통 공급이 제한되어 있으므로, 정해진 공급량을 최대한 활용해야 높은 수익을 올릴 수 있어 수율 관리가 필요하다.
④ 수율 관리를 효과적으로 사용하는 업종으로는 호텔, 항공사, 렌터카 등이 있다.
⑤ 수율은 실제로 벌어들인 돈이 벌 수 있는 최대 금액의 몇 퍼센트인지를 나타내는 수익성 지표이다.

### 2) 수율 공식

① 서비스 경영에서 수율은 서비스 제공 능력(가용 자원)에 대해 실제로 제공된 서비스의 비율을 나타내는 지표이다.
② 자원을 얼마나 효율적으로 사용하여 서비스를 제공했는지를 측정하는 개념이다.

---

**〈수율 공식〉**

$$수율 = \frac{\text{실제 제공된 서비스의 양}}{\text{최대 가능한 서비스의 양}} \times 100\%$$

- 실제 제공된 서비스의 양: 실제 서비스 제공으로 얻은 수익 또는 제공된 서비스의 양
- 최대 가능한 서비스의 양: 서비스 자원을 100% 활용했을 때 얻을 수 있는 최대 수익 또는 서비스 제공 가능량

---

### 3) 수율 관리가 적합한 상황

| 수율 관리 적합 상황 | 내용 |
| --- | --- |
| 세분화가 가능한 시장 | 고객의 욕구와 지불 의도 등에 따라 시장을 세분화할 수 있어야 차별적인 가격 책정과 서비스 제공이 가능하므로 수율 관리가 더 효과적이다. |
| 저장 불가능한 소멸성 재고 | 서비스가 판매되지 않으면 가용 능력이 소멸되는 경우, 즉 소멸성이 높은 서비스일수록 수율 관리가 적합하다. |
| 큰 수요 변동 | 성수기와 비수기가 명확하거나 계절적 요인의 영향을 받을 때 수율 관리가 효과적이다.<br>예 수기의 호텔, 봄꽃 관광 서비스 등 |
| 사전 예약 및 판매 | 고객이 이용 시점을 미리 정하고 자원을 일정 시간 점유할 수 있을 때 수율 관리가 효과적이다. |
| 저장 불가 서비스 | 재고로 남길 수 없는 서비스의 경우, 판매 기회 상실이 곧 손실로 이어지므로 수율 관리가 중요하다.<br>예 항공 좌석, 병원 진료 시간 등 |

## 1) 수율 관리 시스템의 개념

① 수율 관리 시스템은 서비스 기업이 보유한 한정된 자원을 최대한 효율적으로 활용하여 수익을 극대화 하는 방법이다.

② 한정된 자원을 가진 서비스 기업이 가격과 수요를 전략적으로 조정하여 수익을 극대화할 수 있도록 돕는 정보 기반의 의사결정 도구이다.

③ 주로 항공, 호텔, 렌터카, 공연 티켓 등 소멸성 재고를 가진 업종에서 활용된다.

## 2) 초과예약 시스템(Overbooking)

① 초과예약은 노쇼(No-show)나 예약 취소 등을 고려하여 실제 수용 가능 인원보다 더 많은 예약을 받는 전략이다.

② 기업의 가용 능력을 보다 효율적으로 관리하기 위한 수단이다.

| 초과예약 결정 방법 | 내용 |
| --- | --- |
| 평균법 | • 과거 노쇼(또는 취소) 평균값을 기준으로, 해당 숫자만큼 초과예약 수를 정하는 가장 단순한 방법<br>• 초과예약 수준 = 평균 노쇼 또는 취소 건수<br>• 장점: 간단하고 직관적임<br>• 단점: 관련 비용 예측이 어려움 |
| 전자 계산 기법 | • 과거 데이터를 기반으로 다양한 시나리오를 시뮬레이션하여 초과예약 수를 결정<br>• 초과예약으로 얻는 수익과 발생할 수 있는 비용을 종합적으로 고려<br>• 장점: 유연한 분석 가능, 비용 판단 가능<br>• 단점: 정확한 데이터가 요구됨 |
| 한계비용 접근법 | • 초과예약으로 인해 얻는 추가 수익(한계수익)과 충돌 시 발생하는 손실(보상비용)을 비교하여 최적 예약 수준을 결정<br>• 초과예약을 1건 더 허용했을 때 발생하는 이익(한계수익)과 그로 인한 고객 불만 또는 손실 비용(한계비용)을 비교 |

## 3) 서비스 능력 배분 시스템

① 한정된 서비스 능력을 서로 다른 고객층 또는 가격대별로 나누어 배분하는 방식이다.

② 다양한 고객군과 서비스 가격을 관리하여 서비스 제공 능력을 최적화하고 수익성을 극대화할 수 있다.

   **예** 항공사에서 퍼스트 클래스, 비즈니스 클래스, 이코노미 클래스 좌석을 사전에 정해진 비율로 배분하는 것

## 4) 차별적 가격 결정

① 동일한 서비스라도 고객의 특성, 구매 시기, 구매 조건 등에 따라 서로 다른 가격을 책정하는 방식이다.

② 가격에 덜 민감한 고객들에게는 보다 높은 가격을 책정하고, 가격에 민감한 고객들에게는 보다 낮은 가격을 책정한다. 다만, 가격에 민감한 고객들은 빠른 예약을 하는 부지런함을 보여야 하며, 고객들이 차별적 가격 결정에 대해 이해할 수 있도록 해야 한다.

# 서비스 대기 관리

빈출 태그 ▶ 대기 심리 원칙, 대기행렬, 포아송 분포, FCFS

## 01 대기 관리의 이해

### 1) 대기 관리의 개념

① 대기 관리란 고객이 서비스 이용을 위해 기다리는 과정에서 발생하는 대기 시간을 효과적으로 관리하여, 고객의 불만과 불편을 최소화하고 고객 만족을 극대화하는 활동을 말한다.

② 서비스 제공 과정에서 고객이 불가피하게 기다릴 수밖에 없는 상황을 효율적으로 통제하고 관리하여, 고객 경험과 서비스 품질을 향상시키는 활동이다.

### 2) 대기 관리의 필요성

① 고객은 대기 시간이 길어질수록 불만족이 증가하며, 불쾌한 경험으로 기억한다.

② 서비스 제공 능력과 고객 수요 간에 불균형이 발생할 때 대기 현상이 생기며, 이를 효과적으로 관리하지 않으면 고객 이탈이 증가한다.

③ 효율적 대기 관리를 통해 고객의 불편을 최소화하면 기업의 서비스 경쟁력과 고객 만족도를 증가시킬 수 있다.

### 3) 대기 심리의 기본 원칙 – 데이비드 마이스터(David Maister) ★★

① 데이비드 마이스터는 고객이 서비스를 기다릴 때 느끼는 대기 심리의 특성과 기본 원칙을 체계적으로 정리하였다.

② 마이스터는 대기 시간이 단순한 객관적 시간이 아니라 고객이 주관적으로 느끼는 심리적 시간이라는 점을 강조하며, 대기 과정에서 느껴지는 심리적 불편을 효과적으로 관리하는 것이 중요하다고 하였다.

---

〈데이비드 마이스터의 대기심리 기본 원칙〉

- 근심이 있는 상태에서는 대기 시간이 더 길게 느껴진다.
- 불확실한 기다림은 더 길게 느껴진다.
- 이유가 설명되지 않은 대기 시간은 더 길게 느껴진다.
- 불공정하다고 느껴지는 대기 시간은 더 길게 느껴진다.
- 서비스의 가치가 높을수록 사람들은 더 오래 기다릴 의향이 있다.
- 혼자 기다리는 것이 더 길게 느껴진다.
- 아무것도 하지 않고 있는 시간은 무언가를 하고 있을 때보다 더 길게 느껴진다.
- 구매 전(프로세스 이전)의 대기가 구매 중(프로세스 중)의 대기보다 더 길게 느껴진다.

---

## 4) 고객 대기 시 발생하는 상황

① 고객에게는 대기 시간만큼 기회비용이 발생한다.

고객은 기다리는 동안 다른 가치 있는 활동(업무, 휴식, 쇼핑 등)을 하지 못해 손실을 입게 된다.

② 방치된 유휴 장비의 수가 감소하게 된다.

고객이 몰릴수록 서비스 제공 시설이나 장비가 계속 사용되면서 여유 자원이 부족해진다.

③ 서비스 품질 중 '대응성' 수준이 하락한다.

고객의 요청이나 불편 사항에 신속하게 대응하기 어려워지며, 전반적인 서비스 응대 속도와 품질이 저하된다.

④ 고객 만족도와 충성도가 저하된다.

기다림으로 인한 불만족은 전반적인 서비스 평가를 낮추며, 고객의 재방문 의사를 떨어뜨린다.

⑤ 기업의 기회손실과 수익성 저하가 발생한다.

대기로 인해 고객 이탈이 증가하고, 새로운 고객 유치 기회를 상실하면서 매출과 수익성이 감소하게 된다.

## 5) 대기 관리법 ★

① 고객 인식 관리법

- 고객 인식 관리법은 실제 대기 시간을 줄이지 못하더라도 고객이 대기 시간을 심리적으로 더 짧고 덜 불편하게 느끼도록 관리하는 방법이다.
- 고객이 느끼는 주관적인 대기 시간을 관리하는 전략이다.

| 고객 인식 대기 관리법 | 내용 |
| --- | --- |
| 예상 대기 시간 안내 | 대기시간을 미리 예측하여 불안감을 감소시킨다. |
| 서비스 시작 알림 | 상담사나 도우미가 접수 대행 및 상담 진행 등의 지원을 제공하여 대기 상태에서의 불안감을 줄인다. |
| 이용하지 않는 자원 숨기기 | 일을 하지 않는 직원은 보이지 않게 하여 대기 시간이 길어 보이지 않도록 한다. |
| 유형별 고객 대응 | 고객 창구를 업무 유형별로 나누어 처리하여 체감 대기 시간을 낮춘다.<br>⑩ 은행에서 입출금, 대출 등 업무 유형에 따른 창구 운영 |
| 대기시간의 활동 지원 | 대기 시간 동안 다양한 활동을 할 수 있도록 지원한다.<br>⑩ 대기실에 잡지, TV, 인터넷 등을 구비 |
| 공정한 대기 관리 | 불공정한 대기는 고객의 불만을 유발하므로, 대기가 공정하게 관리되고 있다는 것을 고객에게 확인시킨다. |

② 생산 관리법

- 생산 관리법은 서비스의 공급 능력이나 생산 능력을 조정하여 고객의 실제 대기 시간을 줄이는 방법이다.
- 고객이 실제로 기다리는 시간 자체를 단축시키는 전략이다.

| 생산관리 대기 관리법 | 내용 |
|---|---|
| 커뮤니케이션 활용 | 혼잡하거나 여유 있는 시간대를 커뮤니케이션을 통해 미리 안내한다. |
| 예약 활용 | 항공사, 병원, 기차, 영화관 등에서 예약 시스템을 활용하여 대기 시간을 관리한다. |
| 공정한 대기 시스템 구축 | 다양한 대기선을 활용하여 대기를 관리한다.<br>예 번호표, 단일·복수 대기선 활용, Express Line 활용 |
| 대안 제시 | ATM, ARS, 자동이체, 전화, 인터넷 뱅킹, 인터넷 상담 등 다양한 대체 방법을 제공한다. |
| 인센티브 제공 | 고객이 몰리는 시간을 분산시킬 수 있도록 인센티브 제도를 활용한다.<br>예 영화관 조조할인 |

### 6) 대기 관리 보완 전략

#### ① 예약제 활용

- 사전에 시간이나 순서를 지정하여 고객이 기다리는 시간을 줄이는 방식이다.
- 예약제는 노쇼에 대비해 초과 예약 및 중복 예약에 대한 대비책이 필요하다.

#### ② 게시판 활용

현재 대기 상태나 예상 소요 시간을 시각적으로 고객에게 전달한다.

#### ③ 대체 채널 개발

혼잡한 주요 채널 외에, 대기 없는 다른 방식으로 서비스를 제공하는 보완 채널을 마련한다.

예 ATM기기, 키오스크 등

#### ④ 추가 혜택 및 인센티브 제공

고객이 기다리는 동안 지루함을 줄이고 만족도를 보완해주는 보상 제공 전략이다.

예 대기 고객에게 음료 제공, 조조 영화 할인 등

#### ⑤ 보완적 서비스 개발

고객이 기다리는 동안 지루함을 줄이고 가치를 느끼게 할 수 있는 추가 활동이나 콘텐츠를 제공한다.


## 02 대기행렬

### 1) 대기행렬의 개념 ★★

① 대기행렬이란 서비스 시스템에서 고객이나 물건이 서비스를 받기 위해 기다리고 있는 상태를 의미하며, 이는 서비스 제공 능력보다 고객의 수요가 많을 때 발생한다.

② 서비스 제공자가 처리할 수 있는 양보다 고객이 몰릴 때 고객들이 줄을 서서 기다리는 현상을 말한다.

③ 대기행렬은 눈에 보이는 줄부터 눈에 보이지 않는 줄까지 다양하다.

④ 대기행렬에서 '대기모형'이란 고객이 서비스를 받기 위해 기다리는 줄(대기행렬)의 형태, 고객 도착 패턴, 서비스 제공 특성 등을 수학적·통계적 방법으로 분석하고 표현한 모델이다

## 2) 대기행렬 분석 목적 ★★

① 서비스 용량을 증가시키는 데 들어가는 비용과 고객 대기 시 발생하는 비용을 합친 총 비용을 최소화하는 것이다.
② 직접비용과 간접비용 간의 균형을 통해 대기 시스템에서 발생하는 총비용을 최소화할 수 있는 적정 서비스 용량을 찾는 것이다.

| 직접비용 | 서비스 제공 능력을 늘리는 데 소요되는 비용<br>예 종업원 수, 가동 기계 수 |
|---|---|
| 간접비용 | 고객 대기로 발생되는 비용<br>예 고객 이탈, 대기실 관리비, 서비스 유휴에 따른 비용 |

## 3) 대기행렬 시스템 구성 요소 ★★

① 개념
- 대기행렬 시스템은 서비스가 이루어지는 과정에서 고객이 대기하는 현상을 관리하고 분석하는 시스템이다.
- 효율적인 고객 흐름 관리와 서비스 자원의 최적화를 목적으로 한다.

② 고객 모집단
서비스를 받기 위해 도착하는 고객들의 집합이다.

③ 고객 도착 과정 ★★★
- 고객이 서비스를 받기 위해 언제, 어떤 식으로 도착하는지에 대한 전반적인 흐름과 규칙을 말한다.
- 대기행렬에서 고객의 도착 간격과 서비스에 걸리는 시간은 불확실하기 때문에, 고객의 도착 시점과 서비스에 걸리는 시간을 미리 파악하면 대비할 수 있습니다.
- 대기행렬에서 고객이 서비스 시스템에 들어오는 빈도(횟수)는 포아송 분포를 따르고, 서비스 시스템이 한 고객을 처리하는데 걸리는 시간(간격)은 지수분포를 따른다.

| 포아송 분포<br>(Poisson distribution) | 일정한 시간 또는 공간 내에 특정 사건(고객 도착 등)이 발생하는 횟수를 나타내는 확률 분포<br>예 은행에 1시간 동안 몇 명의 고객이 오는가?, 1분 안에 카페에 들어오는 손님은 몇 명인가? |
|---|---|
| 지수 분포<br>(Exponential distribution) | 두 사건 사이의 시간 간격이 얼마나 되는지를 설명하는 확률 분포<br>예 한 명의 손님이 나간 후, 다음 손님이 들어오기까지 몇 초가 걸리는가? |

④ 서비스 채널
- 서비스를 제공하는 창구나 서비스 제공자의 수를 의미한다.
- 고객이 실제로 서비스를 받는 곳으로, 단일채널(하나의 창구 또는 하나의 서비스 제공자)과 다중채널(둘 이상의 창구 또는 서비스 제공자)로 나뉜다.

| 단일(서비스)채널 | 서비스를 제공하는 창구나 서비스 제공자, 즉 채널이 하나인 경우<br>예 편의점 계산대 |
|---|---|
| 다중(서비스)채널 | 서비스를 제공하는 창구나 서비스 제공자, 즉 채널이 둘 이상인 경우<br>예 대형 마트의 여러 계산대, 은행의 여러 창구 |

⑤ 서비스 단계

- 고객이 서비스를 제공받기 위해 거쳐야 하는 '서비스의 절차 수'로 고객이 처음 서비스를 접하는 순간부터 서비스가 끝나고 고객이 떠나는 순간까지 진행되는 모든 과정(단계)의 수를 의미한다.
- 서비스 단계는 단일 단계와 다중 단계로 나눌 수 있다.

| | |
|---|---|
| 단일(서비스)단계 | 고객이 서비스를 받을 때 단 하나의 과정 또는 창구에서 모든 서비스가 제공되는 방식<br>예 셀프 주유소(주유라는 단일 서비스), 편의점 계산대(상품 결제라는 단일 서비스) |
| 다중(서비스)단계 | 고객이 서비스를 받을 때 여러 개의 서비스 단계를 순차적으로 거쳐야 서비스가 완료되는 방식<br>예 병원 방문(접수 – 진료 – 검사 – 문진–수납 → 5단계 서비스), 공항 탑승(체크인–보안 검색–출국 심사 – 탑승 → 4단계 서비스) |

⑥ 대기행렬 규칙 ★★

- 서비스를 기다리고 있는 고객 중 누구에게 먼저 서비스를 제공할지를 결정하는 규칙을 의미한다.
- 이미 정해진 기준대로 처리하는 정적 규칙과 고객들의 마감 시간이 가장 임박한 서비스부터 처리하는 동적 규칙으로 나눌 수 있다.

| 구분 | 종류 | 내용 |
|---|---|---|
| 정적 규칙 | 선착순 규칙<br>(FCFS; First Come, First Service) | • 먼저 도착한 고객을 가장 먼저 서비스하는 규칙(선입선출)<br>• 모든 고객을 동등하게 대우하며 가장 보편적으로 사용하는 규칙<br>　예 번호표 순번 대기<br>• 장점: 공정성, 단순성, 관리 용이성, 높은 예측 가능성<br>• 한계: 긴급 상황이나 효율성 향상의 측면에는 부적합 |
| | 최단작업 시간 규칙<br>(SPT; Shortest Processing Time) | • 서비스에 소요되는 시간이 가장 짧은 고객을 먼저 서비스하는 규칙<br>• 장점: 평균 대기시간이 줄어들고 전체적인 효율성이 증가<br>• 한계: 처리 시간이 긴 고객의 불만과 불공정성 논란 유발 |
| 동적 규칙 | 긴급률 규칙<br>(CR; Critical Ratio) | 고객에게 서비스가 완료되어야 하는 시점(납기)까지 남은 시간을 고객의 서비스에 소요되는 시간으로 나누어 그 값(긴급률)이 가장 낮은 고객부터 우선 처리하는 규칙 |
| | 우선권 규칙<br>(Preemptive Priority) | 고객의 긴급도, 중요성, 등급에 따라 우선순위를 실시간으로 변경해 처리하는 방식<br>예 응급환자 우선 진료 |

---

**＋ 더 알기 TIP**

〈Little의 법칙〉

'Little의 법칙'은 서비스 시스템 안에서 대기 중인 고객의 평균 수(재고), 고객이 얼마나 빨리 도착하는지, 시스템에 얼마나 오래 머무는지 간의 관계를 설명하는 원리이다.

$$시스템에\ 있는\ 평균\ 고객\ 수(L) = 고객의\ 도착률(\lambda) \times 고객의\ 평균\ 체류시간(W)$$

- L: 시스템에 있는 평균 고객 수(평균적으로 몇 명이 대기 중인지)
- $\lambda$: 고객의 평균 도착률(단위 시간당 몇 명이 도착하는지)
- W: 고객의 평균 체류시간(시스템에 머무는 시간)

## 4) 대기행렬의 형태 ★★

대기행렬의 형태란 고객이 서비스를 기다리는 줄(Line)의 구조와 서비스 제공 방식에 따라 구분되는 방식이다.

① 단일 행렬(채널) – 단일(서비스)단계 – 단일 서비스 제공자

고객이 하나의 대기줄에서 기다린 후, 하나의 서비스 창구에서 서비스가 한 번에 완료되는 형태이다.

⑩ 무인주차장 요금 정산소, 편의점 계산대

② 단일 행렬(채널) – 다중(서비스)단계 – 단일 서비스 제공자

고객이 하나의 대기줄에서 기다린 후, 서비스가 여러 단계를 거쳐 순차적으로 이루어지는 형태이다.

⑩ 미용실(접수–커트–샴푸–결제)

③ 다중 행렬(채널) – 단일(서비스)단계 – 다중 서비스 제공자(평행선 대기)

고객이 여러 개의 서비스 창구 중 하나를 선택하거나 배정받아, 한 번의 서비스를 받는 형태이다.

⑩ 은행에서 여러 창구 중 빈 창구에서 업무 처리, 대형 마트 여러 계산대 중에서 계산 진행

④ 다중 행렬(채널) – 다중(서비스)단계 – 다중 서비스 제공자

고객이 여러 개의 서비스 창구에서 단계별로 나누어진 여러 서비스를 순차적으로 받는 가장 복잡한 형태이다.

⑩ 종합병원(접수창구–진료실–검사실–약국)

⑤ 지정 서비스 제공자 – 지정 대기선

특정 범주의 고객에게 다른 대기선을 지정하는 방식이다.

⑩ 대형 마트의 소량 품목 계산대

**일반형**

**01** 서비스 가격 결정이 제품 가격 결정보다 어려운 이유로 볼 수 <u>없는</u> 것은?
① 서비스 가격은 수요에 의해 영향을 받는다.
② 서비스는 전달 과정에서 소요되는 시간에 따라 변동성이 발생한다.
③ 서비스의 원가는 물리적 환경에 따라 달라진다.
④ 서비스의 원가를 고객이 명확히 이해할 수 있도록 제시하기 어렵다.
⑤ 서비스는 생산 능력의 활용 정도에 따라 가격의 변동 폭이 작다.

**02** 가격 탄력성을 결정하는 요인으로 맞지 <u>않는</u> 것은?
① 대체재의 유무
② 지출 비중
③ 소비자의 소득 수준
④ 시간의 경과
⑤ 소비자의 연령대

**03** 원가 중심의 가격 결정 방식에 대한 설명으로 거리가 <u>먼</u> 것은?
① 경쟁중심 가격결정과 같이 고객보다는 기업과 경쟁사를 대상으로 한 방법이다.
② 가장 전통적인 방식이다.
③ 직접비와 간접비에 이윤을 더해 가격을 산정한다.
④ 제품이나 서비스를 제공하는 데 드는 비용(원가)을 중심으로 일정한 이윤을 더해 판매 가격을 결정하는 방식이다.
⑤ 기업이 경쟁사의 가격을 기준으로 삼아 그보다 높게, 비슷하게, 또는 낮게 가격을 책정하는 방법이다.

**04** 경쟁 중심의 가격 결정에서 가격경쟁이 심화되는 상황으로 옳지 <u>않은</u> 것은?
① 경쟁자의 수가 증가할 때
② 대체재의 수가 감소할 때
③ 생산 능력이 과도하게 증가할 때
④ 경쟁자 혹은 대체재가 시장에 폭넓게 분포할 때
⑤ 서비스 표준화가 명확하고 가격이 유일한 비교 대상이 되는 업종일 때

**05** 수요 중심의 가격 결정에 대한 설명으로 옳지 <u>않은</u> 것은?

① 제품이나 서비스의 원가나 경쟁 가격에만 의존하지 않고, 고객이 느끼는 가치를 고려하는 방식이다.

② 고객이 인지한 가치에 따라 지불할 의사가 있는 금액을 바탕으로 가격을 책정하는 방식이다.

③ 소비자의 지각된 가치가 핵심요소이다.

④ 가치는 소비자가 서비스를 통해 받게 되는 혜택과 지불한 비용의 차이로 판단한다.

⑤ 수요가 높을 땐 가격을 내리고, 수요가 낮을 땐 가격을 높여 판매하는 방식이다.


**06** 고객의 서비스 기대 수준에 대한 설명으로 옳지 <u>않은</u> 것은?

① 예측된 서비스를 충족하지 못하면 고객은 불만을 가지게 된다.

② 적정 서비스란 고객이 받아들일 수 있는 최소한의 서비스 수준으로 고객이 허용할 수 있는 최소한의 기대 수준이다.

③ 허용 영역이란 희망 서비스와 적정 서비스 사이에 위치한 구간으로, 서비스 실패가 쉽게 드러나지 않는 '미발각 지대'이다.

④ 희망 서비스란 고객이 현실적으로 기대하거나 바라는 수준의 서비스로, 이상적 기대보다는 낮지만 일반적인 기대보다는 높은 수준이다.

⑤ 고객이 상상할 수 있는 가장 완벽한 수준의 서비스로, 가장 바람직한 형태의 서비스이다.


**07** 고객의 기대 영향 요인 중 외부 요인에 해당하는 것은?

① 관여도
② 구전
③ 과거 경험
④ 개인의 니즈
⑤ 고객의 기분


**08** 명시적 서비스의 기대관리 방안으로 옳지 <u>않은</u> 것은?

① 서비스 보증 제도를 통해 서비스 약속을 공식화한다.

② 과도한 경쟁으로 인해 지나치게 과장된 약속을 하지 않는다.

③ 현실적이고 정확한 약속을 제공한다.

④ 프리미엄 가격을 지불한 만큼, 중요한 속성에서의 서비스 수준 역시 높다는 점을 고객이 느낄 수 있도록 한다.

⑤ 광고나 인적 판매 과정에서 이루어진 약속의 정확성을 서비스 직원에게 피드백한다.


**09** 서비스 기대관리 요인 중 통제가 가능한 요인으로 <u>틀린</u> 것은?

① 촉진
② 명시적 서비스 약속
③ 묵시적 서비스 약속
④ 지각된 서비스 대안
⑤ 판매

**10** 서비스 수요의 특징으로 <u>틀린</u> 것은?

① 서비스 수요는 시간대, 요일, 계절 등에 따라 자주 변동한다.
② 서비스는 종류가 다양하고 상황에 따라 달라지는 이질적인 특성이 있다.
③ 서비스는 제공되는 시간과 장소가 정해져 있지 않기 때문에 수요를 예측하기 어렵다.
④ 서비스의 수요는 재고로 저장하여 보관할 수 없다.
⑤ 서비스 수요는 눈에 보이지 않고, 제공과 동시에 바로 소멸된다.

**11** 수요를 예측하는 기법 중 성격이 <u>다른</u> 하나는 무엇인가?

① 델파이 기법
② 시장 조사법
③ 유추법
④ 지명집단 기법
⑤ 이동평균법

**12** 정성적 예측을 하는 경우로 <u>틀린</u> 것은?

① 단기적이고 반복적인 수요 예측이 필요한 경우
② 외부 환경요인에 크게 변화하여 과거의 데이터가 의미가 없어졌을 경우
③ 양적 조사의 사전 단계로 가설을 발견하거나 예비 정보를 수집할 경우
④ 과거 데이터 수집에 지나치게 많은 비용과 시간이 드는 경우
⑤ 신규 서비스에 대한 수요 예측과 같이 과거 데이터가 없는 경우

**13** 서비스 공급 관리에서 '자체 공급 모형'에 대한 설명으로 거리가 <u>먼</u> 것은?

① 수요 추구형 전략의 장점은 재고가 남거나 부족한 문제가 없다는 것이다.
② 수요 추구형 전략의 단점은 서비스 인력을 채용하거나 해고하는 데 비용이 발생한다는 것이다.
③ 공급 평균화 전략의 장점은 인력이나 장비를 안정적으로 유지할 수 있다는 것이다.
④ 수요 추구형 전략은 수요 자체를 조절하거나 분산시켜 공급에 맞추는 전략이다.
⑤ 공급 평균화 전략은 수요량에 따라 인력 수준이나 공급 수준을 탄력적으로 바꾼다.

**14** 주문 공급 모형에서 특정 기간에만 판매 가능한 서비스나 제품에 대해 주문하고 공급하는 방식은 무엇인가?

① 일회 주문 모형
② 고정 주문량 모형
③ 자체 공급 모형
④ 주문 공급 모형
⑤ 고정 주문 간격 모형

**15** 비수기 공급 조정 전략으로 옳은 것은?

① 임시 인력 확보 및 배치
② 운영 시간 확대
③ 유휴 자원의 재배치
④ 시설 및 설비 임시 확충
⑤ 아웃소싱 활용

**16** 수율 관리에 대한 설명으로 옳지 <u>않은</u> 것은?

① 서비스의 공급량이 제한적일 때, 고객의 수요에 따라 가격을 유연하게 조정하여 최대한 많은 수익을 얻는 방법이다.
② 서비스의 수요는 보통 한정적이므로, 정해진 수요량을 최대한 활용해야 수익이 높아지므로 효율적인 수율 관리가 필요하다.
③ 수율 공식은 자원을 얼마나 효율적으로 사용하여 서비스를 제공했는지를 측정하는 개념이다.
④ 한정된 서비스 공급 능력을 효율적으로 사용해서 수익을 극대화하기 위한 가격 및 수요 관리 전략이다.
⑤ 수율 관리를 효과적으로 사용하는 업종은 호텔, 항공사, 렌터카 등이다.

**17** 수율 관리가 적합한 상황으로 옳지 <u>않은</u> 것은?

① 공급이 크게 변할 때
② 사전 예약 및 판매가 가능할 때
③ 저장 불가능한 소멸성 재고를 다룰 때
④ 저장이 불가능한 서비스일 때
⑤ 세분화가 가능한 시장일 때

**18** 데이비드 마이스터의 대기심리 원칙으로 <u>틀린</u> 것은?

① 확실한 기다림이 더 오래 느껴진다.
② 불공정하다고 느껴지는 대기 시간은 더 길게 느껴진다.
③ 혼자 기다리는 것이 더 길게 느껴진다.
④ 근심이 있는 상태에서는 대기 시간이 더 길게 느껴진다.
⑤ 이유가 설명되지 않은 대기 시간은 더 길게 느껴진다.

**19** 대기 관리법에서 고객의 인식을 관리하는 법으로 옳지 <u>않은</u> 것은?

① 이용하지 않는 자원 숨기기
② 유형별 고객 대응
③ 공정한 대기 시스템 구축
④ 예상 대기 시간 안내
⑤ 대기시간의 활동 지원

**20** 대기행렬 시스템의 구성 요소에 해당되지 <u>않는</u> 것은?

① 고객 모집단
② 고객 도착 과정
③ 서비스 품질
④ 서비스 단계
⑤ 대기행렬 규칙

**21** 경제적 주문량 모형인 EOQ 모형에 대한 설명으로 거리가 <u>먼</u> 것은?

① 기본적 가정은 공급은 일정하고 예측 가능하다.
② 주문 후 도착까지 걸리는 리드타임이 일정하다.
③ 주문량을 정하는 기준은 다양하며 그중 가장 오래전부터 사용되어 온 기준이다.
④ 주문 비용과 재고 유지 비용은 일정하고 고정적이다.
⑤ 재고 부족(품절)이 발생하지 않는다.

**22** 시계열 분석법에 대한 설명으로 <u>틀린</u> 것은?

① 정량적 예측 기법이다.
② 시간 순서대로 정리된 데이터를 바탕으로 일정한 패턴이나 추세를 찾아 미래의 값을 예측하는 방법이다.
③ 월별 환자 수를 분석해 다음 달 진료 수요를 예측할 때 사용할 수 있다.
④ 과거에 어떻게 변했는지를 보고, 앞으로 어떻게 변할지를 예측하는 방법이다.
⑤ 주로 장기적인 예측이 필요한 경우 사용

**23** 고객의 가치 차원에 따른 가격 차별화 전략으로 새로운 제품이나 서비스를 시장에 출시할 때 초기에 매우 낮은 가격을 책정하여 시장 점유율을 빠르게 높이는 전략을 무엇이라고 하는가?

① 단수가격 전략
② 침투가격 전략
③ 일치가격 전략
④ 가치가격 전략
⑤ 세분시장 가격 전략

**24** 다음 중 비금전적 비용에 대한 설명으로 <u>틀린</u> 것은?

① 감각비용이란 고객이 서비스나 제품을 이용하면서 감각적으로 느끼는 불쾌감이나 피로, 자극으로 인한 부정적 경험이다.
② 기회비용이란 시간과 자원을 투자한 대신 포기하게 된 것의 가치이다.
③ 심리적 비용이란 서비스를 이용하면서 발생하는 스트레스, 불안, 감정적 불편함이다.
④ 물리적 비용이란 새로운 제품이나 서비스를 찾는 데 들어가는 시간, 노력 등이다.
⑤ 시간적 비용이란 서비스를 이용하기 위해 소모되는 시간이다.

**01** 서비스 경영에서 수율은 서비스 제공 능력(가용 자원)에 대해 실제로 제공된 서비스의 비율을 나타내는 지표이다.

( ① O   ② X )

**02** 대기행렬에서 고객이 서비스 시스템에 들어오는 빈도(횟수)는 포아송 분포를 따른다.

( ① O   ② X )

**03** 외부 준거가격이란 고객이 기억이나 경험을 바탕으로 형성한 기준 가격이다.

( ① O   ② X )

**04** 가격 탄력성이 높다는 것은 소비자가 가격에 민감하게 반응한다는 뜻으로 가격이 조금만 올라도 수요가 크게 줄어들고, 가격이 조금만 내려가도 수요가 확 늘어나는 것이다.

( ① O   ② X )

**05** 서비스 가격 결정이 제품 가격 결정보다 어려운 이유는 서비스는 생산 능력의 활용 정도에 따라 가격의 변동폭이 작기 때문이다.

( ① O   ② X )

〈보기〉

① 델파이 기법　② EOQ　③ NGT　④ FCFS　⑤ 수율 관리

**01** (　　　　　)은/는 주문 비용(배송비, 주문 절차비)과 재고 유지 비용(보관비, 창고비)을 최소화하는 최적의 주문량이다.

**02** (　　　　　)(이)란 모든 참가자의 의견이 골고루 반영되도록 균등한 발언 기회를 부여한다는 의미로, 참여자들이 개별적으로 아이디어를 제시한 후, 토론 없이 아이디어를 공유하고, 구조화된 투표 과정을 통해 최선의 대안을 도출하는 집단 의사결정 기법이다.

**03** 여러 전문가의 의견을 익명으로 수차례 수렴하고, 피드백을 반복하면서 최종 예측을 도출하는 구조화된 방법을 (　　　　)(이)라고 한다.

**04** (　　　　　)은/는 한정된 서비스 공급 능력을 효율적으로 활용해 수익을 극대화하기 위한 가격 및 수요 관리 전략이다.

**05** 우선순위 규칙으로 먼저 도착한 고객을 가장 먼저 서비스하는 규칙을 (　　　　　)(이)라고 한다.

## 일반형

| | | | | |
|---|---|---|---|---|
| 01 ⑤ | 02 ⑤ | 03 ⑤ | 04 ② | 05 ⑤ |
| 06 ① | 07 ② | 08 ④ | 09 ④ | 10 ③ |
| 11 ⑤ | 12 ① | 13 ⑤ | 14 ① | 15 ③ |
| 16 ② | 17 ① | 18 ① | 19 ③ | 20 ③ |
| 21 ① | 22 ⑤ | 23 ② | 24 ④ | |

## OX형

| | | | | |
|---|---|---|---|---|
| 01 ① | 02 ① | 03 ② | 04 ① | 05 ② |

## 연결형

| | | | | |
|---|---|---|---|---|
| 01 ② | 02 ③ | 03 ① | 04 ⑤ | 05 ④ |

## 일반형

**01** ⑤

서비스는 성수기, 비수기, 수요량에 따라 가격의 변동폭이 크다.

**02** ⑤

가격 탄력성이란 상품이나 서비스의 가격이 변할 때 수요량이 얼마나 민감하게 반응하는지를 측정하는 지표로 소비자의 연령대는 해당하지 않는다.

**03** ⑤

경쟁 중심 가격 결정 방식에 대한 설명이다.

**04** ②

대체재의 수가 증가할수록 경쟁사가 많아지므로 가격경쟁이 더 심화된다.

**05** ⑤

수요 중심 가격 결정 방식은 수요가 높을 때 가격을 올리고, 수요가 낮을 때 가격을 낮춰 판매하는 방식이다.

**06** ①

적정 서비스란 고객이 받아들일 수 있는 최소한의 서비스 수준으로 이를 충족하지 못하면 고객은 불만을 갖는다.

**07** ②

- 내부 요인: 관여도, 개인의 니즈, 과거 경험
- 상황 요인: 고객의 기분, 날씨, 시간적 제약
- 외부 요인: 구전, 경쟁자 상황, 사회적 환경
- 기업 요인: 가격, 판매, 광고, 유통, 기업 이미지

**08** ④

프리미엄 가격을 지불한 만큼, 중요한 속성에서의 서비스 수준 역시 높다는 점을 고객이 느낄 수 있도록 하는 것은 묵시적 서비스의 기대관리 방안이다.

**09** ④

지각된 서비스 대안은 고객이 인지하는 다른 서비스 제공자의 품질이나 가격 등 대안의 존재 여부로 통제가 어려운 요인이다.

**10** ③

서비스는 제공되는 시간과 장소가 정해져 있기 때문에 수요가 특정 시간과 공간에 집중되는 현상이 나타난다.

**11** ⑤

이동평균법은 정량적 예측 기법이며, 나머지는 정성적 예측 기법이다.

**12** ①

단기적이고 반복적인 수요 예측이 필요한 경우 정량적 예측을 한다.

**13** ⑤

공급 평준화 전략은 수요량에 상관없이 매월 일정 수준의 고용과 공급량을 할당하는 전략이다.

**14** ①

일회 주문 모형은 수요가 단기간에 발생하고, 기간이 지나면 서비스의 가치가 크게 떨어지는 특성을 갖는다.

**15** ③

③번을 제외한 나머지 보기는 모두 성수기 공급증대 전략이다.

**16** ②

서비스는 보통 공급이 한정적이므로 정해진 공급량을 최대한 활용해야 수익이 높아지므로 효율적인 수율 관리가 필요하다.

**17** ①

공급이 아니라 수요가 크게 변할 때 수율 관리가 적합하다.

**18** ①

확실한 상황보다 불확실한 상황에서의 기다림이 더 길게 느껴진다.

**19** ③

공정한 대기 시스템 구축은 생산 관리법에 해당된다.

**20** ③

대기행렬 시스템의 구성 요소에는 서비스 품질이 아니라 서비스 채널이 속한다.

**21** ①

EOQ의 기본적 가정은 수요가 일정하고 예측이 가능하다는 것이다.

**22** ⑤

시계열 분석법은 주로 단기적 예측에 많이 사용한다.

**23** ②



- ① 단수가격 전략: 제품이나 서비스 가격을 정수가 아닌 단수(홀수)로 설정하여 고객이 가격을 더 낮게 느끼도록 하는 심리적 가격 책정 전략
- ③ 일치가격 전략: 경쟁 기업의 가격과 동일하거나 유사한 수준으로 가격을 설정하여 경쟁력을 유지하는 전략
- ④ 가치가격 전략: 고객이 지각한 가치에 따라 가격을 설정하여, 고객이 높은 가격을 지불하더라도 만족감을 느낄 수 있도록 하는 전략
- ⑤ 세분 시장 가격 전략: 서로 다른 고객 그룹에 대해 서로 다른 가격을 책정하는 전략

**24** ④

물리적 비용은 정보 탐색이나 이용 과정에서의 '귀찮음', '수고로움'을 말한다. 새로운 제품이나 서비스를 찾는 데 들어가는 시간과 노력은 물리적 비용이 아니라 탐색 비용이다.


## OX형

**01** ○

수율 공식을 통해 얼마나 효율적으로 자원을 사용하여 서비스를 제공했는지 측정하는 개념이다.

**02** ○

대기행렬에서 고객이 서비스 시스템에 들어오는 빈도(횟수)는 포아송 분포를 따르고, 서비스 시스템이 한 고객을 처리하는데 걸리는 시간(간격)은 지수분포를 따른다.

**03** ✕

외부 준거 가격이 아니라 내부 준거 가격에 대한 설명이다. 외부 준거 가격이란 실제 시장에서 확인되는 경쟁 가격을 말한다.

**04** ○

가격 탄력성이란 상품이나 서비스의 가격이 변할 때 수요량이 얼마나 민감하게 반응하는지를 측정하는 지표이다. 즉 가격이 오르거나 내릴 때, 소비자가 얼마나 더 사거나 덜 사는지를 설명하는 개념이다.

**05** ✕

서비스 가격 결정이 제품가격 결정보다 어려운 이유는 서비스는 생산 능력의 활용 정도에 따라 가격의 변동 폭이 크기 때문이다.


## 연결형

**01** ②

경제적 주문량 모형(EOQ; Economic Order Quantity)에 대한 설명으로 주문량을 결정하는 기준은 다양하지만, 가장 오래전부터 사용되어 온 대표적인 기준은 경제적 주문량이다.

**02** ③

지명집단기법(NGT; Nominal Group Technique)에서 '지명'이라는 단어는 모든 참가자의 의견이 고르게 반영되도록 균등한 발언 기회를 부여한다는 의미이다.

**03** ①

델파이 기법은 시간과 노력이 많이 들며, 장기적인 예측에 주로 사용된다.

**04** ⑤

수율 관리(Yield Management)란 수익관리(Revenue Management)라는 표현으로도 사용되며, 서비스의 공급량이 제한적일 때, 고객의 수요에 따라 가격을 유연하게 조정하여 최대한 많은 수익을 얻는 방법이다.

**05** ④

선착순 규칙(FCFS; First Come, First Service)에 대한 설명으로 공정하고 단순한 규칙이지만 긴급 상황이나 효율성 향상의 측면에서는 부적합할 수 있다.

# 04

# 서비스 인적자원관리

**파트 소개**

서비스 기업의 경쟁력을 결정짓는 인적자원관리 방식을 이해하고, 인력 선발부터 직무 평가 및 보상까지의 체계적인 관리 방법을 익힙니다. 노사관계와 노동생산성 관리 등 조직 내 효율적 인적자원 활용 전략도 함께 다루어, 인적자원의 관리 역량을 숙지할 수 있습니다.

**학습 방향**

면접의 종류를 익히고 직무 평가 방법, 인사 평가 방법, 임금체계 유형을 숙지합니다. 또한 노사관계, 노동조합, 단체교섭, 노사협의제도의 각 단체의 성격과 주체를 구분해서 차이점을 외우는 것이 중요합니다.

**출제빈도**

CHAPTER 01 하 10%
CHAPTER 02 상 25%
CHAPTER 03 중 20%
CHAPTER 04 상 25%
CHAPTER 05 중 20%

# 인적자원관리

## 01 인적자원관리의 이해

### 1) 인적자원관리의 개념

① 인적자원관리(HRM; Human Resource Management)란 기업의 목표 달성을 위해 필요한 인력을 확보하고, 직원들의 능력을 개발하며, 성과와 만족도를 높일 수 있도록 효율적으로 관리하는 모든 활동을 의미한다.
② 인적자원은 능동적이고 자율적인 성격을 띠며, 직원이 창출하는 노동 상품은 하나의 인격체에서 비롯된다는 인식에서 출발한다.
③ 각 인적자원은 맡을 수 있는 직무가 다르고, 직무 수행 능력 또한 서로 달라 이질적인 특성을 가진다.

### 2) 인적자원관리의 중요성

① 조직의 구성원은 목표 달성을 위해 필수적인 존재이며, 구성원을 어떻게 관리하느냐에 따라 조직의 성패가 좌우된다.
② 기업은 인적자원관리를 통해 우수한 인재를 확보하고 유지함으로써 경쟁력을 강화할 수 있다.
③ 성공적인 인적자원관리를 위해서는 선발부터 평가, 보상에 이르는 전 과정을 통합적으로 계획하고 관리해야 한다.

### 3) 인적자원관리의 목표

① 유능한 인재 확보
② 핵심 인력의 육성 및 개발
③ 근로 동기 부여 및 의욕 향상
④ 핵심 역량 강화 및 기업 경쟁력 제고
⑤ 기업의 목표 및 사업 전략과의 연계
⑥ 생산성과 품질 향상, 고객 만족
⑦ 조직 내 커뮤니케이션 활성화
⑧ 공정한 보상
⑨ 고용 관리의 유연성

### 4) 인적자원관리의 6가지 원칙 ★

① 공정성의 원칙: 인사 관련 결정(채용, 평가, 보상 등)은 편견이나 차별 없이 공정하게 이루어져야 한다.
② 정보공개의 원칙: 인사 운영 및 결정 과정에 대한 정보를 투명하게 공개하여, 직원들이 쉽게 이해할 수 있도록 해야 한다.
③ 참여의 원칙: 직원들이 인사 결정 과정에 의견을 제시하고, 참여할 수 있는 기회를 보장해야 한다.

④ 직무 중심 원칙: 사람 중심이 아닌 업무와 직무를 중심으로 인사 관리를 운영해야 한다.

⑤ 전인주의 원칙: 직원을 단순한 노동력으로 보지 않고, 감정 · 태도 · 가치관 등을 지닌 전인적 존재로 인식하고 관리해야 한다.

⑥ 능력주의 원칙: 인사 결정은 학벌이나 연공서열이 아닌, 개인의 능력과 성과에 따라 이루어져야 한다.

## 02 인적자원관리의 특징과 내용

### 1) 인적자원관리의 특징 ★

#### ① 인적자원의 형성과 책임성

- 인적자원은 각 개인이 담당할 수 있는 직무와 직무 수행 능력이 서로 다르다.
- 개인의 노동력은 동질적인 것이 아니라, 각자에게 체화된 인적자원에 따라 서로 다른 특성을 지닌다.
- 개인의 능력 및 인적자원의 활용에 따라 개인의 생산성과 기업 전체의 지속적인 성장이 크게 좌우된다.

#### ② 인적자원의 개발과 자율성

- 인적자원은 능동적이고 자율적인 성격을 띤다.
- 인적자원의 성과는 조직 구성원의 욕구, 동기, 태도, 행동, 만족감 등에 따라 달라진다.
- 경영 성과의 차이는 경영자가 인적자원을 얼마나 효율적으로 관리하느냐에 달려 있다.

#### ③ 경제적 합리성과 인간성의 동시 추구

- 인적자원관리는 직원이 창출하는 노동 상품이 하나의 인격체라는 인식에서 출발한다.
- 경제적 합리성의 기반 없이는 기업 조직의 존재나 인적자원의 개발은 불가능하다.
- 경제적 합리성은 인적자원 활동에 따라 달라지므로 조직 구성원의 존엄성을 무시할 수 없다.

### 2) 인적자원관리의 내용

| 구분 | 내용 |
| --- | --- |
| 채용 | 조직에 필요한 우수한 인재를 확보하기 위한 활동 |
| 선발 | 조직에 적합한 인력을 선별하는 활동 |
| 배치 | 직무 특성에 맞는 직원을 적재적소에 배치하는 활동 |
| 교육 및 프로그램 개발 | 직원의 역량과 잠재력을 높이기 위한 교육 및 훈련 프로그램을 개발하는 활동 |
| 인사평가 | 직원의 업무 성과와 능력을 공정하고 체계적으로 평가하는 활동 |
| 경력 개발 | 직원들의 경력을 관리하고 장기적 성장을 촉진하는 활동 |
| 승진 관리 | 직원의 능력과 성과에 따라 상위 직급으로 승진시키는 활동 |
| 이직 및 퇴직 관리 | 조직의 효율성을 위해 발생하는 퇴직, 해고, 이직 등을 관리하는 활동 |
| 보상 관리 | 금전적 · 비금전적 보상을 통해 직원의 만족도를 높이는 활동 |
| 복리후생 | 직원의 생활 안정과 만족을 위해 급여 외 다양한 혜택을 제공하는 활동 |

# 서비스 인력 선발

빈출 태그 ▶ 내부모집, 선발시험, 면접 유형

## 01 모집관리

### 1) 모집관리의 개념

① 모집관리란 조직이 필요로 하는 인력을 확보하기 위해, 지원자들이 조직에 관심을 가지고 자발적으로 지원할 수 있도록 정보를 제공하고, 우수한 지원자가 많이 응모할 수 있도록 유도하는 인적자원관리 활동이다.

② 우수한 인력을 확보하기 위해 지원자를 적극적으로 찾아내고 유인하는 과정이다.

### 2) 모집 방법

① 고용 형태에 따른 분류

| 고용 형태 | 내용 |
| --- | --- |
| 정규직 직원 | 기간을 정하지 않은 고용계약을 맺는 직원<br>예 신입 사원 공개채용, 경력직 모집 등 |
| 비정규직 직원 | 특정 업무나 일정 기간을 한정하여 고용되는 직원<br>예 계약직, 파트타임, 인턴 등 |
| 기타 직원 | • 용역 직원: 특정 업무에 대해 용역 계약을 맺고 전문적으로 근무하는 직원<br>　예 미화, 시설관리<br>• 파견 직원: 파견업체를 통해 일정 기간 동안 업무를 수행하는 직원 |

② 인력 수급 방법에 따른 분류 ★

| 구분 | 내용 |
| --- | --- |
| 내부모집 | • 조직 내부에서 현재 근무 중인 직원을 대상으로 인력을 모집하는 방법<br>　예 전보, 부서 이동, 사내 공모<br>• 장점<br>　– 모집 비용과 시간을 절약할 수 있음<br>　– 내부 직원의 동기부여와 충성도를 높임<br>　– 조직문화와 업무에 빠르게 적응 가능<br>• 단점<br>　– 조직 내 경쟁과 갈등 발생<br>　– 성장기 기업은 모집할 수 있는 인력이 제한적임<br>　– 파벌주의나 조직 내 정치화 위험 존재 |

| | |
|---|---|
| 외부모집 | • 조직 외부에서 신규 지원자를 모집하여 채용하는 방법<br>　**예** 공개채용, 인터넷 채용공고, 헤드헌팅, 채용박람회 등<br>• 장점<br>　– 외부 인재 및 새로운 아이디어 유입 가능<br>　– 우수 인력 확보에 효과적임<br>　– 기업의 성장기에 외부 충원이 유리함<br>　– 경력자 채용 시 훈련비 절감 가능<br>• 단점<br>　– 채용 비용과 시간이 더 많이 소요됨<br>　– 기존 직원들의 사기 저하 가능성 존재<br>　– 채용 인재가 조직에 적응하지 못할 위험<br>　– 신입 사원이 적응 기간 필요 |

## 02 ) 선발관리

### 1) 선발관리의 개념

① 선발관리는 서비스 직무에 적합한 우수 인력을 확보하기 위해, 지원자에 대한 평가 기준을 설정하고 선발 절차를 운영하며, 이를 공정하고 체계적으로 관리하는 활동이다.

② 조직이 서비스 업무를 성공적으로 수행할 수 있도록 적합한 지원자를 체계적이고 효과적으로 평가 및 관리하여 최종 인력을 선발하는 관리 프로세스이다.

### 2) 선발시험 ★

① 개념

• 기업이 직원을 채용할 때, 지원자의 능력, 자질, 적성 등을 평가하기 위해 실시하는 다양한 시험을 말한다.

• 채용 과정에서 지원자의 업무 적합성과 잠재적인 성과를 사전에 평가하는 데 사용된다.

② 종류

• 인지능력 시험: 지원자의 지적 능력, 문제 해결 능력, 사고력 등을 평가

　**예** IQ 검사, 수리력 · 언어력 · 추리력 검사 등

• 적성검사: 지원자가 특정 업무나 직무를 수행할 수 있는 잠재적 능력이나 소질을 평가

　**예** 업무 적성 검사, 직무 적성 검사, 공간 지각력 검사 등

• 업무수행(실무능력) 시험: 실제 업무 수행 능력과 성과를 사전에 평가

　**예** 영업사원의 모의 영업 프레젠테이션, 프로그래머의 코딩 테스트, 보고서 작성 시험 등

• 흥미검사: 지원자의 흥미를 바탕으로 적합한 직무 유형을 평가

　**예** 직무 흥미 검사 등

## 1) 면접의 목적

① 면접(Interview)의 목적은 구직자와 직접 대면하여 인성과 태도, 직무 적합성, 역량, 커뮤니케이션 능력 등을 종합적으로 평가하고, 조직에 가장 적합한 인재를 선발하는 것이다.

② 서류나 시험으로는 확인하기 어려운 지원자의 숨겨진 강점과 조직 적응 가능성을 파악하여 채용 시 최종 판단의 자료로 활용하는 데 유용하다.

## 2) 면접의 유형 ★★★

| 유형 | 내용 |
| --- | --- |
| 정형적 면접 | • 사전에 정해진 질문지나 평가 기준에 따라 일관되게 진행하는 면접 방식이다.<br>• 모든 지원자에게 동일한 질문과 평가 항목을 적용하여 객관성과 공정성을 높일 수 있는 유형이다.<br>• 구조적 면접 또는 지시적 면접이라고 한다. |
| 계획적 면접 | • 면접의 목적, 질문 내용, 평가 기준, 면접 절차 등을 사전에 체계적으로 준비하고 진행하는 방식이다.<br>• 심층 면접과 행동 면접이 있다. |
| 패널 면접 | • 2명 이상의 면접관(패널)이 1명의 지원자를 동시에 면접하는 방식이다.<br>• 각 면접관이 서로 다른 평가 기준이나 시각을 가지고 질문함으로써 보다 광범위하고 다각적인 평가가 가능하다. |
| 비지시적 면접 | • 면접관이 사전에 정해진 질문 없이, 지원자의 자유로운 이야기 흐름에 따라 면접을 진행하는 방식이다.<br>• 비구조화 면접이라고도 한다. |
| 스트레스 면접 | • 면접 과정에서 의도적으로 긴장감, 압박감, 불편한 상황 등을 조성하여, 지원자의 스트레스 대처 능력, 감정 조절력, 침착함 등을 평가하는 방식이다.<br>• 압박감이 많은 업무 환경에 적합한지를 평가할 수 있다. |
| 직무분석 면접 | 해당 직무를 실제 수행하는 담당자(현직자)와의 면담을 통해, 그 직무의 주요 업무, 책임, 필요 기술 및 자격 요건 등을 구체적으로 파악하는 방식이다. |
| 블라인드 면접 | 지원자의 학력, 출신지, 성별, 나이 등 편견을 유발할 수 있는 인적 사항을 배제한 채, 직무 역량과 성과 중심으로 평가하는 방식이다. |
| PT 면접 | 주어진 주제에 대해 일정 시간 준비한 후 발표하는 방식으로, 발표력, 논리력, 전문성을 평가한다. |
| 합숙 면접 | 지원자들이 일정 기간 함께 숙식하며 다양한 활동을 수행하면서 협력성, 리더십, 대인관계 등을 평가하는 방식이다. |
| 그룹 토론 | 여러 명의 지원자가 특정 주제를 두고 함께 토론하며, 논리적 사고력, 토론 능력, 팀워크 등을 평가하는 면접이다. |

# 직무평가 및 보상

빈출 태그 ▶ 서열법, 평정척도법, 요소비교법, 인사평가 오류, 연공급제

## 01 직무평가

### 1) 직무평가의 개념
① 직무평가란 조직 내 다양한 직무들을 상대적인 중요도나 가치에 따라 체계적으로 비교 · 분석 · 평가하는 과정이다.
② 직무평가 결과는 주로 보상 체계(임금 결정), 인사관리의 공정성 확보, 승진 체계 설계 등에 활용된다.

### 2) 직무평가의 목적
① 공정한 임금 체계를 확립하여 노사관계를 증진함
② 승진 및 인사 결정을 위한 객관적 기준 마련
③ 직무 및 조직 내 질서와 명확성 확보
④ 공정한 직무 평가 결과는 노동조합의 단체교섭을 위한 기초자료로 활용됨
⑤ 동일 노동시장 내 다른 경영조직과 비교 가능한 임금 체계 설정

### 3) 직무평가의 요소 ★★★
① 직무평가는 4대 기본 요소를 중심으로 이루어진다.
② 4대 기본 요소
- 작업조건: 직무가 수행되는 환경적 조건이나 위험 요소
- 노력: 직무를 수행하기 위해 필요한 정신적 · 육체적 에너지
- 숙련: 특정 직무를 성공적으로 수행하기 위해 요구되는 지식, 경험, 기술, 능력 수준
- 책임: 인적 책임, 대물 책임 등 직무 수행에 따른 책임 범위

### 4) 직무평가의 방법 ★★

| 구분 | 내용 | 장점 | 단점 |
| --- | --- | --- | --- |
| 점수법 | 가장 널리 사용하는 방법으로, 직무 평가 요소(숙련, 책임, 노력, 작업환경 등)를 선정하고 각 요소별로 점수를 부여해 합산된 총점으로 평가하는 방식 | • 객관적이고 세부적인 평가 가능<br>• 공정성과 타당성이 높음 | • 높은 전문성 요구<br>• 개발에 시간과 비용 소요 |
| 서열법 | 직무의 상대적 중요도와 난이도를 평가자가 주관적으로 판단하여 순서를 매기는 방식 | 쉽고 간편함 | • 모호한 평가 기준<br>• 유사 직무 간 혼란 발생 |
| 분류법 | 직무를 미리 정해둔 직무 등급(Class)에 따라 분류하여 평가하는 방식 | • 저비용<br>• 간단하고 이해가 쉬움 | 직무의 세부 차이를 반영하기 어려움 |
| 요소비교법 | 기준이 되는 핵심 직무를 선정한 후, 평가 요소별로 금전적 가치를 부여하여 다른 직무와 비교 · 평가하는 방식 | • 직무 간 상대적 가치 평가가 용이<br>• 비교적 객관적인 평가 가능 | 복잡하고 어려운 평가 방식 |

## 1) 인사평가의 개념

① 인사평가란 조직 내 직원의 업무 성과, 직무 수행 능력, 태도, 잠재력 등을 체계적으로 평가하는 제도이다.

② 조직의 목표 달성과 성과 향상을 위해, 직원 개인의 기여도를 공정하고 객관적으로 측정하는 핵심 인사관리 도구이다.

## 2) 인사평가의 성격

① 직원 간 성과나 능력을 비교하여 상대적으로 평가한다.

② 객관적이고 공정한 기준과 절차에 따라 평가가 이루어진다.

③ 직원과 직무의 관계를 비교하고, 실제 업적을 중심으로 평가한다.

④ 객관성을 높이기 위해, 업적 중심의 임금 책정 및 능력 중심의 승진과 교육 훈련이 시행된다.

## 3) 인사평가의 요소 ★

① 업적(성과): 직원이 일정 기간 동안 달성한 업무 결과나 성과를 평가하는 요소

② 능력: 직원이 업무 수행 과정에서 발휘한 직무 수행 능력과 기술적 숙련도를 평가

③ 태도: 직원이 업무에 임하는 자세, 조직 구성원으로서의 행동 및 태도를 평가

## 4) 인사평가의 방법 ★★★

① 전통적 기법

전통적 기법은 주로 평가자의 주관적 판단에 의존하며, 직관적이고 간단한 평가 방식이다.

| 종류 | 내용 |
| --- | --- |
| 서열법 | • 직원의 성과나 능력을 상대적으로 비교해 순위를 매기는 평가 방식<br>• 장점: 평가가 간편하고 신속함<br>• 단점: 평가자의 주관 개입 |
| 평정척도법 | • 평가 항목을 일정한 척도(1~5점 등)로 평가하는 가장 오래되고 널리 사용하는 방식<br>• 장점: 사용이 쉽고 이해가 간단함<br>• 단점: 중심화, 관대화 등의 평가 오류 발생 가능 |
| 강제할당법 | • 평가 결과를 일정 비율로 강제 분포시키는 방식<br>• 장점: 평가 등급이 명확함<br>• 단점: 공정성에 대한 논란 발생 가능 |
| 대조표법 | • 평가 대상자를 두 명씩 비교하여 상대적 우열을 평가하는 방식<br>• 장점: 상대적 평가가 명확함<br>• 단점: 평가하는 데 많은 시간 소요 |
| 체크리스트법 | • 평가 항목을 체크리스트 형식으로 제시하고 체크 여부로 평가<br>• 장점: 간편하며 표준화에 유리<br>• 단점: 세부적인 평가가 어려움 |

② 현대적 기법

현대적 기법은 평가의 객관성과 공정성을 높이기 위해 다양한 평가자와 체계적 기준을 활용하는 방식이다.

| 종류 | 내용 |
| --- | --- |
| 목표관리법<br>(MBO) | 평가자와 피평가자가 공동으로 목표를 설정하고, 그 달성도를 기준으로 평가하는 방식 |
| 다면평가<br>(360도평가) | 상사, 동료, 부하직원, 고객 등 다양한 평가자가 평가에 참여하는 방식 |
| 행동기준 평정척도법 | 각 평가 항목에 대해 직원의 구체적인 행동 사례를 기준으로 평가하는 방식 |
| 평가센터법 | 특정 장소에서 다수의 평가자가 역할극, 집단 토론 등 다양한 평가 도구를 활용해 종합적으로 평가하는 방식 |
| 균형성과표<br>(BSC) | 재무, 고객, 내부 프로세스, 학습 및 성장의 4가지 관점에서 균형 있게 평가하는 방식 |

## 5) 인사평가의 유형 ★★

| 종류 | 내용 |
| --- | --- |
| 자기 평가 | • 직원이 자신의 성과와 능력을 직접 평가<br>• 장점: 자기 성찰을 통한 업무 능력 및 책임감 향상<br>• 단점: 관대하거나 주관적인 평가 발생, 낮은 객관성 |
| 부하에 의한 평가 | • 부하직원이 상급자의 업무 수행이나 리더십을 평가<br>• 장점: 관리자의 리더십과 의사소통 능력에 대한 정확한 피드백 가능<br>• 단점: 평가 결과가 상하 관계로 솔직하지 않을 수 있어 공정성 문제가 생길 수 있다. |
| 동료에 의한 평가 | • 동등한 위치에 있는 직원끼리 서로를 평가<br>• 장점: 상사의 리더십 및 소통능력에 대한 정확한 피드백 가능, 예측 타당성이 높음<br>• 단점: 친분이나 경쟁심 등으로 객관성 저하 우려 |
| 상사에 의한 평가 | • 상급자가 하급자의 성과와 업무 능력을 평가<br>• 장점: 신속한 평가, 관리 용이<br>• 단점: 주관성 개입 가능성, 객관성 부족 |

## 6) 인사평가의 오류

인사평가 시 평가자의 주관적 판단이나 편견으로 발생하는 대표적인 오류는 다음과 같다.

| 종류 | 내용 |
| --- | --- |
| 후광효과 오류 | 직원의 한 가지 특성이나 뛰어난 성과가 다른 평가 요소에도 긍정적인 영향을 주는 오류<br>📌 프레젠테이션 능력이 뛰어나 전체 항목에서 고득점을 받는 경우 |
| 관대화 경향 | 평가자가 직원들을 실제보다 후하게 평가하는 오류<br>📌 모든 직원에게 우수한 평가를 부여하는 상사 |
| 가혹화 경향 | 평가자가 직원들의 성과를 실제보다 과도하게 엄격하게 평가하는 오류<br>📌 대부분의 직원에게 낮은 점수를 주는 상사 |

| 중심화 경향 | 평가자가 극단적인 평가를 피하고 모든 직원에게 중간 점수를 주는 오류<br>예 평가자가 피평가자와 평가 기준에 대한 이해 부족으로 대부분의 직원에게 평균 점수만 부여 |
|---|---|
| 유사성 오류 | 평가자 자신과 성향이나 가치관, 배경이 비슷한 직원에게 높은 평가를 주는 오류<br>예 출신 학교나 성격, 가치관이 비슷한 직원에게 후한 평가를 하는 경우 |
| 상동화 오류 | 직원 개개인의 실제 역량이나 성과와 무관하게, 고정관념이나 편견에 따라 객관적 근거 없이 잘못된 평가를 내리는 오류<br>예 여성 직원은 감성적이어서 업무 처리 능력이 부족하다고 판단하는 경우 |

## 03 임금체계

### 1) 임금체계의 개념

① 임금체계는 조직 내 직원에게 지급하는 급여의 구성 요소, 지급 방식, 지급 기준 등을 명확하게 정해 놓은 체계적인 시스템이다.

② 조직이 직원에게 보상을 지급할 때 어떤 기준으로, 어떤 형태로 임금을 구성하고 지급할지를 규정한 체계이다.

### 2) 임금체계의 구성 요소 ★

| 구성 요소 | 보상형태 | 내용 및 특징 |
|---|---|---|
| 기본급 | 금전적 보상 | 직무의 가치나 개인의 역량에 따라 결정되는 고정 급여 |
| 통상임금 | | • 근로자에게 정기적 · 일률적 · 고정적으로 지급되는 임금<br>• 연장근로, 야간근로, 휴일근로 등에 대한 가산수당의 기준이 됨<br>　예 기본급, 정기상여금, 고정수당(직책수당, 기술수당 등)을 포함 |
| 평균임금 | | • 퇴직금, 해고예고수당 등 법정 수당 지급 시 기준이 되는 임금<br>• 퇴직일 직전 3개월간의 임금 총액을 그 기간의 총 일수로 나눈 금액 |
| 수당 | | 기본급 외에 추가 업무나 근무 환경 등에 따라 지급되는 급여<br>예 초과근무수당, 직책수당 등 |
| 성과급 | | 개인 또는 조직의 성과에 따라 차등 지급되는 보상 |
| 상여금 | | 특별한 성과나 목표 달성 시 지급되는 일회성 급여 |
| 복리후생 | 비금전적 보상 | 급여 외에 직원의 생활을 지원하기 위한 혜택<br>예 의료보험, 휴가 등 |

## 3) 임금체계의 유형 ★★★

### ① 연공급제

- 대표적으로 '호봉제'가 있으며, 근속 연수와 연령에 따라 임금을 결정하는 방식이다.
- 장점: 명확한 기준으로 직원 간 갈등이 적다.
- 단점: 성과와 능력 반영이 미흡하며, 우수 인력의 동기부여가 부족하다.

### ② 직무급제

- 직무의 난이도나 책임 정도에 따라 임금을 결정하는 방식이다.
- 장점: 직무 가치에 따라 공정한 보상이 가능하고, 장기 근속으로 인한 고임금 구조를 방지할 수 있다.
- 단점: 직무 가치 평가가 복잡하고, 직무 변경 시 유연성이 떨어질 수 있다.

### ③ 직능급제

- 직원의 능력이나 숙련도에 따라 임금을 결정하는 방식이다.
- 장점: 우수 인재 확보와 능력 개발이 임금과 연계되어 동기부여 효과가 크다.
- 단점: 직무 가치와 무관한 승진이 이루어질 수 있으며, 능력 평가 기준이 주관적일 수 있다.

### ④ 성과급제

- 개인이나 조직의 성과에 따라 임금을 차등 지급하는 방식이다.
- 장점: 성과와 노력에 대한 동기부여가 증가하고, 조직의 생산성을 극대화할 수 있다.
- 단점: 단기 성과 중심의 운영으로 흐를 수 있으며, 직원 간 과도한 경쟁으로 협업이 저해될 수 있다.

### ⑤ 기타: 임금피크제

- 일정 연령이나 직급에 도달한 근로자의 임금을 점진적으로 줄이는 대신, 정년까지 고용을 보장하는 제도이다.
- 일정 시점 이후 임금은 감소하지만, 근로자는 더 오랫동안 안정적으로 근무할 수 있도록 하는 고용 유연성 제도이다.

---

**➕ 더 알기 TIP**

**〈호봉제와 연봉제의 비교〉**

- 호봉제: 근속 연수에 따라 매년 자동으로 임금이 인상되는 제도
- 연봉제: 직원의 능력, 성과, 기여도 등을 매년 평가하여 개별적으로 임금을 결정하는 제도

## 1) 보상의 개념
① 보상은 직원이 수행한 업무, 성과, 능력 등에 대한 대가로 지급되는 경제적 · 비경제적 가치이다.
② 보상은 기본급, 성과급, 수당, 상여금 등의 금전적 보상과 복리후생, 교육 훈련 등의 비금전적 보상으로 구성된다.

## 2) 보상의 목적 ★
① 직원들의 동기부여 및 업무 몰입도 향상
② 조직 목표 달성을 위한 성과와 생산성 제고
③ 우수 인재 확보 및 장기 근속 유도
④ 조직 구성원의 만족도 및 복지 향상

## 3) 보상관리의 체계
보상관리는 직원의 노동력과 성과에 대한 대가로 제공되는 모든 형태의 보상을 공정하고 효율적으로 관리하는 활동이다.

| 구분 | | 내용 |
|---|---|---|
| 금전적 보상 | 직접 보상 | 실제 현금으로 직원에게 지급되는 보상<br>예 기본급, 성과급, 인센티브, 수당 |
| | 간접 보상 | 현금은 아니지만 금전적 가치가 있는 복리후생 형태의 보상<br>예 주택자금 지원, 자녀 교육비 지원, 각종 복지 혜택 |
| 비금전적 보상 | 직무 자체 | 직원이 맡은 업무 자체가 의미 있고 도전적일 때 느껴지는 만족과 동기부여<br>예 도전성, 책임감, 성취감, 승진 기회 |
| | 직무 환경 | 업무 외적인 주변 환경과 조건<br>예 근무 환경, 근무 시간, 동료 관계, 근무 제도 |

## 4) 보상관리의 원칙 ★

| 구분 | 내용 |
|---|---|
| 공정성 | 직원의 성과와 기여도에 비례하여 합리적이고 공정하게 보상해야 한다. |
| 적절성 | 노사관계, 법규 등을 고려하여 보상체계를 적절히 설정해야 한다. |
| 타당성 | 보상은 객관적이고 명확한 기준과 근거에 따라 지급되어야 한다. |
| 안정성 | 보상체계에 대한 신뢰를 바탕으로 직원이 경제적 안정감을 느낄 수 있어야 한다. |
| 균형성 | 금전적 보상과 비금전적 보상 간의 적절한 균형이 이루어져야 한다. |

# 노사관계 관리

빈출 태그 ▶ 노사관계, 노동조합, 단체교섭, 노사협의제도

## 01 노사관계 ★★

### 1) 노사관계의 개념
① 노사관계는 노동자(근로자)와 사용자(기업 또는 경영자) 간의 관계이다.
② 주로 고용, 임금, 근로조건, 복지, 단체교섭, 갈등 및 협력 등 노동 관련 문제에 대해 형성되는 사회적·경제적 관계이다.
③ '노·사·정'이란 노동자(근로자), 사용자(기업 또는 경영자), 그리고 정부 간의 상호관계를 의미하며, 정부는 노사정책, 단체교섭, 노사분쟁 등에 관한 규정을 마련하고 중재하는 역할을 한다.

### 2) 노사관계의 주요 목적
① 노동자와 사용자의 권익 보호 및 조정
② 생산성과 노동 안정성 확보
③ 공정한 근로조건의 결정
④ 노사 간 협력적 기업문화 구축
⑤ 노동분쟁의 예방 및 해결

### 3) 노사관계의 발전 단계
① 개별 노사관계
• 주체: 사용자
• 노동자와 사용자 간 개별적인 관계 형성
• 주요 쟁점: 원가 절감

② 대립적 노사관계
• 주체: 사용자, 노동조합
• 대량생산 기반 산업화 과정
• 투쟁적 관계 형성
• 노조 결성 후 이익 대립 발생
• 주요 쟁점: 분쟁

③ 협력적 노사관계
• 주체: 사용자, 노동조합
• 협력적 관계 형성
• 대량생산 방식에서 일본식 생산제도로 산업구조 전환

④ 신협력적 노사관계
- 주체: 사용자, 노동조합, 정부
- 협력적이며 거시적인 관계
- 국가적 차원에서 노사문제를 해결하려는 체계

## 4) 노사관계의 양면성

① 노사관계는 노동자(근로자)와 사용자(경영자) 간에 갈등과 협력이 공존하는 관계이다.
② 이익이 충돌하면서 갈등이 발생하기도 하지만, 조직 목표 달성을 위해 상호 협력이 필요한 의존적 관계이기도 하다.
③ 협력적이면서 동시에 대립적인 관계를 가진다.
④ 서로 경제적 이익을 주고받는 측면과 사람 간의 사회적 관계라는 측면을 동시에 가진다.
⑤ 개별적 관계(비공식적)와 집단적 관계(공식적)라는 두 가지 측면을 가진다.
⑥ 상하관계(종속적 관계)와 수평적 관계(대등한 협력 관계)가 동시에 존재한다.

## 5) 노·사·정 협력 체계

| 주체 | 주요 역할 |
| --- | --- |
| 노동조합(노동자 대표) | 노동조합을 중심으로 근로자의 권익 보호 및 대변 |
| 사용자(기업, 경영자) | 기업의 경영 안정성과 생산성 확보 요구 반영 |
| 정부(정책 조정자) | 중재자 및 조정자로서 제도·법률 마련과 합의 이행 보장 |

## 02 노동조합

## 1) 노동조합의 정의 ★

① 노동조합이란 근로자가 자주적으로 단결하여, 자신들의 근로조건(임금, 근로시간, 복지 등) 향상과 권익 보호를 목적으로 결성한 지속적인 단체를 말한다.
② 노동자가 단체의 힘으로 사용자와 교섭하고 협상하기 위해 조직된 자율적인 조직체이다.

## 2) 노동조합의 설립과정 ★

설립 준비 → 규약 작성 → 설립총회 개최 → 노동조합 설립 신고 → 신고증 교부 및 활동

① 설립 준비
구성원을 모으고, 설립 목적과 취지, 조합원 모집 방법 등을 결정한다.

② 규약 작성
- 노동조합 운영에 필요한 규약(조합의 규칙)을 작성한다.
- 규약에는 조합의 명칭, 목적, 구성원 자격, 임원 선출, 재정 관리 방법 등을 포함한다.

③ 설립총회 개최
- 조합 가입을 희망하는 근로자들이 모여 설립총회를 개최한다.
- 규약을 확정하며 임원을 선출한다.

④ 노동조합 설립 신고

규약, 임원 명부, 총회 의사록 등을 갖추어 관할 행정관청에 설립 신고를 한다.

⑤ 신고증 교부 및 활동

설립신고증을 교부받은 후, 단체교섭 및 협상 등 노동조합 활동을 개시한다.

### 3) 노동조합의 4대 기능 ★★

| 경제적 기능 | 가장 기본적인 기능으로 근로자의 임금, 근로조건, 복지 향상 등 물질적 이익 확보<br>예 임금 인상 요구, 근로조건 개선 |
| --- | --- |
| 정치적 기능 | 노동자의 권익을 위해 입법 및 정치적 의사결정에 영향력 행사 |
| 공제적 기능 | 조합원에게 상호부조 및 복지서비스 제공 |
| 교육 · 문화적 기능 | 근로자의 의식 향상, 교육, 연대의식 강화를 위한 활동 |

## 03 단체교섭 ★

### 1) 단체교섭의 정의

① 단체교섭이란 노동조합(근로자 대표)과 사용자(또는 사용자 단체)가 임금, 근로시간, 복지, 고용조건 등 근로조건과 노동환경 전반에 대해 대등한 입장에서 협의하고 협상하는 공식적인 절차이다.
② 근로자의 집단적 의사를 사용자에게 전달하고 협의하여, 노사가 서로 상호 수용 가능한 조건을 설정하는 제도적 과정이며, 단체교섭이 원만히 이루어지면 단체협약을 체결한다.

### 2) 단체교섭의 기능

① 근로자의 임금, 근로조건, 복지 등 물질적 이익을 개선하는 기능
② 노사 간 대립과 충돌을 협상으로 조정하거나 예방하는 기능
③ 조직 내 근로관계의 기준을 정립하여 노사 간 규칙을 설정하는 기능
④ 노사 간 공동체 의식 조성과 근로자 불만 해소하는 기능

## 1) 노사협의제도의 개념

① 노사협의제도란 사업장 내에서 근로자 대표(노조 또는 근로자위원)와 사용자(경영자 측)가 근로자의 복지 증진과 기업의 생산성 향상을 위해 입장을 교환하고 협력 방안을 논의하는 제도적 협의기구이다.
② 근로자와 사용자가 경영상의 문제에 대해 협의하고 공동 결정을 내리는 공식적 소통기구이다.
③ 근로자와 사용자가 상호 협력과 이해를 통해 근로자의 복지와 조직의 발전을 함께 도모하기 위해 정기적으로 운영된다.

## 2) 노사협의제도의 목적

① 노사 간 신뢰 구축 및 상호 이해 증진
② 근로조건 및 복지의 지속적 개선
③ 민주적 의사결정과 근로자 참여 확대
④ 갈등의 예방 및 평화적 해결
⑤ 조직 생산성 향상과 및 효율적 운영

## 3) 노사협의제도의 성격

① 근로자의 의견 표현과 노사의 상호 협력을 바탕으로 한 참여적 · 협력적 성격을 띤다.
② 법적 강제성보다는 자율적이고 자발적인 참여에 기반한다.
③ 상시 근로자 30인 이상 사업장에서는 반드시 설치해야 한다.
④ 노동조합과 달리 단체교섭이나 쟁의행위를 하지 않으며, 기존 노동조합의 기능을 보완한다.

## 4) 노사협의제도와 단체교섭의 비교 ★

| 구분 | 노사협의제도 | 단체교섭 |
| --- | --- | --- |
| 목적 | 복지 협의, 노사 협력 | 임금, 근무 시간 등 근로조건 결정 |
| 주체 | 근로자 대표 vs 사용자 | 노동조합 vs 사용자 |
| 대상 사업장 | 상시 근로자 30인 이상(설치 의무) | 노동조합이 설립된 모든 사업장 |
| 논의사항 | 경영 일반, 복지, 공동 관심사 | 임금, 근로 조건 개선 등 대립 사안 |
| 결과 | 법적 구속력이 없는 협의 | 단체교섭이 원만히 이루어진 경우 단체 협약 체결 가능 |

# 노동생산성 관리



## 01 직원 만족도

### 1) 직원 만족도 조사의 개념 ★

① 직원 만족도(ESI; Employee Satisfaction Index)는 직원이 회사에 대해 느끼는 전반적인 만족 수준을 수치화한 지표이다.
② 내부 직원의 만족도를 조사함으로써 만족 및 불만 요인을 파악하고, 조직 성과를 저해하는 문제를 보완하는 데 도움을 주는 핵심 수단이다.
③ 조사 항목에는 직무 만족도, 종합 만족도, 조직문화 만족도, 제도 만족도, 참여 의식, 인식 공유 정도 등이 포함된다.
④ 조사 항목을 통해 조직 내 근로자들이 느끼는 직무, 조직문화, 보상, 상사, 근무 환경, 제도 등에 대한 만족 수준을 종합적으로 측정할 수 있다.

### 2) 직원 만족도 관련 요인

| 구분 | 요인 | 내용 |
|---|---|---|
| 직접적 요인 | 직무요인 | 직원이 수행하는 업무의 특성과 관련된 만족 요인 |
| | 보상요인 | 급여, 성과급 등 금전적 · 비금전적 보상에 대한 만족 요인 |
| 환경적 요인 | 조직요인 | 기업의 비전, 목표, 조직문화와 관련된 요인 |
| | 관계요인 | 직원 간 또는 직원과 관리자 간의 인간관계에 대한 만족 요인 |
| | 근무환경 | 물리적 환경, 유연한 근무제도 등 근무 조건과 관련된 요인 |

### 3) 직원 만족도 조사의 효과

① 직원의 불만이나 조직 내 문제점을 사전에 파악하여 조기에 해결할 수 있다.
② 문제 해결을 통해 만족도를 높이면 이직률 감소와 우수 인재 유지에 기여한다.
③ 만족도가 높은 직원은 더 높은 생산성과 성과를 창출한다.
④ 조직에 대한 신뢰가 증가하고, 긍정적인 조직문화를 지속적으로 구축할 수 있다.

### 1) 조직몰입의 개념
① 조직몰입이란 직원이 자신이 소속된 조직에 대해 느끼는 심리적 애착이나 소속감을 의미한다.
② 직원이 조직과 얼마나 강한 유대감을 가지고 있으며, 조직의 목표와 가치를 얼마나 진심으로 수용하고 있는지를 나타내는 개념이다.

### 2) 조직몰입의 유형 ★
① 정서적 몰입
- 직원이 조직에 대해 정서적인 애착과 소속감을 느끼고 자발적으로 조직에 남고자 하는 상태이다.
- 회사의 비전과 목표에 깊이 공감하며, 회사의 성공을 자신의 성공과 동일시하는 경향이 있다.
  **예** "나는 회사에 대한 애착이 지속돼."

② 지속적 몰입
- 조직을 떠나기 어려운 현실적인 이유로 인해 회사를 계속 다니는 상태이다.
- 이직 시 비슷한 조건의 다른 직장을 찾기 어렵거나, 회사를 떠날 경우 손실이 크다고 느끼는 경우 해당된다.
  **예** "김 부장은 이 직장을 떠나면 비슷한 조건의 직장을 찾기 어려워서 계속 다니고 있어."
  **예** "나는 이직하지 않고 이 회사에 계속 다닐 거야."

③ 규범적 몰입
- 회사에 남아 있어야 한다는 도덕적 책임감이나 의무감으로 인해 회사를 계속 다니는 상태이다.
- 회사로부터 교육이나 지원을 받았다는 인식에서 비롯된 책임감으로 계속 근무하려는 태도를 의미한다.
  **예** "김 대리는 회사의 규범을 꾸준히 잘 지키고 있어."




### 1) 직무 재설계
① 직무 재설계란 직원이 어떤 업무를 어떤 방식과 절차로 수행할지를 명확히 정의하는 인사관리 활동이다.
② 조직 내 변화나 새로운 요구사항에 맞춰 기존 직무를 재조정하고 최적화하는 활동이다.
③ 직무 설계는 조직의 목표 달성을 위해 직원이 수행할 업무의 내용, 방법, 범위 등을 체계적으로 구성하고 배치하는 과정이다.

### 2) 직무 순환
① 직무 순환이란 직원이 한 가지 업무만 지속적으로 수행하지 않고, 일정 기간마다 다른 업무로 이동하여 다양한 경험을 쌓게 하는 제도이다.
② 직원에게 다양한 직무 경험을 제공하여 적성에 맞는 직무를 찾고 역량을 개발하도록 돕는 수평적 인사이동(배치 전환)의 성격을 가진다.

③ 장점
- 직원들이 다양한 직무를 경험함으로써 업무에 대한 지루함이 줄고, 동기부여가 증진된다.
- 직원의 잠재 역량을 발견하고, 최적의 인력 배치가 가능하다.

④ 단점
- 새로운 직무에 적응하기 위한 시간과 교육 비용이 증가하며, 일시적인 생산성 저하가 발생할 수 있다.
- 직원의 부적응과 혼란의 우려가 있으며, 직무 전문성이 떨어질 수 있다.

### 3) 직무 확대 ★

① 직무 확대란 직원이 수행하는 업무의 범위를 수평적으로 확장하여 직무의 다양성을 높이는 방법이다.
② 수평적 확대란 업무의 난이도나 책임 수준은 유지하되, 수행하는 업무의 종류만 늘리는 것이다.
③ 직원에게 기존에 수행하던 업무와 유사하거나 관련 있는 새로운 업무를 추가로 부여하여, 더 다양한 경험을 할 수 있도록 한다.

④ 장점
- 직무의 다양성을 높일 수 있으며, 업무에 대한 지루함이 감소하고 흥미가 증가한다.
- 직무 만족도가 높아지면서 이직률과 결근율이 줄어든다.

⑤ 단점
- 업무 증가로 인해 부담을 느낄 수 있다.
- 인원 감축의 수단으로 활용될 경우, 직원의 동기부여가 저하될 수 있다.

### 4) 직무 충실화

① 직무 충실화란 직원에게 더 많은 책임과 권한, 자율성을 부여하여 직무를 보다 의미 있고 도전적으로 만드는 인사관리 방법이다.
② 단순히 업무량을 늘리는 것이 아니라, 업무의 내용과 책임 수준을 수직적으로 확대하여 직원이 더 큰 성취감과 만족을 느낄 수 있도록 한다.

③ 장점
- 직원이 자신의 업무를 의미 있고 가치 있는 것으로 인식함에 따라 직무 만족도와 생산성이 향상된다.
- 직무 만족도가 높아지면서 이직률과 결근율이 줄어든다.

④ 단점
- 숙련도가 낮은 직무에는 적용이 어렵다.
- 책임과 권한의 확대가 부담으로 작용해 오히려 역효과를 초래할 수 있다.

### 1) 갈등의 개념

① 갈등이란 개인이나 집단이 업무 수행 과정에서 서로 다른 목표, 가치, 의견, 이해관계 등으로 인해 대립하거나 불화를 겪는 상태이다.

② 갈등은 구성원 간의 의견 충돌, 불만족, 긴장 상태를 포함하며, 부정적인 측면(역기능)뿐 아니라 긍정적인 측면(순기능)도 지닌다.

### 2) 갈등의 기능 ★

① 순기능

- 갈등을 해결하는 과정에서 문제를 명확히 인식하고 해결 능력을 향상시킬 수 있다.
- 외부와의 갈등은 내부 조직의 결속력을 강화하는 계기가 된다.
- 합리적인 갈등 해결은 개인과 조직의 발전 및 재통합의 기회를 제공한다.
- 갈등 관리를 통해 조직 내 문제 해결 방식을 학습할 수 있다.
- 자기 능력에 대한 객관적 평가가 가능해져 조직의 목표 달성과 성과 향상에 기여한다.
- 침체된 조직에 활력을 불어넣고, 구성원의 다양한 심리적 욕구를 충족시키는 계기가 된다.

② 역기능

- 갈등이 지속되면 업무 집중도가 저하되고 생산성이 떨어진다.
- 갈등 해결을 위한 사회적 비용이 증가한다.
- 갈등이 심화되면 우수 인재가 이탈하고 조직의 안정성이 약화되며, 심리적으로 부정적 영향을 준다.
- 구성원 간 정치적 경쟁이 심화되어 협력과 신뢰가 약화되고 조직 내 불안정성이 증가할 수 있다.

### 3) 갈등 단계 ★★

| 갈등의 표면화 → 인지와 개인화 → 행동의 결정 → 행동 → 결과 |
| --- |

① 1단계: 갈등의 표면화

- 갈등이 잠재적인 상태에서 겉으로 드러나는 단계로, 의사소통 부족이나 개인적·조직적 변수에 의해 발생한다.
- 개인적 변수: 개인의 성향, 가치관 등
- 구조적 변수: 조직의 규모, 전문화 수준, 리더십 유형, 부서 간 의존도 등

② 2단계: 인지와 개인화

- 구성원이 갈등을 명확히 인식하고 감정적으로 반응하기 시작하는 단계이다.
- 갈등이 단순한 의견 차이에서 감정적 충돌로 발전할 수 있다.

③ 3단계: 행동의 결정(갈등 처리 의도)
- 당사자들이 갈등에 대해 어떻게 대응할지를 결정하는 단계이다.
- 이 단계에서 조직 구성원들은 주로 다음 중 하나의 전략을 선택한다.

| 경쟁 | 자신의 목표나 이익을 위해 상대방과 적극적으로 경쟁하고 자기 주장을 강력히 주장하는 방식 |
| --- | --- |
| 협력 | 자신과 상대방 모두 만족할 수 있는 해결책을 함께 찾는 방식 |
| 타협 | 상호 양보를 통해 중간선에서 합의하는 방식 |
| 회피 | 갈등 상황을 무시하거나 회피하고, 직접적으로 대응하지 않는 방식 |
| 수용 | 상대방의 요구나 의견을 전적으로 수용하고 자신을 희생하는 방식 |

④ 4단계: 행동
- 결정한 갈등 대응 방안을 실제 행동으로 옮기는 단계이다.
- 갈등의 양상이 가장 분명하게 드러난다.

⑤ 5단계: 결과
실제 행동 이후 갈등의 결과가 나타나는 단계로 갈등이 해소되거나 악화된다.

## 4) 갈등 해결 방법

| 구분 | 내용 |
| --- | --- |
| 문제 해결 | - 갈등의 근본 원인을 분석하고 논리적이고 합리적인 방법으로 문제를 해결한다.<br>- 각자의 견해를 좁히는 것이 아니라 문제 해결이 목적이다. |
| 상위 목표 제시 | 갈등하는 당사자들에게 공동으로 추구할 수 있는 상위 목표를 제시하여 갈등을 해소한다. |
| 설득 | 상대방을 이해시키고 납득시켜 갈등을 해소한다. |
| 협상 | 일정 부분 양보와 타협을 통해 상호 수용 가능한 합의점을 찾는다. |
| 자원의 확충 | 갈등의 원인이 되는 한정된 자원을 늘리거나 확보한다. |
| 구조적 변수의 변화 | 조직 내 규정, 구조, 정책 등 갈등 유발 요인을 개선한다. |

## 1) 복리후생의 개념

① 복리후생이란 조직이 근로자의 삶의 질을 향상시키고 근로 의욕을 고취하며, 조직에 대한 만족도와 충성도를 높이기 위해 임금 외에 제공하는 모든 간접적 · 비금전적 보상이다.
② 근로자의 근로 의욕 및 생산성 향상, 장기근속 유도, 근로자의 생활 안정 등 다양한 기능을 수행한다.

## 2) 복리후생의 목적 ★

| | |
|---|---|
| 경제적 목적 | • 임금 외의 혜택을 제공 → 근로자의 생활 안정 도모<br>• 직원의 충성심 향상 → 이직률과 결근율 감소<br>• 직원의 근로 의욕과 직무 만족도 증대 → 조직 생산성 증대 |
| 사회적 목적 | • 직원 간 연대감 형성<br>• 협력적 분위기 조성<br>• 노사관계 개선<br>• 기업의 사회적 책임 실천 |
| 정치적 목적 | • 근로자의 불만 감소 → 노조 영향력 약화<br>• 내부 불만 등의 문제가 외부로 유출될 가능성이 낮음 → 기업 정보 통제 가능성 강화 |
| 윤리적 목적 | 직원의 삶과 복지 보장 → 생계 지원 및 근로자 권익 보호 |

## 3) 복리후생의 기능

① 직원의 생활 안정과 경제적 부담 완화를 통해 사회적 책임을 진다.
② 직원의 불만을 감소시키고 조직 내 갈등을 완화하여 노동력을 확보하고 유지한다.
③ 근로자의 소득을 안정화시킨다.
④ 이직률 감소를 통해 생산성과 능률을 향상시킨다.

## 4) 복리후생의 효과

① 근로자

• 경제적 안정성 증대
• 근무 의욕 및 삶의 질 향상
• 직무 만족도 증가
• 경영진과의 관계 개선

② 경영자

• 생산성 및 효율성 증대
• 이직률 및 결근율 감소
• 기업에 대한 정부 개입 가능성 감소
• 노사 갈등 완화

## 일반형

**01** 인적자원관리에 대한 설명으로 옳지 <u>않은</u> 것은?

① 인적자원은 능동적이고 자율적인 성격을 띠며, 직원이 창출하는 노동 상품은 하나의 인격체에서 비롯된다는 인식에서 출발한다.
② 각 인적자원은 맡을 수 있는 직무가 다르고, 직무 수행 능력 또한 서로 달라 이질적인 특성을 가진다.
③ 기업은 인적자원관리를 통해 우수한 인재를 확보하고 유지함으로써 기업의 경쟁력을 강화할 수 있다.
④ 조직의 구성원은 목표 달성을 위해 필수적인 존재이며, 구성원을 어떻게 관리하느냐에 따라 조직의 성패가 좌우된다.
⑤ 성공적인 인적자원관리를 위해서는 인재 선발부터 평가, 보상을 각각 구분하여 개별적으로 계획하고 관리해야 한다.

**02** 인적자원관리의 목표로 옳지 <u>않은</u> 것은?

① 공정한 보상
② 생산성과 품질 향상, 고객 만족
③ 핵심 인력의 육성 및 개발
④ 고용 관리의 체계 구축
⑤ 조직 내 커뮤니케이션 활성화

**03** 인적자원관리의 원칙에 해당하지 <u>않는</u> 것은?

① 참관의 원칙
② 공정성의 원칙
③ 정보공개의 원칙
④ 직무 중심 원칙
⑤ 전인주의 원칙

**04** 인적자원관리의 원칙 중 직원을 단순한 노동력이 아니라 감정, 태도, 가치관 등을 가진 존재로 보고 관리하는 것은 어떤 원칙인가?

① 능력주의 원칙
② 전인주의 원칙
③ 직무 중심 원칙
④ 사회주의 원칙
⑤ 공정성의 원칙

**05** 인적자원관리의 내용에 대한 설명으로 옳지 <u>않은</u> 것은?

① 인사평가: 직원의 업무 성과와 능력을 공정하고 체계적으로 평가하는 활동
② 경력 개발: 직원들의 경력을 관리하고 장기적 성장을 촉진하는 활동
③ 보상 관리: 직원의 생활 안정과 만족을 위해 제공하는 급여 외의 다양한 혜택
④ 배치: 직무 특성에 적합한 직원을 적재적소에 배치하는 활동
⑤ 선발: 조직에 적합한 인력을 선별하는 활동

**06** 면접 유형에 대한 설명으로 <u>틀린</u> 것은?

① 정형적 면접이란 사전에 정해진 질문지나 평가 기준에 따라 일관되게 진행하는 면접 방식으로, 모든 지원자에게 동일한 질문과 평가 항목을 적용하여 객관성과 공정성을 높일 수 있는 유형이다.
② PT 면접이란 주어진 주제에 대해 일정 시간 준비한 후 발표하는 방식으로, 발표력, 논리력, 전문성을 평가하는 면접이다.
③ 계획적 면접이란 면접의 목적, 질문 내용, 평가 기준, 면접 절차 등을 사전에 체계적으로 준비하고 진행하는 면접 방식이다.
④ 비지시적 면접이란 비구조화 면접이라고도 하며, 면접관이 사전에 정해진 질문 없이, 지원자의 자유로운 이야기 흐름에 따라 면접을 진행하는 면접 방식이다.
⑤ 패널면접이란 2명 이상의 면접관이 2명의 지원자를 동시에 면접하는 방식이다.

**07** 직무평가의 목적에 해당하지 <u>않는</u> 것은?

① 공정한 임금 체계를 확립하여 노사관계를 증진함
② 승진 및 인사 결정을 위한 주관적 기준 마련
③ 직무 및 조직 내 질서와 명확성 확보
④ 공정한 직무 평가 결과는 노동조합의 단체교섭을 위한 기초자료로 활용됨
⑤ 동일 노동시장 내 다른 경영조직과 비교 가능한 임금 체계 설정

**08** 직무평가의 요소에 해당되지 <u>않는</u> 것은?

① 작업조건
② 노력
③ 숙련
④ 책임
⑤ 동기

**09** 다음 중 인사평가에 대한 설명으로 <u>틀린</u> 것은?

① 인사평가란 조직 내 직원의 업무 성과, 직무 수행 능력, 태도, 잠재력 등을 체계적으로 평가하는 제도이다.
② 직원과 직무의 관계를 비교하고, 실제 업적을 중심으로 평가한다.
③ 객관적이고 공정한 기준과 절차에 따라 평가가 이루어진다.
④ 객관성을 높이기 위해 능력 중심의 임금 책정 및 업적 중심의 승진과 교육 훈련이 시행된다.
⑤ 직원 간 성과나 능력을 비교하여 상대적으로 평가한다.

**10** 인사평가의 방법에 대한 설명으로 옳지 <u>않은</u> 것은?

① 다면평가법은 직원들의 성과나 능력을 상대적으로 비교해 순위를 매기는 평가법이다.

② 강제할당법은 평가 결과를 일정 비율로 강제 분포시키는 방법이다.

③ 평정척도법은 평가 항목을 일정한 척도(1~5점 등)로 평가하는 가장 오래되고 널리 사용하는 방법이다.

④ 대조표법은 평가 대상자를 두 명씩 비교하여 상대적 우열을 평가하는 방법이다.

⑤ 체크리스트법은 평가 항목을 체크리스트 형식으로 제시하고 체크 여부로 평가하는 방법이다.


**11** 인사평가의 오류 유형으로 옳지 <u>않은</u> 것은?

① 후광효과 오류

② 이질성 오류

③ 상동화 오류

④ 유사성 오류

⑤ 관대화 경향


**12** 임금체계의 유형에 대한 설명으로 <u>틀린</u> 것은?

① 연공급제는 대표적으로 '호봉제'가 있으며, 근속 연수와 연령에 따라 임금을 결정하는 방식이다.

② 직무급제는 직무의 난이도나 책임 정도에 따라 임금을 결정하는 방식이다.

③ 직능급제는 직원의 능력이나 숙련도에 따라 임금을 결정하는 방식이다.

④ 연봉제는 직원의 능력, 성과, 기여도 등을 매년 평가하여 개별적으로 임금을 결정하는 방식이다.

⑤ 임금피크제는 개인이나 조직의 성과에 따라 임금을 차등 지급하는 방식이다.


**13** 다음 중 보상에 대한 설명으로 <u>틀린</u> 것은?

① 보상은 금전적 보상과 비금전적 보상으로 구성되어 있다.

② 금전적 보상에는 직접 보상과 간접 보상이 있다.

③ 기본급, 성과급은 직접 보상에 해당한다.

④ 근무 환경, 근무 시간, 근무 제도는 간접 보상에 해당한다.

⑤ 비금전적 보상의 직무 자체는 직원이 맡은 업무 자체가 의미 있고 도전적일 때 느껴지는 만족과 동기부여이다.


**14** 다음 중 보상관리의 원칙에 해당하지 <u>않는</u> 것은?

① 공정성

② 적절성

③ 타당성

④ 안정성

⑤ 차별성

**15** 노사관계의 주요 목적으로 거리가 <u>먼</u> 것은?

① 노동자와 사용자의 권익 보호 및 조정
② 생산성과 노동 안정성 확보
③ 공정한 근로조건 결정
④ 노사 간 대립적 기업문화 구축
⑤ 노동분쟁의 예방 및 해결

**16** 노동조합의 설립 과정으로 옳은 것은?

① 설립 준비 → 규약 작성 → 설립총회 개최 → 노동조합 설립 신고 → 신고증 교부 및 활동
② 설립 준비 → 설립총회 개최 → 규약 작성 → 노동조합 설립 신고 → 신고증 교부 및 활동
③ 규약 작성 → 설립 준비 → 설립총회 개최 → 노동조합 설립 신고 → 신고증 교부 및 활동
④ 설립 준비 → 설립신고 → 설립총회 개최 → 규약 작성 → 신고증 교부 및 활동
⑤ 설립 준비 → 설립신고 → 설립총회 개최 → 규약 작성 → 신고증 교부 및 활동

**17** 단체교섭의 기능으로 거리가 <u>먼</u> 것은?

① 근로자의 임금, 근로조건, 복지 등 물질적 이익을 개선하는 기능
② 노사 간 대립과 충돌을 협상으로 조정하거나 예방하는 기능
③ 조직 내 근로관계의 기준을 정립하여 노사 간 규칙을 설정하는 기능
④ 노사 간 공동체 의식 조성과 근로자 불만 해소하는 기능
⑤ 노사 간 갈등 예방과 평화적 해결

**18** 노사협의제도의 성격에 대한 설명으로 거리가 <u>먼</u> 것은?

① 근로자의 의견 표현과 노사의 상호 협력을 바탕으로 한 참여적 · 협력적 성격을 띤다.
② 법적 강제성보다는 자율적이고 자발적인 참여에 기반한다.
③ 상시 근로자 10인 이상 사업장에서는 반드시 설치해야 한다.
④ 노동조합과는 달리 단체교섭이나 쟁의행위를 직접적으로 수행하지 않는다.
⑤ 기존의 노동조합의 기능을 보완한다.

**19** 직무 재설계에 대한 설명으로 옳지 <u>않은</u> 것은?

① 직무 재설계란 조직 내 변화나 새로운 요구사항에 맞춰 기존 직무를 재조정하고 최적화하는 활동이다.
② 수직적 확대란 업무의 난이도나 책임 수준은 유지하되, 수행하는 업무의 종류만 늘리는 것이다.
③ 직무 충실화란 직원에게 더 많은 책임과 권한, 자율성을 부여하여 직무를 보다 의미 있고 도전적으로 만드는 인사관리 방법이다.
④ 직무 확대란 직원이 수행하는 업무의 범위를 수평적으로 확장하여 직무의 다양성을 높이는 방법이다.
⑤ 직무 순환이란 직원들이 한 가지 업무만 계속 수행하지 않고, 일정 기간마다 다른 업무로 옮겨가며 다양한 경험을 쌓게 하는 제도이다.

**20** 다음 중 갈등의 프로세스로 바른 것은?

① 인지와 개인화 → 갈등의 표면화 → 행동의 결정 → 행동 → 결과
② 행동의 결정 → 갈등의 표면화 → 인지와 개인화 → 행동 → 결과
③ 갈등의 표면화 → 인지와 개인화 → 행동의 결정 → 행동 → 결과
④ 갈등의 표면화 → 행동의 결정 → 인지와 개인화 → 행동 → 결과
⑤ 인지와 개인화 → 행동의 결정 → 갈등의 표면화 → 행동 → 결과

**21** 갈등의 단계 중 행동의 결정 단계에서 나타나는 전략 유형에 대한 설명으로 <u>틀린</u> 것은?

① 경쟁: 자신의 목표나 이익을 위해 상대방과 적극적으로 경쟁하고 자기 주장을 강력히 주장하는 방식
② 협력: 자신과 상대방 모두 만족할 수 있는 해결책을 함께 찾는 방식
③ 설득: 양측이 조금씩 양보하여 중간선에서 합의하는 방식
④ 회피: 갈등 상황을 무시하거나 회피하고, 직접적으로 대응하지 않는 방식
⑤ 수용: 상대방의 요구나 의견을 전적으로 수용하고 자신을 희생하는 방식

**22** 갈등의 해결 방법으로 옳지 <u>않은</u> 것은?

① 하위 목표 제시
② 설득
③ 협상
④ 자원의 확충
⑤ 문제 해결

**23** 복리후생의 기능에 대한 설명으로 <u>틀린</u> 것은?

① 직원의 생활 안정과 경제적 부담 완화를 통해 사회적 책임을 진다.
② 직원의 불만을 감소시키고 조직 내 갈등을 완화하여 노동력을 확보하고 유지한다.
③ 근로자의 소득을 안정화시킨다.
④ 이직률 감소를 통해 생산성과 능률을 향상시킨다.
⑤ 경영자의 경제적 안정성이 증대된다.

**24** 복리후생의 목적으로 거리가 <u>먼</u> 것은?

① 직원의 충성심이 높아져 이직률과 결근율이 감소한다.
② 근로자의 불만이 줄어들어 노조의 영향력 감소한다.
③ 직원 내부 문제가 외부로 유출될 가능성이 낮아져서 기업 정보 통제 가능성이 약해진다.
④ 직원의 근로 의욕과 업무 만족도를 높여 조직 생산성이 향상된다.
⑤ 직원의 생활 안정과 복지를 보장하여 근로자의 생계를 지원한다.

**01** 노사협의제도란 근로자와 사용자가 경영상의 문제에 대해 협의하고 공동 결정을 내리는 공식적 소통기구
이다.

( ① ○   ② X )

**02** 단체교섭이란 노동조합(근로자 대표)과 사용자(사용자 단체)가 임금, 근로시간, 복지, 고용조건 등 근로자
의 근로조건 및 노동환경 전반에 대해 대등한 입장에서 협의하는 공식적인 절차이다.

( ① ○   ② X )

**03** 직원 만족도는 직원이 회사에 대해 느끼는 전반적인 만족 수준을 수치화한 지표로, 조직 내 근로자들의 직
무 적합성을 측정할 수 있다.

( ① ○   ② X )

**04** 노사관계는 노동자와 사용자의 관계이며, 협력이라는 한 가지 측면을 가지고 있다.

( ① ○   ② X )

**05** 연봉제란 직원의 능력, 성과, 기여도 등을 매년 평가하여 개별적으로 임금을 결정하는 제도이다.

( ① ○   ② X )

〈보기〉

① 임금피크제    ② 서열법    ③ 강제할당법    ④ 목표관리법    ⑤ 직무 재설계

**01** (           )은/는 조직 내 변화나 새로운 요구사항에 맞춰 기존 직무를 재조정하고 최적화하는 활동이다.

**02** 일정 연령이나 직급에 도달한 근로자의 임금을 점진적으로 줄이는 대신, 정년까지 고용을 보장하는 제도를 (           )(이)라고 한다.

**03** 인사평가의 방법 중 평가자와 피평가자가 공동으로 목표를 설정하고, 그 달성도를 기준으로 평가하는 방식을 (           )(이)라고 한다.

**04** (           )(이)란 인사평가의 평가 결과를 일정 비율로 강제 분포시키는 방식이다.

**05** (           )(이)란 직원들의 성과나 능력을 상대적으로 비교해 순위를 매기는 평가법이다.

# 정답 & 해설

## 일반형

| | | | | |
|---|---|---|---|---|
| 01 ⑤ | 02 ④ | 03 ① | 04 ② | 05 ③ |
| 06 ⑤ | 07 ② | 08 ⑤ | 09 ④ | 10 ① |
| 11 ② | 12 ⑤ | 13 ④ | 14 ⑤ | 15 ④ |
| 16 ① | 17 ⑤ | 18 ③ | 19 ② | 20 ③ |
| 21 ③ | 22 ① | 23 ① | 24 ③ | |

## OX형

| | | | | |
|---|---|---|---|---|
| 01 ① | 02 ① | 03 ② | 04 ② | 05 ① |

## 연결형

| | | | | |
|---|---|---|---|---|
| 01 ⑤ | 02 ① | 03 ④ | 04 ③ | 05 ② |

## 일반형

**01 ⑤**

성공적인 인적자원관리를 위해서는 선발부터 평가, 보상에 이르는 전 과정을 통합적으로 계획하고 관리해야 한다.

**02 ④**

인적자원관리의 목표에는 고용 관리의 유연성이 해당한다.

**03 ①**

참관의 원칙은 인적자원관리의 원칙에 해당하지 않는다. 참관이란 타인의 활동이나 업무 현장을 현장에서 직접 지켜보는 것으로, 인적자원관리는 직원들이 직접 인사 결정 과정에 의견을 제시하고 참여할 수 있는 기회를 보장하는 '참여의 원칙'이 해당한다.

**04 ②**

오답 피하기

- ① 능력주의 원칙: 인사 결정은 학벌이나 연공서열이 아닌, 개인의 능력과 성과에 따라 이루어져야 한다.
- ③ 직무 중심 원칙: 사람 중심이 아닌 업무와 직무를 중심으로 인사 관리를 운영해야 한다.
- ④ 사회주의 원칙은 인적자원관리의 원칙에 해당하지 않는다.
- ⑤ 공정성의 원칙: 인사 관련 결정은 편견이나 차별 없이 공정하게 이루어져야 한다.

**05 ③**

복리후생은 급여 외에 직원의 생활을 지원하기 위한 혜택이며, 보상관리란 금전적·비금전적 보상을 통해 직원 만족도를 향상시키는 것이다.

**06 ⑤**

패널면접이란 2명 이상의 면접관이 1명의 지원자를 동시에 면접하는 방식이다.

**07 ②**

승진 및 인사 결정을 위한 객관적 기준을 마련하는 것이 올바른 표현이다.

**08 ⑤**

직무평가의 요소에 동기는 해당하지 않는다.

**09 ④**

객관성을 높이기 위해서 평가를 할 때 업적 중심의 임금 책정, 능력 중심의 승진 및 훈련을 시행한다.

**10 ①**

직원들의 성과나 능력을 상대적으로 비교해 순위를 매기는 평가법은 서열법에 대한 설명이다. 다면평가법은 상사, 동료, 부하직원, 고객 등 다양한 평가자가 평가에 참여하는 방식이다.

**11 ②**

인사평가의 오류 유형에 이질성 오류는 해당하지 않는다.

오답 피하기

- ① 후광효과 오류: 직원의 한 가지 특성이나 뛰어난 성과가 다른 평가 요소에도 긍정적인 영향을 주는 오류
- ③ 상동화 오류: 직원 개개인의 실제 역량이나 성과와 무관하게, 고정관념이나 편견에 따라 객관적 근거 없이 잘못된 평가를 내리는 오류
- ④ 유사성 오류: 평가자 자신과 성향이나 가치관, 배경이 비슷한 직원에게 높은 평가를 주는 오류
- ⑤ 관대화 경향: 평가자가 직원들을 실제보다 후하게 평가하는 오류

**12 ⑤**

임금피크제란 일정 연령이나 직급에 도달한 근로자의 임금을 점진적으로 줄이는 대신, 정년까지 고용을 보장하는 제도이다. 즉 일정 시점 이후 임금은 감소하지만, 근로자는 더 오랫동안 안정적으로 근무할 수 있도록 하는 고용 유연성 제도이다.

**13 ④**

근무 환경, 근무 시간, 동료 관계, 근무 제도는 비금전적 보상 중 직무 환경에 해당한다.

**14 ⑤**

차별성은 보상관리의 원칙에 해당하지 않는다.

**15 ④**

노사 간 대립적 기업문화를 구축하는 것이 아니라 협력적 기업문화를 구축하는 것이 옳은 표현이다.

**16 ①**

노동조합의 설립 과정은 '설립 준비 → 규약 작성 → 설립총회 개최 → 설립신고 → 신고증 교부 및 활동' 순서이다.

**17 ⑤**

'노사 간 갈등 예방과 평화적 해결'은 노사협의제도의 목적에 해당한다.

**18** ③

노사협의제도는 상시 근로자 30인 이상 사업장에서 반드시 설치해야 한다.

**19** ②

업무의 난이도나 책임 수준은 유지하되, 수행하는 업무의 종류만 늘리는 것은 수직적 확대가 아니라 수평적 확대에 대한 설명이다.

**20** ③

갈등 단계는 '갈등의 표면화 → 인지와 개인화 → 행동의 결정 → 행동 → 결과' 순으로 진행된다.

**21** ③

양측이 조금씩 양보하여 중간선에서 합의하는 방식은 타협에 대한 설명이며, 결정 단계에서 행동하는 유형에 설득은 해당하지 않는다.

**22** ①

갈등의 해결 방법으로 문제 해결, 상위 목표 제시, 설득, 협상, 자원의 확충, 구조적 변수의 변화가 있다.

**23** ⑤

경영자가 아니라 근로자 경제적 안정성이 증대된다.

**24** ③

직원 내부 불만 등 문제가 외부로 유출될 가능성이 낮아 기업에 대한 정보의 영향력이 감소된다.

## OX형

**01** ①

노사협의제도란 사업장 내에서 근로자 대표와 사용자가 근로자의 복지 증진과 기업의 생산성 향상을 위해 서로의 입장을 교환하고 협력 방안을 논의하는 제도적 협의 기구를 말한다.

**02** ①

단체교섭은 근로자의 집단적 의사를 사용자에게 전달하고 협의하여, 노사가 서로 수용 가능한 조건을 정하는 제도적 과정이며 단체교섭이 원만히 이루어진 경우에 단체협약을 체결한다.

**03** ②

직원 만족도는 직원이 회사에 대해 느끼는 전반적인 만족도를 수치화한 지표로, 조직 내 근로자들의 직무, 조직 문화, 보상 등 다양한 요소에 대한 만족 수준을 측정할 수 있다.

**04** ②

노사관계는 노동자와 사용자 간의 갈등과 협력이라는 두 가지 측면을 동시에 가지고 있다.

**05** ①

연봉제란 직원의 능력, 성과, 기여도 등을 매년 평가하여 개별적으로 임금을 결정하는 제도이며, 호봉제란 근속 연수에 따라 매년 자동으로 임금이 인상되는 제도이다.

## 연결형

**01** ⑤

직무 재설계란 조직 내 변화나 새로운 요구사항에 맞춰 기존 직무를 재조정하고 최적화하는 활동이며, 직원이 어떤 업무를 어떤 방식과 절차로 수행할지를 명확히 정의하는 인사관리 활동이다.

**02** ①

임금피크제는 일정 시점 이후 임금은 감소하지만, 근로자는 더 오랫동안 안정적으로 근무할 수 있도록 하는 고용 유연성 제도이다.

**03** ④

인사평가의 방법 중 평가자와 피평가자가 공동으로 목표를 설정하고, 그 달성도를 기준으로 평가하는 방식은 목표관리법에 대한 설명이다.

**04** ③

강제할당법의 장점은 평가 등급이 명확하다는 것이며, 단점은 공정성에 대한 논란이 생길 수 있다는 것이다.

**05** ②

서열법은 직무의 상대적 중요도와 난이도를 평가자가 주관적으로 판단하여 순서를 매기는 방식이다.

# 05

# 고객 만족 경영 전략

**파트 소개**

서비스 기업의 성패를 좌우하는 고객 만족 경영의 전략적 중요성을 이해하며, 고객 만족도 측정 및 분석 방법을 학습합니다. 또한 경영전략 수립 방법 및 경쟁우위 확보 전략과 서비스 마케팅의 효과적인 적용 방법을 학습합니다. 이를 통해 고객 중심적 사고와 전략적 접근법을 습득하게 됩니다.

고객 고객만족지수(CSI)와 국가고객 고객만족지수(NCSI)의 체계를 이해하고 기업을 성장시킬 수 있는 다양한 성장 전략을 숙지합니다. 마이클 포터(Michale Porter)의 5 force 모형, SWOT분석은 실제 사례와 함께 자주 출제되는 이론이니 사례에 적용시켜 이해하는 것이 중요합니다.

**출제빈도**

# 고객 만족 경영과 전략

## 01 고객 만족 경영의 이해 ★★★

### 1) 고객 만족 경영의 개념

① 고객 만족 경영(CSM; Customer Satisfaction Management)은 기업이 상품이나 서비스를 제공할 때 단순히 판매에 그치지 않고, 고객이 느끼는 만족을 최우선 가치로 삼아 경영 활동 전반을 설계하고 운영하는 방식이다.

② 고객 만족도를 정량적이고 객관적으로 파악하여 이를 향상시키기 위한 경영 노력을 말한다.

③ 내부 및 외부고객의 만족도를 향상시키고 수익을 창출함으로써 지속 가능한 성장을 도모한다.

④ 원가 절감, 시장 점유율 확보와 같은 단기적 관점보다는 고객 만족이라는 장기적 관점을 중시한다.

⑤ 고객이 제품이나 서비스에서 느끼는 만족감을 극대화하여 고객의 충성도와 재구매를 유도하고, 조직 전체가 전사적으로 참여하는 경영 활동이다.

### 2) 고객 만족 경영의 등장 배경

① 정보기술의 발전과 소비자의 권한이 강화되어 고객 만족 개념이 더욱 강조되고 있다.

② 치열한 기업 간 경쟁 속에서 제품과 서비스의 차별화 요소가 점차 사라지고 있다.

③ 기존 고객 유지 비용이 신규 고객 유치 비용보다 5배 적게 든다.

④ 소비자의 권한이 강화되면서 고객 만족 개념의 중요성이 더욱 커지고 있다.

### 3) 고객 만족 경영(CSM)의 역사 ★★

| 연도 | 경영 단계 | 내용 |
| --- | --- | --- |
| 1980년대 | 도입기<br>(기업 중심 경영) | • 1981년 스칸디나비아 항공사의 얀 칼슨 회장이 MOT 도입<br>• 1980년대 후반 일본 기업 중심으로 CSM 도입 |
| 1990년대 | 성장기<br>(고객 중심 경영) | • 1992년 LG에서 첫 도입<br>• 1993년 삼성의 신경영 선언<br>• 공기업 및 민간기업에 CSM 도입 |
| 2000년대 | 완성기<br>(고객 감동 경영) | • 전 업종에 걸쳐 CSM 확산<br>• 내부고객 만족에 대한 관심 증가 |
| 2010년대 | 고객가치경영 | 고객 만족의 평준화로 인해 개별 고객 가치에 대한 관심 증대 |

## 4) 고객 만족 경영의 철학

### ① PSP 경영 철학 ★★

PSP 철학이란 기업 경영에서 가장 중요한 3가지 핵심 요소인 사람, 서비스, 이익의 유기적 관계를 설명하는 개념이다.

| PSP 철학 | 핵심요소 | 내용 |
|---|---|---|
| P(People) | 사람, 직원 | 내부고객인 직원의 만족이 우선이며, 이를 통해 직원의 동기와 열정을 유도한다. |
| S(Service) | 서비스 | 만족한 직원은 외부고객에게 적극적이고 질 높은 서비스를 제공한다. |
| P(Profit) | 이익 | 고객은 우수한 서비스에 만족하여 재구매율과 충성도가 높아지고, 이는 기업의 수익으로 이어진다. |

### ② PSP 경영 철학의 선순환 구조

- 직원(내부고객)의 만족도를 높이면 우수한 인재를 확보할 수 있어 '인적 파워'가 형성된다.
- 조직 내 원활한 의사소통과 협력을 통해 내부 서비스 품질이 향상되면, 기업은 '프로세스 파워'를 갖게 된다.
- '인적 파워'와 '프로세스 파워'의 융합으로 고품질의 제품과 서비스를 창출하게 되며, 이는 고객의 니즈에 부합하는 '아웃풋 파워'로 이어진다.
- 이에 만족한 고객들은 충성도가 높아지고, 재구매율과 고객 유지율이 증가하여 기업은 수익성과 경쟁력을 높여 '마켓 파워'를 확보하게 된다.
- 기업은 확보한 '마켓 파워'를 바탕으로 자원을 내부고객(직원)에게 재투자하며, 복리후생과 근로조건을 개선함으로써 다시 직원의 만족도를 높이게 되며 이와 같은 구조는 지속 가능한 선순환 구조로 이어진다.

## 5) 고객 만족의 요소

### ① 고객 만족의 3가지 기본요소

| 구분 | 내용 |
|---|---|
| 하드웨어<br>(물리적 환경) | 고객이 접하는 물리적이고 유형적인 시설, 장비, 제품 등을 의미<br>⑩ 기업의 이미지, 브랜드 파워, 주차 시설, 건물의 청결도, 매장 분위기, 다양한 상품 구비, 내부 인테리어, 고객지원센터 등 |
| 소프트웨어<br>(시스템) | 고객에게 제공되는 무형의 서비스, 절차, 제도, 시스템 등을 의미<br>⑩ 기업의 상품, 서비스 프로그램, 서비스 절차, 예약 절차, 업무 처리, 해피콜, 부가 서비스 체계 등 |
| 휴먼웨어<br>(인적자원) | 서비스를 제공하는 직원의 태도, 친절성, 전문성, 응대 능력 등을 의미<br>⑩ 종업원의 응대 태도, 친절도, 용모, 의사소통, 신뢰성, 이미지, 서비스 마인드, 접객 행동, 매너, 조직문화 등 |

### ② 고객 만족도 결정 요소

- 고객이 상품이나 서비스를 이용한 후 만족감을 느끼는 데 영향을 주는 핵심 요소를 말한다.
- 제품과 서비스 품질
  - 제품: 제품의 성능, 기능, 안전성, 신뢰성 등 기본 가치 제공의 수준
  - 서비스: 분위기, 편안함, 직원의 서비스 태도
- 고객 감정: 고객의 구매 전후에 느끼는 감정
- 귀인 행동: 서비스 실패나 불만 발생 시 그 원인을 고객이 어디에 두는지에 따른 행동
- 공평성: 서비스나 불만 처리 과정에서 고객이 느끼는 공정함의 정도

- 구전: 가족, 동료, 지인에 의한 구전에 영향을 받음
- 기업 이미지: 고객이 기업에 대해 가지고 있는 전반적인 평가와 신뢰감
  - 🐵 사회공헌, 환경 보호 활동, 내부고객 만족도 등

### 6) 고객 만족 경영 체계

① 고객 만족 경영 체계란 기업이 고객의 기대와 요구를 지속적으로 파악하여 고객의 만족을 이끌어내기 위한 조직적이고 체계적인 관리 시스템이다.

② 고객 만족을 기업 경영의 핵심 가치로 설정하고 이를 전략, 제도, 서비스 프로세스 전반에 걸쳐 실현하도록 구축한 종합적인 경영 관리 방식이다.

③ 고객 만족 경영 체계의 구성 요소

- 비전과 미션(Vision & Mission)
  - 비전: 장기적으로 이루고자 하는 미래의 모습
  - 미션: 서비스의 존재 이유와 목적을 나타내는 것
- 서비스 콘셉트(Service Concept): 고객 만족 경영 비전의 달성을 위해 기업의 서비스가 무엇을 지향해야 하는지를 제시하는 것
- 서비스 표준: 서비스 품질 관리 및 일관성 유지를 위한 기준을 수립하는 것
- 전달 전략: 고객에게 서비스를 전달하는 구체적인 방법과 전략을 설정하는 것
- 상황 전술: 다양한 상황에서 즉각적이고 효과적인 서비스 제공 전략을 세우는 것

### 7) 고객 만족 경영의 변화

① 고객 만족 경영의 문제점

- 기업 간 경쟁 심화로 수익 구조가 악화되고 있다.
- 고객 만족 경영을 위한 기업의 활동은 증가했으나, 그 성과는 명확하지 않다.
- 고객 만족을 위해 직원들의 피로도가 증가하고 있으며, 감정노동의 피해가 발생하고 있다.
- 고객의 다양한 요구가 점점 세분화되면서 기업의 대응 비용이 증가하고 있다.
- 새로운 경험을 요구하는 고객을 위해 혁신적인 서비스의 강도가 점차 증가하고 있다.

② 고객 만족 경영의 변화

- 기업 측면
  - 정보통신 기술의 발달로 경쟁이 심화됨
  - 시장에서 지속적으로 고품질 서비스를 요구함
- 소비자 측면
  - 기대 수준이 전반적으로 상승함
  - 고객의 권한과 선택권이 강화됨
  - 필수적 소비에서 선택적 소비로 전환됨
  - 개인 맞춤형 고객 경험에 대한 요구 증가

## 1) 고객 만족 경영의 성공 및 실패 요인 ★★

### ① 성공 요인
- 명확한 비전과 전략의 수립(리더십 확보)
- 전사적인 고객 중심 조직 문화 구축
- 고객 만족의 체계적인 측정과 평가
- 고객 중심의 MOT 설계
- 지속적인 고객 불만 처리 및 관리

### ② 실패 요인
- 조직 내 개인주의 심화로 인한 협동심 결여
- 고객 만족 경영 전략을 단기적으로 인식함
- 최고경영자의 고객 만족 경영에 대한 의지 부족
- 경영진의 고객 만족에 대한 인식 오류

## 2) 고객 만족 경영의 효과 ★★★

### ① 고객 충성도 향상
고객의 만족도가 높아질수록 충성도가 증가하여 장기 고객으로 전환된다.

### ② 마케팅 효과 증진
충성고객들이 구전효과(WOM; Word Of Mouth)를 일으켜 마케팅 비용이 감소하며, 신규 고객을 창출하는 데 기여한다.

### ③ 지속적인 경쟁우위 유지
내부 직원의 만족도 향상으로 업무 생산성을 높일 수 있으며, 지속적으로 경쟁우위를 획득할 수 있다.

### ④ 매출 및 이익 증대
고객 만족 경영에서 고객은 내부고객(종업원)을 포괄하는 개념이며, 적극적인 관계 마케팅을 통한 전환비용(Switching Cost)의 극대화를 통해 고객의 재구매를 활성화시킬 수 있다.

## 3) 성공적인 고객 만족 경영을 위한 방안
① 최고경영자의 의지와 목표를 전사적으로 공유하며, 조직문화를 구축한다.
② 고객 접점 중심의 MOT를 설계하고 혁신적인 프로세스 기법을 활용한다.
③ 지속적인 고객 만족도 조사를 통해 변화하는 고객의 니즈에 대응한다.
④ 공정한 평가 시스템을 구축하여 직원들의 성과에 따른 보상과 지원을 마련한다.

## 4) 고객 유지 방법
① 고객 데이터를 분석해 고객 니즈를 반영한 개인화된 고객 경험을 제공한다.
② 고객의 요구에 유연하게 대응할 수 있도록 종업원에게 자율성을 부여한다.
③ 새로운 아이디어 창출을 위한 기업 문화를 조성한다.
④ 모든 의사결정과 시스템 및 공정을 고객의 요구에 초점을 맞춘다.
⑤ 내부고객에게 제공하는 서비스를 향상시킨다.
⑥ 고객 서비스에 대한 원활한 정보 제공을 한다.
⑦ 자발적이고 고객화된 서비스를 제공할 수 있도록 종업원에게 권한을 부여한다.

## 1) 서비스 지향성의 개념 ★

① 서비스 지향성이란 고객의 요구와 만족을 최우선으로 생각하고, 이를 충족시키기 위해 적극적이고 능동적으로 행동하는 기업이나 개인의 태도와 사고방식을 말한다.

② 서비스 지향성은 시장 정보에 대한 전략적 반응으로 탁월한 서비스가 최우선이라는 믿음을 반영하는 성향이다.

③ 탁월한 서비스는 전사적으로 기획되어 설계된 서비스를 접점에서 전달하는 것이다.

④ 서비스 지향성은 절대적 개념이 아닌 상대적 개념으로, 이를 평가할 때에도 경쟁자와의 상대적 우위가 중요한 지표가 된다.

⑤ 조직 가치는 서비스 지향성에 영향을 주는 주요 요인으로, 고객 중심의 강조, 종업원 만족, 혁신성 등의 조직 가치가 중요한 역할을 한다.

## 2) 서비스 지향성의 특징

① 탁월한 서비스를 제공하는 방법은 고객에게 핵심 가치를 제공하는 것이다.

② 내부 서비스 품질은 외부 서비스 품질로 연결되므로, 서비스 지향성은 접점과 비접점을 모두 포함하여 탁월성을 파악한다.

③ 서비스 지향성에는 조직 가치가 주요한 영향을 미치며, 조직가치는 고객 중심 강조, 종업원 만족, 내부적 갈등 조절, 혁신성, 체계적인 노력 등이 있다.

④ 고객의 불만이 발생한 것은 서비스 제공에 대한 전사적인 실패로 인식하고, 고객 불만의 해결도 전사적 관점에서 접근해야 본질적인 개선을 이룰 수 있다.



## 1) 고객가치의 개념 ★

① 고객가치란 고객이 제품이나 서비스를 이용하며 지불한 비용 대비 얻는 혜택과 만족의 수준을 의미한다.

② 고객가치란 기업이 제공하는 모든 활동에 대해 고객의 종합적인 인식에 의한 판단 평가이다.

③ 고객이 생각하는 '얻은 혜택'이 '지불한 비용'보다 크다고 느낄수록 고객가치는 높아진다.

## 2) 고객가치 창조의 원리

① 고객의 입장에서 가치를 평가하라.

가치를 기업의 관점이 아니라 항상 고객의 관점에서 평가하고 관리해야 한다.

② 고객이 원하는 가치를 정확히 이해하라.

고객이 진정으로 원하는 니즈와 기대를 명확히 파악하여 해결해 주는 실질적 가치가 제공되어야 한다.

③ 고객의 기대를 넘어서는 가치를 제공하라.

절대적 가치보다 상대적 가치를 추구하며, 경쟁자보다 더 나은 새로운 가치를 창출해야 한다.

④ 지속적으로 고객가치를 개선하라.

지속적인 개선과 혁신이 필요하며, 새로운 가치를 끊임없이 창조해야 한다.

⑤ 고객가치 창조를 위해 가치혁신과 비용혁신이 동시에 충족되어야 한다.
- 가치혁신: 고객이 중요하게 여기는 가치를 크게 향상시켜 차별화된 고객 가치를 제공하는 혁신 전략
- 비용혁신: 제품이나 서비스의 품질과 가치는 유지하거나 향상시키면서도, 이를 제공하는 데 드는 비용을 획기적으로 절감하는 혁신 전략

## 3) 고객가치 증진

### ① 고객가치 증진
- 고객가치 증진이란 기업이 제공하는 제품이나 서비스가 고객에게 제공하는 혜택을 증가시키고, 동시에 고객이 지불하는 비용을 낮춤으로써 고객이 느끼는 전체적인 가치를 극대화하는 활동이다.
- 고객의 입장에서 혜택은 더욱 커지고, 비용과 불편함은 줄어들어 기업과 고객 모두가 만족하는 상태를 추구하는 것이다.

### ② 고객가치 증진 접근법
- 제품과 서비스의 품질 향상으로 혜택 증대
- 주요 혜택별로 경쟁사를 통한 비교와 분석
- 고객가치 증진 프로그램 시행
- 주요 혜택 중 고객 혜택에 강한 인식을 줄 수 있는 요소 선택
- 고객가치 증진 프로그램에 대한 고객 인식 평가

### ③ 고객가치 증진과 고객 충성도
- 고객가치 증진은 고객 충성도를 높이는 기반이 되며 밀접한 관계를 갖는다.
- 반복 구매 고객을 충성고객으로 발전시키기 위해서는 다음과 같은 실행이 필요하다.

| 고객가치 증진 방법 | 내용 |
| --- | --- |
| 교차혜택 추가 | 특정 서비스나 상품을 구매할 때, 고객에게 제공되는 다른 부가적 상품이나 서비스를 통해 고객이 추가적으로 얻게 되는 혜택 |
| 전환비용(Switching Cost) 높이기 | 고객이 기존에 사용하던 상품이나 서비스에서 다른 상품이나 서비스로 변경할 때 발생하는 모든 비용이나 손실 |
| 고객진화 관찰 | 고객의 욕구, 행동, 선호도, 기대가 시간의 흐름과 환경의 변화에 따라 지속적으로 변화하는 현상을 관찰하고 분석하는 것 |
| 교차판매(Cross Selling) 제공 | 교차판매의 기회를 제공하여 고객과 기업의 공동 이익을 추구하는 것 |

# 고객 만족도 측정

빈출 태그 ▶ CSI, NCSI

## 01 고객 고객만족지수의 이해

### 1) 고객 고객만족지수의 개념 ★★

① 고객 고객만족지수(CSI; Customer Satisfaction Index)란 기업이 제공한 제품이나 서비스에 대해 고객이 실제로 느끼는 만족도를 수치화하여 나타낸 지표이다.

② 제품 또는 서비스가 고객의 기대를 얼마나 충족했는지를 계량화하여 평가하는 것으로, 고객 만족 수준을 객관적이고 정량적으로 파악할 수 있다.

③ 순추천지수(NPS; Net Promoter Score)란 고객이 특정 제품이나 서비스를 다른 사람에게 얼마나 추천하고 싶은지를 0점부터 10점까지의 척도로 응답하게 하여 측정하는 지표이다.

   예 질문: "당신은 이 제품(서비스)을 친구나 지인에게 추천하시겠습니까?"
      응답: 0점부터 10점까지의 척도로 응답함

### 2) 고객 고객만족지수의 측정 목적

① 고객의 만족 수준 파악
② 서비스 품질 및 내부 프로세스 개선
③ 고객 기대와 고객 지각 간의 차이(Gap) 평가
④ 경쟁사와 비교하여 전반적인 기업의 성과 평가
⑤ 품질 성과 평가 및 목표 수립
⑥ 제품 및 서비스 개선과 기업 내부 프로세스 개선

### 3) 고객 고객만족지수의 측정 원칙 ★★

① 고객 고객만족지수의 측정 원칙이란 고객 만족도를 정확하고 효과적으로 평가하기 위해 지켜야 할 기본적인 기준을 의미한다.

② 계속성의 원칙
• 고객 고객만족지수는 단발적으로 측정하는 것이 아니라, 주기적으로 지속해서 측정되어야 한다.
• 고객의 만족도를 과거, 현재, 미래와 비교할 수 있어야 한다.

③ 정량성의 원칙
• 고객 만족은 추상적이고 주관적인 감정이지만, 이를 객관적인 수치로 계량화하여 비교하고 측정해야 한다.
• 대표적인 정량적 조사 방법으로는 설문조사(Survey)가 있다.

④ 정확성의 원칙
• 고객 고객만족지수 측정은 정확하고 신뢰성 있는 데이터 수집 및 분석 방법을 통해 이루어져야 한다.
• 표본이 적합한지, 조사 방법이 타당한지를 판단해야 한다.

## 1) 국가고객 고객만족지수의 개념 ★★

① 국가고객만족지수(NCSI; National Customer Satisfaction Index)는 소비자들이 제품이나 서비스를 사용한 후 느끼는 전반적인 만족 수준을 수치화하여 나타낸 대표적인 고객 고객만족지수이다.

② 가장 일반적으로 사용되는 고객 만족 평가 지표로, 한국생산성본부(KPC; Korea Productivity Center)가 주관하여 매년 정기적으로 조사 및 발표하고 있다.

③ NCSI는 미국 미시간대학교의 미국고객만족지수(ACSI; American Customer Satisfaction Index)를 바탕으로 하여 1998년에 도입되었다.

## 2) NCSI의 순기능

### ① 고객 만족 향상을 통한 고객 중심 경영 활성화

- 기업들이 고객의 관점에서 서비스를 평가하고, 고객 중심적인 경영 활동을 촉진하는 기반이 된다.
- 고객지향적 사고를 확산시켜 서비스 품질 향상과 고객 만족도 제고를 유도한다.

### ② 소비자의 합리적인 구매 의사결정 지원

- 소비자들이 객관적이고 신뢰할 수 있는 고객 만족도 정보를 바탕으로 합리적인 구매 결정을 할 수 있도록 돕는다.
- 고객 만족도 정보는 기업 선택의 기준으로 활용될 수 있다.

### ③ 기업의 미래 수익률 예측

- 고객 만족도 향상이 고객 충성도 및 유지율에 미치는 영향을 파악할 수 있다.
- 고객 충성도와 유지율을 기업의 재정적 성과 지표와 연계하여 미래 수익률을 예측할 수 있다.

### ④ 거시경제 및 산업 동향 파악

- 업종 간 고객 고객만족지수를 측정 및 발표함으로써 산업 전반 및 거시경제 동향을 파악할 수 있다.

## 3) NCSI의 체계 ★

### ① 고객 만족의 원인 요소(선행 변수)

- 고객이 만족을 느끼게 되는 직접적인 원인을 의미하며, 고객 만족도를 형성하는 핵심 요소이다.
- 고객 기대 수준: 상품이나 서비스에 대해 고객이 기대하는 수준
  - 예 제품 품질에 대한 기대치
- 고객 인지 품질: 고객이 실제 경험한 제품이나 서비스의 품질 수준
  - 예 사용 후 느낀 제품 성능
- 고객 인지 가치: 고객이 지불한 가격 대비 얻은 혜택 수준
  - 예 가격 대비 품질 수준, 품질 대비 가격 수준

### ② 고객 만족의 결과 변수

- 고객이 원인 요소(기대수준, 인지품질, 인지가치)를 바탕으로 제품이나 서비스를 경험한 후 느끼는 종합적인 만족감을 의미한다.
- 고객 만족: 고객의 전반적인 만족 정도
  - 예 서비스 이용 후 전반적 만족 여부

③ 고객 만족의 성과 변수

- 고객 만족이 기업의 실질적인 성과에 어떤 영향을 미치는지를 보여주는 지표이다.
- 고객 만족도가 경영 성과로 연결되는 과정을 설명한다.
- 고객 불만율: 상품이나 서비스에 대한 고객의 불만 정도
  **예** 불만 접수 비율
- 고객 충성도: 상품이나 서비스를 재구매하거나 추천할 의향
  **예** 재이용률, 재방문율

# 경영전략과 분석

## 01 경영전략의 개념

### 1) 경영전략의 개념 ★★

① 경영전략이란 기업이 처한 환경과 경쟁상황을 고려하여, 기업이 추구하는 장기적인 목표를 설정하고, 이를 달성하기 위해 필요한 활동과 자원을 효율적으로 배분하는 계획과 방침을 의미한다.
② 기업이 어디에서 경쟁하고, 어떻게 경쟁하며, 어떻게 경쟁우위를 확보할 것인지를 명확히 제시하는 것이 경영전략의 핵심이다.
③ 앤소프(H. Igor Ansoff)는 경영전략은 기업이 목표 달성을 위해 외부 환경과의 상호작용 속에서 취해야 하는 의사결정의 기준과 방향을 명확히 제시하는 것이라고 주장하였다.

### 2) 경영전략의 수준

기업이 목적과 목표를 효과적으로 달성하기 위해 수립하는 전략은 기업 수준, 사업부 수준, 기능 수준 전략으로 구성되며, 이들은 서로 긴밀하게 연계되어 있다.

| 기업 수준 | • 전체 조직(기업)의 성장을 위해 사업의 범위와 방향을 결정하는 전략<br>• 기업 전체의 자원 배분과 사업 포트폴리오를 결정하는 가장 상위 수준의 전략<br>　예 사업 다각화, 인수합병, 성장 전략, 구조조정 |
|---|---|
| 사업부 수준 | • 특정 사업 단위가 경쟁하는 산업 내에서 경쟁우위를 확보하기 위해 수립하는 전략<br>• 경쟁업체와의 차별화를 통해 시장에서 우위를 점하기 위한 전략적 방향성을 설정<br>　예 차별화 전략, 원가우위 전략, 집중화 전략 |
| 기능 수준 | • 기업의 각 기능 부서(마케팅, 생산, 재무, 인사 등)가 구체적인 목표 달성을 위해 설정하는 세부 실행 전략<br>• 사업부 전략을 효과적으로 지원하기 위한 부서별 운영 전략<br>　예 마케팅 전략, 생산 전략, 인사 전략 |

### 3) 경영전략의 특징 ★

| 구분 | 내용 |
|---|---|
| 장기적 관점 | • 경영전략은 기업의 장기적 목표 달성을 위한 방향성을 제공한다.<br>• 전략의 집행과 결과를 검토하기 위한 충분한 기간이 필요하다. |
| 경쟁우위 추구 | 경쟁사 대비 차별화된 경쟁력을 갖추고, 시장에서 경쟁우위를 확보하는 데 초점을 맞춘다. |
| 의사결정 지침 | 기업이 나아갈 방향에 대한 명확한 의사결정 기준과 지침을 제공한다. |
| 통합적 접근 | 기업 전략, 사업 전략, 기능 전략이 상호 연계되어 통합적으로 수립된다. |
| 자원 배분의 효율성 | 조직 구성원들의 노력, 행동 등 한정된 자원을 전략적 우선순위에 따라 효율적으로 배분한다. |

### 1) 앤소프의 성장전략 매트릭스 ★★

① 앤소프의 성장전략 매트릭스는 기업이 성장과 확장을 위해 선택할 수 있는 전략 방향을 명확히 제시하는 모델이다.

② 이 모델은 시장과 제품을 두 축으로 나누어 분석하며, 각 축의 기존과 신규 여부에 따라 4가지 성장전략을 제시한다.

| 성장전략 유형 | 제품(기존) | 제품(신규) |
| --- | --- | --- |
| 시장(기존) | 시장침투 전략 | 제품개발 전략 |
| 시장(신규) | 시장개발 전략 | 다각화 전략 |

③ 시장침투 전략
- 기존 제품으로 기존 시장에서 점유율을 확대하려는 전략이다.
- 기존 고객의 재구매율을 높이고, 경쟁사 고객을 끌어들이기 위해 활용된다.
- 방법: 경쟁사 인수, 적극적인 마케팅, 가격 인하, 프로모션 활동

④ 시장개발 전략
- 기존 제품을 새로운 시장에 진입시켜 추가적인 매출과 고객 확보 등 성장을 도모하는 전략이다.
- 방법: 해외 시장 진출, 신규 시장 진입

⑤ 제품개발 전략
- 기존 시장의 고객을 대상으로 새로운 제품을 개발하여 제공하는 전략이다.
- 방법: 품질 개선, 신제품 개발, 제품 라인 확장

⑥ 다각화 전략
- 완전히 새로운 시장과 제품 분야에 진출하여 성장을 추구하는 전략이다.
- 새로운 시장과 제품을 통해 성장을 촉진하고 사업 위험을 분산시키기 위해 활용된다.
- 방법: 관련 다각화(기존 사업과 관련된 분야로 진출), 비관련 다각화(기존 사업과 무관한 분야로 진출), 인수합병(M&A)

### 2) 포트폴리오 전략

포트폴리오 전략은 기업이 여러 사업 부문을 동시에 운영할 때 각 사업 간의 균형과 효율성을 극대화하여 기업 전체의 장기적인 성장과 이익을 추구하는 전략적 접근 방식이다.

① BCG 매트릭스의 개념 ★
- BCG 매트릭스(Boston Consulting Group Matrix)는 보스턴컨설팅그룹(BCG)이 개발한 대표적인 포트폴리오 분석 도구이다.
- 기업의 여러 사업이나 제품을 시장 성장률(Market Growth Rate)과 상대적 시장 점유율(Relative Market Share)의 두 축으로 나누어 평가하고 이를 바탕으로 자원을 효율적으로 배분하고, 전략 방향을 설정한다.
- 기업 내 여러 사업의 경쟁력과 시장 매력도를 객관적으로 평가하여, 각 사업의 투자, 유지, 철수 여부를 결정하는 전략 도구이다.

② BCG 매트릭스의 유형

BCG 매트릭스는 다음의 4가지 유형으로 사업 또는 제품을 분류한다.

| 유형 | 시장 성장률 | 시장 점유율 | 특징 및 전략적 방향 |
| --- | --- | --- | --- |
| 별(Star) | 높음 | 높음 | 성장성이 높고 경쟁력도 뛰어나므로 적극적인 투자가 필요하다. |
| 현금젖소(Cash Cow) | 낮음 | 높음 | 시장 성장성은 낮지만 안정적인 수익을 창출하므로, 자금 확보에 활용된다. |
| 물음표(Question Mark) | 높음 | 낮음 | 성장 가능성은 있으나 점유율이 낮아 불확실성이 크므로, 선택적 투자가 필요하다. |
| 개(Dog) | 낮음 | 낮음 | 성장성과 점유율이 모두 낮아 사업 축소 또는 철수를 고려해야 한다. |

## 03 거시적 분석

### 1) 일반환경 분석 모형

#### ① 일반환경 분석 모형의 개념

- 기업이 직접 통제할 수 없는 외부 환경요인을 체계적으로 분석하여, 기업 활동에 미치는 영향과 기회 및 위협 요인을 파악하기 위한 전략적 도구이다.
- 분석을 통해 기업은 전략 수립 과정에서 고려해야 할 외부 환경 요소를 명확히 이해하고 대비할 수 있다.

#### ② PEST분석 ★★

- 가장 대표적이고 널리 사용되는 일반환경 분석 모형은 PEST 분석으로, 다음의 4가지 외부 환경 요소로 구성된다.
- 기업이 통제할 수 없는 외부 환경인 정치적, 경제적, 사회문화적, 기술적 요인을 분석하여 기회와 위협 요소를 파악하고, 이를 전략 수립에 반영하도록 돕는 분석 도구이다.

| 환경요소 | 내용 |
| --- | --- |
| 정치적 환경(Political) | 정부 정책, 법률, 규제, 무역 정책, 정치적 안정성 등 |
| 경제적 환경(Economic) | 경제 성장률, 환율, 이자율, 인플레이션, 실업률 등 |
| 사회문화적 환경(Social) | 인구통계적 특성, 소비자 트렌드, 라이프스타일, 가치관 등 |
| 기술적 환경(Technological) | 신기술 개발, 기술 변화 속도, R&D 투자, 혁신 동향 등 |

#### ③ SCP 모형 ★

- SCP 모형이란 시장 구조(Structure), 기업 행동(Conduct), 시장 성과(Performance)의 3가지 요소 간의 관계를 분석하는 경제학적 분석 모형이다.
- 시장 구조가 기업의 행동을 결정하고, 기업의 행동이 궁극적으로 시장 성과를 좌우한다는 관점에서 시장 환경을 이해하는 데 활용된다.
- SCP 모형은 주로 산업조직론에서 사용되며, 기업이 시장에서 어떻게 경쟁하고 어떤 성과를 도출하는지를 분석하는 기본 틀로 활용된다.

| 요소 | 내용 | 주요 변수 |
|---|---|---|
| Structure(구조) | 시장의 기본적 환경이나 특성 | 시장 집중도, 진입 장벽, 제품 차별화, 경쟁자 수 등 |
| Conduct(행동) | 기업의 시장 내 전략적 행동 | 가격 정책, 마케팅 전략, 투자 규모, R&D, 광고 등 |
| Performance(성과) | 기업이 시장에서 얻는 결과 및 성과 | 수익성, 시장 점유율, 효율성, 고객 만족도 등 |

> SCP = Structure(구조) → Conduct(행동) → Performance(성과)
>
> 시장의 구조개(Structure) → 기업의 행동에 영향을 미치고(Conduct) → 시장에서의 성과로 이어짐(Performance)

### ④ 산업수명주기 모형

- 산업수명주기 모형이란 산업이 시간의 흐름에 따라 도입기, 성장기, 성숙기, 쇠퇴기의 단계를 거치며 발전하고 변화하는 과정을 설명하는 모델이다.
- 마치 인간의 생애주기처럼, 산업도 각 단계마다 경쟁 환경, 수익성, 기술 변화, 전략 방향 등이 서로 다르게 나타난다.

| 단계 | 주요 특징 | 전략적 방향 |
|---|---|---|
| 도입기 | • 기술 혁신 중심<br>• 성장 속도 느림<br>• 시장 불확실성 큼<br>• 진입 장벽 존재 | • 기술 선도 우위 확보<br>• 혁신 제품 개발<br>• 고객 인지도 향상 노력 |
| 성장기 | • 수요 급증<br>• 시장 진입 활발<br>• 경쟁 확대<br>• 표준화 및 규모의 경제 형성 | • 생산 능력 확대<br>• 마케팅 강화<br>• 브랜드 인지도 확보<br>• 시장 점유율 증가 |
| 성숙기 | • 수요 성장률 감소<br>• 경쟁 심화<br>• 제품 차별화 어려움<br>• 이익률 감소 | • 비용 절감<br>• 제품 차별화<br>• 효율적 운영<br>• 충성 고객 유지<br>• 틈새시장 발굴 |
| 쇠퇴기 | • 수요 감소<br>• 기술 퇴보<br>• 경쟁 기업 축소 또는 퇴출<br>• 수익성 악화 | • 사업 축소 또는 철수<br>• 효율적인 자원 배분<br>• 신사업 진출로의 전환 전략 |

## 04 미시적 분석

### 1) 5 Forces 모형 – 마이클 포터(Michael E. Porter) ★★★

① 마이클 포터의 5 Forces 모형은 특정 산업이나 시장의 경쟁 구조와 수익성에 영향을 미치는 요인을 체계적으로 분석하는 도구이다.

② 기업은 이 모형을 통해 자신이 속한 산업의 경쟁 환경을 이해하고, 경쟁우위를 확보하기 위한 전략적 방안을 모색할 수 있다.

③ 포터는 산업의 경쟁 강도를 결정짓는 주요 요인을 다음의 5가지 경쟁 세력(Forces)으로 구분하였다.

| 경쟁세력 | 설명 |
| --- | --- |
| 기존 경쟁자 | • 경쟁이 치열할수록 가격 인하 경쟁 및 수익성 저하가 발생한다.<br>• 현재 시장 내 기업 간의 경쟁 강도를 평가한다. |
| 신규 진입자의 위협 | • 신규 기업이 시장에 쉽게 진입할수록 경쟁이 심화된다.<br>• 진입 장벽이 높을 경우 기존 기업은 수익성을 보호할 수 있다. |
| 대체재의 위협 | • 기존 제품을 대체할 수 있는 새로운 제품의 출현은 시장 점유율과 수익성에 위협이 된다.<br>• 대체재가 많아질수록 구매자의 협상력이 증가하여 이익률이 하락한다.<br>  예 필름카메라는 디지털 카메라로 대체되어 몰락한다.<br>  예 커피 시장은 건강음료 선호 증가로 커피 구매율이 하락한다. |
| 구매자의 교섭력 | • 소비자가 가격, 품질, 거래 조건에 영향력을 행사할 수 있는 정도를 의미한다.<br>• 구매자의 협상력이 높아질수록 기업의 수익성이 감소한다.<br>• 구매자의 교섭력이 커지는 조건<br>  – 상품이나 서비스의 차별화가 낮을 때(표준화된 제품)<br>  – 구매자 수가 적고 구매량이 클 때(대형 구매자 존재)<br>  – 구매자 전환 비용(Switching Cost)이 작을 때<br>  – 구매자가 제품에 대한 정보와 지식을 많이 보유할 때 |
| 공급자의 교섭력 | • 공급자가 가격이나 품질에 영향력을 미칠 수 있는 정도를 의미한다.<br>• 공급자의 협상력이 높으면 기업은 높은 원가를 부담하게 되어 산업 내 수익성이 저하된다.<br>• 공급자의 교섭력이 커지는 조건<br>  – 공급자 수가 적고 독점적 지위를 가질 때<br>  – 공급자가 제공하는 제품이나 서비스의 차별화가 클 때<br>    (대체 공급자가 없거나 제한적일 때)<br>  – 공급자 전환 비용이 크거나, 제품의 중요성이 높을 때 |

## 2) SWOT 분석 ★★★

### ① SWOT 분석의 개념

SWOT 분석은 거시적 분석과 미시적 분석을 통합한 전략 도구로, 기업의 내부 환경(강점과 약점)과 외부 환경(기회와 위협)을 함께 분석하는 전략적 도구이다.

### ② SWOT 분석의 구성 요소

| 구분 | 내용 |
| --- | --- |
| 강점(Strength) | 기업 내부의 경쟁우위 요소<br>예 우수한 기술력, 브랜드 이미지, 풍부한 자금력, 고객 충성도 |
| 약점(Weakness) | 기업 내부의 경쟁 열위 요소<br>예 높은 생산 비용, 낮은 인지도, 제한된 유통망, 부족한 기술력 |
| 기회(Opportunity) | 외부 환경에서 발생하는 유리한 요소<br>예 신규 시장 개척 가능성, 소비자 트렌드 변화, 경쟁사 약화, 규제 완화 |
| 위협(Threat) | 외부 환경에서 발생하는 불리한 요소<br>예 신규 경쟁자의 진입, 경기 침체, 정부 규제 강화, 기술 변화 |

③ SWOT 분석 전략

기업은 내부의 강점과 약점을 명확히 파악하고, 외부 환경에서의 기회와 위협에 효과적으로 대응할 수 있는 전략을 수립해야 한다.

| 전략 유형 | 전략의 핵심 |
| --- | --- |
| SO 전략 (강점–기회 전략) | 강점을 적극적으로 활용하여 외부의 기회를 극대화 |
| ST 전략 (강점–위협 전략) | 강점을 바탕으로 외부 위협을 최소화 |
| WO 전략 (약점–기회 전략) | 약점을 보완하여 외부 기회를 활용 |
| WT 전략 (약점–위협 전략) | 약점을 줄이고 외부 위협에 대응 |

### 3) 위상 분석(Positioning Analysis)

① 위상 분석이란 기업이나 제품이 시장에서 소비자에게 인식되는 상대적 위치(포지션)를 분석하고 평가하는 기법이다.
② 자사의 제품 또는 브랜드가 경쟁사와 비교하여 고객의 인식 속에 어떤 위치를 차지하고 있는지 파악한다.
③ 목적은 경쟁사 대비 상대적 경쟁우위를 확인하고, 소비자에게 차별화된 이미지를 구축할 수 있도록 시장 진입 전략을 수립하는 것이다.

### 4) 분포 분석(Distribution Analysis)

① 분포 분석은 시장에서 기업의 제품이나 브랜드가 차지하고 있는 상대적 위치나 시장 점유 상황을 통계적·시각적으로 분석하는 기법이다.
② 제품 판매량, 고객 분포, 지역별 매출 등 다양한 데이터를 분석해 전략적 의사결정에 활용한다.
　🅔 시장 점유율 분포, 지역별 매출 분포, 고객층 분포, 매출 비중 분석 등

### 5) 동태 분석(Dynamic Analysis)

① 동태 분석은 기업의 환경과 경쟁 구조가 시간에 따라 어떻게 변화하는지를 파악하고, 이에 대응할 기업의 전략적 방안을 도출하는 분석 기법이다.
② 시장과 경쟁 환경을 정적인 상태가 아닌 시간의 흐름 속에서 변화하는 동적인 상태로 보고 분석한다.
③ 과거와 현재, 미래를 아우르며 고객 니즈 변화, 경쟁자 전략, 기술 변화 등 다양한 변수를 지속적이고 역동적으로 분석한다.
　🅔 시장 변화 추세, 기술 발전 동향, 경쟁자 전략 변화, 소비자 행동 변화

# 경쟁우위 전략 및 서비스 마케팅



## 01 경쟁우위 전략

### 1) 원가우위 전략

#### ① 개념

원가우위 전략은 경쟁 기업들보다 낮은 비용으로 제품이나 서비스를 생산하고 제공함으로써 가격 경쟁력을 확보하고 시장에서 우위를 점하는 전략으로 '저가 전략'이라고도 불린다.

#### ② 원가우위 전략의 어려움

- 저가 전략으로 인한 품질 및 서비스 수준 저하 우려
- 기술 및 프로세스 혁신의 어려움
- 원가 관리 및 비용 통제의 어려움
- 경쟁자의 빠른 모방과 그로 인한 가격 경쟁 심화
- 서비스 시설에 대한 투자 부족 발생 가능성

#### ③ 서비스업에서의 원가우위 전략

- 고객을 생산 과정에 참여시킴
- 오프라인 서비스와 자동화 기술을 활용
- 서비스 디자인의 단순화
- 서비스 전달 시 개인화 요소를 줄임
- 서비스 표준화 및 직원 숙련도 향상

### 2) 차별화 전략 ★★

#### ① 개념

- 차별화 전략은 경쟁사와 명확히 구별되는 독특한 특성이나 가치를 제품 또는 서비스에 부여하여 고객에게 특별한 가치를 제공하고 경쟁에서 우위를 확보하는 전략이다.
- 가격 경쟁보다는 독창성, 품질, 디자인, 서비스 등의 특화된 요소로 시장에서 경쟁우위를 차지한다.
- 고객의 지불 의사를 높이고, 고가격 정책을 통해 높은 수익을 창출할 수 있다.
- 차별화 전략이 가격을 고려하지 않는 것은 아니며, 품질, 디자인, 기술, 브랜드 및 기업 이미지, 마케팅 등을 통해 차별화가 이루어진다.

#### ② 서비스업에서의 차별화 전략

- 무형적 요소를 유형화함
- 소비자의 인식된 위험을 감소시킴
- 표준화된 제품을 고객 맞춤형으로 전환
- 서비스 종업원 훈련에 집중함
- 품질 통제를 강화하여 일관성을 확보함

## 3) 집중화 전략 ★

### ① 개념
- 집중화 전략은 전체 시장이 아닌 특정 시장이나 특정 고객층을 명확히 선정하여, 그들의 니즈와 요구를 정확히 충족하는 제품 또는 서비스를 제공함으로써 경쟁우위를 확보하는 경영전략이다.
- 모든 고객을 대상으로 하지 않고, 좁지만 명확하게 정의된 시장이나 고객층을 집중적으로 공략한다.
- 원가우위 전략과 차별화 전략은 '전체 시장'을 대상으로 하지만, 집중화 전략은 특정 시장만을 대상으로 한다.

### ② 집중화 전략의 방향
- 원가우위 집중화 전략: 특정 시장을 대상으로 원가 절감과 가격 경쟁력으로 공략
- 차별화 집중화 전략
  - 특정 시장을 대상으로 제품 및 서비스의 차별화를 통해 공략
  - 대규모 기업보다 더 적은 비용으로 빠르게 혁신을 달성 가능


## 02 서비스 마케팅

### 1) 서비스 마케팅의 개념
① 고객에게 무형의 서비스를 효과적으로 전달하기 위해, 유형 제품 마케팅과는 다른 접근 방식과 전략으로 서비스를 설계·제공하고 고객과의 관계를 관리하는 마케팅 활동을 의미한다.
② 서비스 마케팅은 유형 제품이 아닌 무형 서비스에 초점을 맞추어, 고객 만족을 극대화하고 장기적인 고객 관계 구축을 목표로 한다.

### 2) 서비스 삼각형
### ① 서비스 삼각형(Service Triangle) ★★★
필립 코틀러(Philip Kotler)가 제시한 개념으로, 기업이 고객에게 높은 품질의 서비스를 제공하기 위해 반드시 고려해야 할 세 가지 핵심 주체 간의 상호관계를 나타낸 모형이다.

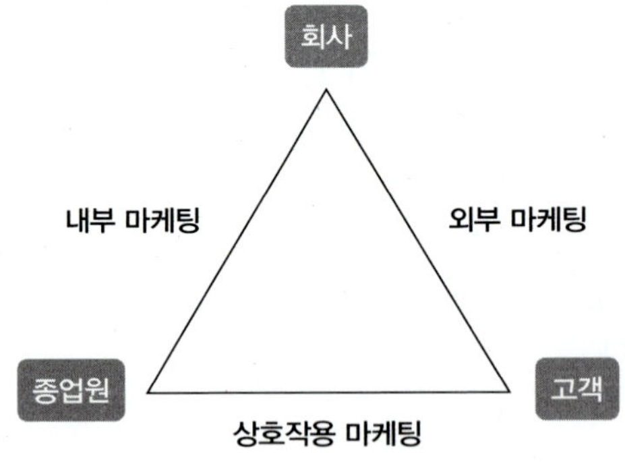


▲ 서비스 마케팅 트라이앵글

| 요소 | 내용 |
|---|---|
| 내부 마케팅<br>(회사 → 종업원) | • 회사가 종업원에게 고객지향적인 태도와 서비스 역량을 키울 수 있도록 지원하는 마케팅이다.<br>• 주요 목표는 종업원의 서비스 역량 강화 및 만족도 향상이다.<br>⑩ 직원 교육, 보상, 동기부여, 커뮤니케이션 강화 등 |
| 외부 마케팅<br>(회사 → 고객) | • 고객에게 자사의 서비스를 알리고 판매를 촉진하는 활동이다.<br>• 서비스의 가치를 고객에게 명확히 전달한다.<br>⑩ 광고, 홍보, 프로모션, 가격 전략, 브랜드 관리 등 |
| 상호작용 마케팅<br>(종업원 ↔ 고객) | • 서비스 제공 과정에서 종업원과 고객 간 직접적인 상호작용을 통해 이루어지는 마케팅이다.<br>• 고객의 서비스 만족에 결정적인 영향을 미치는 활동이다.<br>⑩ 고객 응대 태도, 서비스 프로세스의 질, 문제 해결 능력 등 |

## 3) STP 전략 ★

STP 전략은 마케팅을 효과적으로 수행하기 위해 시장을 세분화(Segmentation)하고, 목표 시장(Targeting)을 선정한 뒤, 포지셔닝(Positioning)을 통해 자사의 제품이나 서비스를 시장 내에서 명확히 차별화하는 전략적 과정이다.

| 시장세분화<br>(Segmentation) | 목표시장 선정<br>(Targeting) | 포지셔닝<br>(Positioning) |
|---|---|---|
| 시장을 비슷한 욕구와 특성을 지닌 소비자 집단으로 구분 | 자사의 자원과 경쟁력, 목표에 가장 적합한 세분 시장을 선택 | 고객의 인식 속에 경쟁 제품과 명확히 구별되는 자사만의 위치를 구축 |

## 4) 4Ps 전략(마케팅 믹스 전략) ★★★

① 4Ps 전략은 기업이 마케팅 목표를 달성하기 위해 활용하는 마케팅 믹스로, 1960년대 초 E. 제롬 매카시(E. Jerome McCarthy)가 처음으로 제안했으며, 이는 제품(Product), 가격(Price), 유통(Place), 촉진(Promotion)의 4가지 핵심 요소로 구성된다.

② 서비스 산업에서는 무형적 특성과 소비자 중심의 특성을 반영하기 위해 3Ps를 추가하여 7Ps 전략으로 확장해 사용한다.

③ 4Ps의 구성

| 4Ps | 내용 |
|---|---|
| 제품(Product) | 제품의 품질, 디자인, 기능, 이미지, 포장, 브랜드 등 |
| 가격(Price) | 가격 결정 방법, 가격 변동, 가격 책정 전략 등 |
| 유통(Place) | 유통 경로, 유통 채널 선정, 물류 관리 등 |
| 촉진(Promotion) | 광고, 홍보, 판매 촉진 활동 등 |

④ 4Ps의 한계점

• 고객 중심이 아닌 제품 중심 사고(공급자 위주)
• 무형 시비스의 특성을 반영하지 못함
• 급변하는 디지털 환경과 현대 마케팅 환경에 대한 반영 부족

⑤ 확장된 7Ps 전략 ★

• 4Ps의 한계점을 보완하기 위한 것으로 기존의 4Ps에서 3Ps가 추가되어 '확장된 마케팅 믹스'라고 한다.
• 기존의 제품 중심 마케팅 믹스인 4Ps에 서비스의 특성을 반영한 3가지 요소를 추가하여 서비스 산업의 특성을 반영한 전략이다.

| 추가된 3Ps | 내용 |
|---|---|
| 사람(People) | 서비스 제공자(직원)의 전문성과 고객 응대 능력<br>예 종업원 선발, 교육, 의사소통 등 |
| 프로세스(Process) | 서비스가 제공되는 절차와 그 효율성, 고객 편의성<br>예 서비스 전달 방식, 전달 체계의 복잡성 등 |
| 물리적 증거(Physical Evidence) | 고객이 서비스의 품질을 판단할 수 있는 물리적 환경<br>예 인테리어, 시설, 장비, 분위기 등 |

### ⑥ 4Ps에서 4Cs로의 전환 ★

기존 4Ps는 제품 중심의 관점에서 마케팅 전략을 수립한 반면, 4Cs는 소비자 중심의 시각에서 마케팅 전략을 설계하며, 공급자와 소비자 간 쌍방향 소통과 공감에 중점을 둔다.

| 4Cs | 내용 |
|---|---|
| 고객(Customer) | 소비자의 욕구와 가치를 충족시키는 제품 |
| 비용(Cost) | 소비자가 지불해야 할 총비용(금전, 시간, 노력 포함) |
| 편의성(Convenience) | 소비자가 쉽게 접근할 수 있는 유통 환경 |
| 소통(Communication) | 소비자와의 쌍방향 커뮤니케이션 및 공감 형성 |

## 5) 통합 마케팅 커뮤니케이션 전략(IMC; Integrated Marketing Communications)

① 통합 마케팅 커뮤니케이션 전략은 기업이 고객에게 전달하고자 하는 메시지를 일관되고 통합적으로 전달하기 위해 다양한 커뮤니케이션 수단을 전략적으로 조정하고 결합하는 마케팅 접근 방식이다.

② 광고, PR, 판매촉진, 다이렉트 마케팅, 디지털 마케팅 등 다양한 채널을 통합적으로 운영하여 소비자에게 일관된 메시지를 전달하고, 효율성과 효과를 극대화하는 전략적 접근 방식이다.

## 6) 틈새시장 전략(Niche Marketing) ★

### ① 개념
- 틈새시장 전략이란 경쟁이 덜하거나 특정 고객층의 니즈가 명확한 작고 세분화된 시장(Niche)을 집중적으로 공략하여 경쟁우위를 확보하는 전략이다.
- 니치(Niche)란 '빈틈', '틈새'의 의미로 '남이 아직 모르는 좋은 낚시터'라는 은유적 의미가 있다.

### ② 효과
- 경쟁자가 적거나 거의 없는 시장에서 독보적인 지위를 확보할 수 있다.
- 과도한 경쟁을 피함으로써 불필요한 마케팅 비용을 절감할 수 있다.
- 특정 분야에서 전문성과 브랜드 이미지를 구축할 수 있다.

### ③ 한계
- 시장 규모가 작아 성장과 확장에 제약이 있을 수 있다.
- 소비자 취향 및 트렌드 변화에 민감하여 사업의 지속성이 감소할 수 있다.
- 대기업의 진입으로 시장 점유율 위협 가능성이 존재한다.

## 1) 지속적 경쟁우위(SCA; Sustainable Competition Advantage) ★

### ① 개념

- 지속적 경쟁우위란 기업이 경쟁자에 비해 장기간 우월한 성과를 지속적으로 창출할 수 있는 상태를 의미한다.
- 다른 경쟁자들이 쉽게 모방하거나 따라 할 수 없는 고유한 능력이나 자원을 바탕으로, 오랜 기간 경쟁자보다 높은 시장 점유율과 수익성을 유지하는 것이다.

### ② 지속적 경쟁우위의 조건(VRIO) ★

| 조건 | 내용 |
| --- | --- |
| 가치(Value) | 고객에게 실질적인 가치를 제공해야 함 |
| 희소성(Rarity) | 경쟁자들이 쉽게 획득할 수 없는, 대체 불가능한 자원이어야 함 |
| 모방 불가능성(Inimitability) | 경쟁자가 모방하거나 복제하기 어려운 특성을 지녀야 함 |
| 조직화(Organization) | 자원을 효과적으로 활용하고 관리할 수 있는 조직 능력을 갖춰야 함 |

## 2) 서비스 확산 분석

### ① 개념

- 서비스 확산 분석이란 신규 서비스가 시장에 처음 소개된 후 시간이 지나면서 점차 시장에 퍼져나가고 고객에게 수용되는 과정을 분석하는 것이다.
- 고객들이 서비스를 어떻게, 얼마나 빠르게 채택하고 확산시키는지를 분석하여, 서비스의 성공 여부와 확산 속도를 예측하고 전략적 대응방안을 수립하는 데 활용된다.
- 채널은 서비스 확산의 매개체 역할을 하며, 외부 채널과 내부 채널로 나뉜다.

| 전파 경로 | 내용 |
| --- | --- |
| 외부채널 | 기업이 서비스 인지도와 확산을 촉진하기 위해 활용하는 기업 주도적 커뮤니케이션 채널<br>예 광고, 공공 홍보, 인터넷, SNS 등 |
| 내부채널 | 서비스에 대한 정보와 경험이 고객 간 상호작용을 통해 자연스럽게 확산되는 채널<br>예 구전, 구매 후기 등 |

### ② Bass 확산 모델 ★

- Bass 모형은 신제품이나 신규 서비스가 시장에 처음 도입된 이후, 소비자들이 이를 채택하는 속도와 확산 과정을 예측·분석하는 대표적인 혁신 확산 모델이다.
- 1969년에 마케팅 학자 프랭크 배스(Frank Bass)가 개발했으며, 혁신 효과와 모방 효과라는 두 가지 요인을 통해 소비자의 행동을 설명하며 두 효과는 결합되어 소비자가 제품이나 서비스를 채택하는 전체 과정을 설명한다.

| 요소 | 내용 |
| --- | --- |
| 혁신 효과 | 외부 채널(광고, 프로모션 등 기업의 노력)에 의해 초기 소비자가 서비스를 채택하는 효과 |
| 모방 효과 | 내부 채널(구전, 지인 추천 등)을 통해 후속 소비자가 서비스를 채택하는 효과 |

## 3) 제품과 서비스의 통합 시스템(PSS; Product–Service–System) ★

① 개념

- 제품-서비스 시스템(PSS)은 기업이 제품과 서비스를 결합하여 고객에게 원하는 최종 결과나 가치를 제공하는 통합적인 비즈니스 모델이다.
- 유형 제품과 무형 서비스의 경계를 허물고, 이들을 융합함으로써 고객의 니즈를 효과적으로 충족하고, 지속 가능한 경쟁력을 확보할 수 있다.
- PSS가 등장하게 된 배경은 소비자의 니즈가 단순 제품 소유에서 사용 경험과 결과 중심으로 변화했기 때문이다.

② PSS의 유형

| 유형 | 내용 |
| --- | --- |
| 제품 중심 PSS | 제품 판매에 유지보수, A/S 등 서비스를 부가하는 방식<br>예 자동차 업체의 A/S 제공, 원격 서비스 등 |
| 사용 중심 PSS | 제품의 소유보다는 사용 그 자체를 서비스로 제공하는 방식<br>예 렌탈 산업 (자동차, 정수기, 에어비앤비 등) |
| 결과 중심 PSS | 제품과 서비스를 결합해 고객이 원하는 결과물을 제공하는 방식<br>예 복사기 제조업체의 책자 제작 서비스 등 |

**일반형**

**01** **고객 만족 경영에 대한 설명으로 <u>틀린</u> 것은?**

① 기업이 상품이나 서비스를 제공할 때 단순히 판매에 그치지 않고, 고객이 느끼는 만족을 최우선 가치로 삼아 경영 활동 전반을 설계하고 운영하는 방식이다.

② 고객 만족도를 정량적이고 객관적으로 파악하여 이를 향상시키기 위한 경영 노력 그 자체를 말한다.

③ 내부 및 외부고객의 만족도를 향상시키고, 수익을 창출함으로써 지속적인 성장을 할 수 있도록 하는 것이다.

④ 고객 만족이라는 장기적 관점보다 원가 절감, 시장 점유율 확보와 같은 단기적 관점을 중시한다.

⑤ 고객이 제품이나 서비스에서 느끼는 만족감을 극대화하여 고객의 충성도와 재구매를 유도하고, 조직 전체가 전사적으로 참여하는 경영 활동이다.

**02** **고객 만족 경영의 등장 배경에 대한 설명으로 <u>틀린</u> 것은?**

① 정보기술의 발전과 소비자의 권한이 강화되어 고객 만족 개념이 더욱 강조되고 있다.

② 치열한 기업 간 경쟁 속에서 제품과 서비스의 차별화 요소가 점차 사라지고 있다.

③ 기존 고객 유지 비용이 신규 고객 유치 비용보다 5배 적게 든다.

④ 소비자의 권한이 강화되면서 고객 만족 개념의 중요성이 더욱 커지고 있다.

⑤ 1980년대 LG에서 처음으로 고객 만족 경영을 도입했다.

**03** **PSP 경영 철학에 대한 설명으로 옳은 것은?**

① 외부고객의 만족도를 높이면 우수한 인재를 확보할 수 있어 '인적 파워'가 형성된다.

② PSP 철학이란 기업 경영에서 가장 중요한 3가지 핵심 요소인 사람, 서비스, 이익의 유기적 관계를 설명하는 개념이다.

③ '인적 파워'와 '프로세스 파워'의 융합으로 고품질의 제품과 서비스를 창출하게 되며, 이는 고객의 니즈에 부합하는 '인풋 파워'로 이어진다.

④ 만족한 고객들은 충성도가 높아지고, 재구매율과 고객 유지율이 증가하여 기업은 수익성과 경쟁력을 높여 '휴먼 파워'를 확보하게 된다.

⑤ 복리후생과 근로조건을 개선함으로써 다시 고객의 만족도를 높이는 지속 가능한 선순환 구조를 만든다.

**04** 고객 만족도를 결정하는 요소로 옳지 <u>않은</u> 것은?

① 제품과 서비스 품질
② 고객 성향
③ 귀인 행동
④ 공평성
⑤ 구전

**05** 고객 만족 경영의 문제점에 대한 설명으로 <u>틀린</u> 것은?

① 기업 간의 경쟁 심화로 수익 구조가 악화되어가고 있다.
② 고객 만족경영을 위한 기업의 활동은 증가했으며 기업 간 가시적 성과로 차별화가 필수불가결하다.
③ 고객 만족을 위해 직원들의 피로도는 증가되어 감정노동의 피해가 발생하고 있다.
④ 고객의 다양한 요구는 점점 세분화되어 기업의 대응에 따른 비용이 증가된다.
⑤ 새로운 경험을 요구하는 고객을 위해 혁신적인 서비스의 강도가 점점 심화되고 있다.

**06** 고객 만족 경영의 성공 요인에 대한 설명으로 <u>틀린</u> 것은?

① 명확한 비전 수립
② 전사적인 고객 중심 조직문화 구축
③ 직원 중심의 MOT 설계
④ 고객 만족의 체계적 측정과 평가
⑤ 지속적인 고객 불만 처리

**07** 고객 만족 경영의 효과에 대한 설명으로 <u>틀린</u> 것은?

① 전환비용 감소
② 매출 및 이익 증대
③ 지속적인 경쟁우위 유지
④ 마케팅 효과 증진
⑤ 고객 충성도 향상

**08** 서비스 지향성에 대한 개념으로 <u>틀린</u> 것은?

① 서비스 지향성이란 고객의 요구와 만족을 최우선으로 생각하고, 이를 충족시키기 위해 적극적이고 능동적으로 행동하는 기업이나 개인의 태도와 사고방식을 말한다.

② 서비스 지향성은 시장 정보에 대한 전략적 반응으로 탁월한 서비스가 최우선이라는 믿음을 반영하는 성향이다.

③ 탁월한 서비스는 전사적으로 기획되어 설계된 서비스를 접점에서 전달하는 것이다.

④ 서비스 지향성은 상대적 개념이 아닌 절대적 개념으로 이를 평가할 때에도 경쟁자와의 상대적 우위가 중요한 지표가 된다.

⑤ 조직 가치는 서비스 지향성에 영향을 주는 주요 요인으로, 고객 중심의 강조, 종업원 만족, 혁신성 등의 조직 가치가 중요한 요인으로 작용할 수 있다.

**09** 고객가치에 대한 설명으로 <u>틀린</u> 것은?

① 고객가치란 고객이 제품이나 서비스를 이용하며 지불한 비용 대비 얻는 혜택과 만족의 수준을 말한다.

② 고객가치란 기업이 제공하는 모든 활동에 대해 고객의 종합적인 인식에 의한 판단 평가이다.

③ 고객이 생각하는 '얻은 혜택'이 '지불한 비용'보다 작다고 느낄수록 고객가치는 높아진다.

④ 고객 가치는 기업의 관점이 아니라 항상 고객의 관점에서 평가하고 관리해야 한다.

⑤ 고객의 기대를 초과하는 가치를 제공해야 한다.

**10** 고객가치 증진에 대한 설명으로 거리가 <u>먼</u> 것은?

① 고객의 입장에서 혜택은 더욱 커지고, 비용과 불편함은 줄어들어 기업과 고객 모두가 만족하는 상태를 추구하는 것이다.

② 고객가치 증진이란 기업이 제공하는 제품이나 서비스가 고객에게 제공하는 혜택을 증가시키는 것이다.

③ 고객이 지불하는 비용을 낮춤으로써 고객이 느끼는 전체적인 가치를 극대화하는 활동을 의미한다.

④ 고객가치 증진과 고객 충성도를 높이는 것은 별도의 접근으로 각각 관리하는 것이 효율적이다.

⑤ 고객가치를 증진하는 방법으로 고객가치 증진 프로그램을 시행하는 것이 있다.

**11** 반복 구매고객을 충성고객으로 발전시키기 위해 필요한 실행으로 <u>틀린</u> 것은?

① 교차혜택 추가

② 전환비용 높이기

③ 고객진화 관찰

④ 교차판매 제공

⑤ 전환비용 낮추기

**12** 고객 고객만족지수 측정의 목적으로 <u>틀린</u> 것은?

① 고객의 불만족 정도 파악
② 서비스 품질 및 내부 프로세스 개선
③ 고객 기대와 고객 지각 간의 차이 평가
④ 경쟁사와 비교하여 전반적인 기업의 성과 평가
⑤ 품질 성과 평가 및 목표 수립

**13** 고객 고객만족지수의 측정 원칙으로 옳은 것은?

① 연속성, 공정성, 계속성
② 계속성, 정량성, 정확성
③ 객관성, 정량성, 정확성
④ 통합성, 객관성, 연속성
⑤ 공정성, 객관성, 정보성

**14** NCSI의 기능으로 거리가 <u>먼</u> 것은?

① 고객 만족 향상을 통한 고객 중심 경영 활성화
② 소비자의 합리적인 구매 의사결정 지원
③ 기업의 미래 수익률 예측
④ 거시경제 및 산업 동향 파악
⑤ 특정 업종에 대한 경쟁력 분석

**15** 고객 만족의 선행 변수에 대한 설명으로 <u>틀린</u> 것은?

① 고객 충성도
② 고객 인지 품질
③ 고객 기대 수준
④ 품질 대비 가격 수준
⑤ 가격 대비 품질 수준

**16** 경영전략의 특징으로 <u>틀린</u> 것은?

① 경영전략은 기업의 단기적 목표 달성을 위한 방향성을 제공한다.

② 경쟁사 대비 차별화된 경쟁력을 갖추고, 시장에서 경쟁우위를 확보하는 데 초점을 맞춘다.

③ 기업 전략, 사업 전략, 기능 전략이 상호 연계되어 통합적으로 수립된다.

④ 기업이 나아갈 방향에 대한 명확한 의사결정 기준과 지침을 제공한다.

⑤ 조직 구성원들의 노력, 행동 등 한정된 자원을 전략적 우선순위에 따라 효율적으로 배분한다.

**17** 앤소프의 성장전략 매트릭스에 대한 설명으로 <u>틀린</u> 것은?

① 시장침투 전략이란 기업이 기존 제품으로 기존 시장에서 점유율을 확대하려는 전략이다.

② 시장침투 전략의 주요 방법에는 경쟁사 인수, 적극적인 마케팅, 제품 가격 인하가 있다.

③ 다각화 전략이란 기업이 기존 사업 분야와 완전히 다른 새로운 시장과 제품에 진출하여 성장을 추구하는 전략이다.

④ 다각화 전략의 주요 방법에는 해외 시장 진출, 신규 시장 진입이 있다.

⑤ 시장개발 전략이란 기업이 기존 제품을 새로운 시장에 진입시켜 추가적인 매출과 고객 확보 등 성장을 도모하는 전략이다.

**18** BCG 매트릭스에 대한 설명으로 <u>틀린</u> 것은?

① BCG 매트릭스란 기업 내 여러 사업의 경쟁력과 시장 매력도를 객관적으로 평가하여, 각 사업의 투자, 유지, 철수 여부를 결정하는 전략 도구이다.

② 기업의 여러 사업이나 제품을 시장 성장률과 상대적 시장 점유율의 두 축으로 나누어 평가한다.

③ 매트릭스 유형 중 별은 성장성은 높지만 점유율이 낮아 불확실성이 크다.

④ 매트릭스 유형 중 개는 성장성과 점유율이 모두 낮아 사업 축소 또는 철수를 고려해야 한다.

⑤ 매트릭스 유형 중 현금젖소는 시장 성장성은 낮지만 안정적 수익 창출로 자금 확보에 활용되는 것이다.

**19** 거시적 분석에 대한 설명으로 <u>틀린</u> 것은?

① 가장 대표적이고 널리 사용되는 일반환경 분석 모형은 PEST 분석이다.

② 기업이 통제할 수 없는 외부 환경인 정치적, 경제적, 사회문화적, 기술적 요인을 분석한다.

③ SCP모형이란 표준화, 기업 행동, 시장 성과의 3가지 요소 간의 관계를 분석하는 경제학적 분석 모형이다.

④ 주로 산업조직론에서 사용되며, 기업이 시장에서 어떻게 경쟁하고 어떤 성과를 도출하는지를 분석하는 기본 틀로 활용된다.

⑤ 기업 행동은 기업의 시장 내 전략적 행동을 말한다.

**20** 마이클 포터의 5 Forces 모형에 대한 설명으로 <u>틀린</u> 것은?

① 대체재가 많아질수록 구매자의 협상력이 증가하여 이익률이 하락한다.

② 구매자의 협상력이 높아질수록 기업의 수익성이 감소한다.

③ 공급자의 협상력이 높으면 기업은 높은 원가를 부담하게 되어 산업 내 수익성이 저하된다.

④ 진입 장벽이 높을 경우 기존 기업의 수익성은 위협받는다.

⑤ 기존 제품을 대체할 수 있는 새로운 제품의 출현은 시장 점유율과 수익성에 위협이 된다.

**21** 마이클 포터의 5 Forces 모형에서 구매자의 교섭력이 높아지는 조건에 해당하지 <u>않는</u> 것은?

① 상품이나 서비스의 차별화가 낮을 때

② 구매자 수가 적고 구매량이 클 때

③ 구매자 전환 비용이 작을 때

④ 구매자가 제품에 대한 정보와 지식을 많이 보유할 때

⑤ 공급자 수가 적고 독점적 지위를 가질 때

**22** SWOT 분석 중 강점을 통해 외부 위협을 최소화하는 전략에 해당하는 것은?

① SO 전략

② ST 전략

③ WO 전략

④ WT 전략

⑤ TS 전략

**23** 미시적 분석에 대한 설명으로 <u>틀린</u> 것은?

① 위상 분석이란 기업이나 제품이 시장에서 소비자에게 인식되는 절대적 위치를 분석하고 평가하는 기법이다.

② 동태 분석이란 기업의 환경과 경쟁 구조가 시간에 따라 어떻게 변화하는지를 파악하고, 이에 대응할 기업의 전략적 방안을 도출하는 분석 기법이다.

③ 분포 분석이란 시장에서 기업의 제품이나 브랜드가 차지하고 있는 상대적 위치나 시장 점유 상황을 통계적·시각적으로 분석하는 기법이다.

④ 분포 분석은 제품 판매량, 고객 분포, 지역별 매출과 같은 다양한 데이터가 어떤 패턴으로 퍼져있는지를 분석하여 전략적 의사결정에 활용한다.

⑤ SWOT 분석은 거시적 분석과 미시적 분석을 모두 포함하는 통합적인 분석 도구로 기업의 내부 환경과 외부 환경을 함께 분석하는 전략적 도구이다.

**24** 마케팅 믹스 4Ps 전략에 해당되지 <u>않는</u> 것은?

① Product

② Price

③ Process

④ Promotion

⑤ Place




**01** 4Ps에서 확장된 마케팅 믹스에 추가된 것은 사람, 프로세스, 물리적 증거이다.

（ ① O　② X ）


**02** 차별화 전략이란 경쟁 기업들보다 낮은 비용으로 제품이나 서비스를 생산하고 제공함으로써 가격 경쟁력을 확보하고 시장에서 우위를 점하는 전략을 말한다.

（ ① O　② X ）


**03** 소비자 중심의 4Cs란 고객, 비용, 편의성, 소통을 의미한다.

（ ① O　② X ）


**04** SCA란 기업이 경쟁자에 비해 장기간 우월한 성과를 지속적으로 창출할 수 있는 상태이다.

（ ① O　② X ）


**05** PSS란 신제품이나 신규 서비스가 시장에 처음 도입된 이후, 소비자들이 이를 채택하는 속도와 확산 과정을 예측·분석하는 대표적인 혁신 확산 모델이다.

（ ① O　② X ）

〈보기〉

① Bass　　② PSS　　③ PSP 경영 철학　　④ VRIO　　⑤ STP

**01** (　　　　　　)(이)란 지속적 경쟁우위의 조건을 말하는 것으로 가치, 희소성, 모방불가능성, 조직화를 말한다.

**02** (　　　　　　)은/는 혁신효과와 모방효과가 결합되어 소비자가 서비스를 선택하는 전체 과정을 설명하는 것이다.

**03** 기업이 마케팅을 효과적으로 수행하기 위해 시장을 세분화하고, 목표 시장을 선정한 다음, 시장 내에서 자사 제품이나 서비스를 명확히 차별화하는 포지셔닝을 결정하는 전략적 마케팅 과정을 (　　　　　)(이)라고 한다.

**04** (　　　　　　)(이)란 기업 경영에서 가장 중요한 핵심 요소를 강조하는 개념으로 직원, 서비스, 이익의 상호 유기적 관계를 설명하는 개념이다.

**05** 유형 제품과 무형 서비스의 경계를 허물고, 이들을 융합함으로써 고객의 니즈를 효과적으로 충족하고, 지속 가능한 경쟁력을 확보하는 비즈니스 전략을 (　　　　　)(이)라고 한다.

| 일반형 | | | | |
|---|---|---|---|---|
| 01 ④ | 02 ⑤ | 03 ② | 04 ② | 05 ② |
| 06 ③ | 07 ① | 08 ④ | 09 ③ | 10 ④ |
| 11 ⑤ | 12 ① | 13 ② | 14 ⑤ | 15 ① |
| 16 ① | 17 ④ | 18 ③ | 19 ③ | 20 ④ |
| 21 ⑤ | 22 ② | 23 ① | 24 ③ | |

| OX형 | | | | |
|---|---|---|---|---|
| 01 ① | 02 ② | 03 ① | 04 ① | 05 ② |

| 연결형 | | | | |
|---|---|---|---|---|
| 01 ④ | 02 ① | 03 ⑤ | 04 ③ | 05 ② |

## 일반형

**01 ④**

원가 절감, 시장 점유율 확보와 같은 단기적 관점보다는 고객 만족이라는 장기적 관점을 중시한다.

**02 ⑤**

1990년대에 LG에서 처음으로 고객 만족 경영을 도입했다.

**03 ②**

**오답 피하기**

- ① 내부고객의 만족도를 높이면 우수한 인재를 확보할 수 있어 '인적 파워'가 형성된다.
- ③ 인풋 파워가 아니라 아웃풋 파워로 이어진다.
- ④ 휴먼 파워가 아니라 마켓 파워를 확보한다.
- ⑤ 고객의 만족도가 아니라 직원의 만족도를 높인다.

**04 ②**

고객 성향이 아니라 고객의 구매 전과 후의 감정이 고객 만족도를 결정하는 요소에 해당한다.

**05 ②**

고객 만족경영을 위한 기업의 활동은 증가했으나 성과는 모호한 문제가 존재한다.

**06 ③**

고객 만족 경영의 성공 요인에 해당하는 것은 고객 중심의 MOT설계이다.

**07 ①**

전환 비용의 극대화를 통해 고객의 재구매를 활성화시킬 수 있다.

**08 ④**

서비스 지향성은 절대적 개념이 아닌 상대적 개념으로 이를 평가할 때에도 경쟁자와의 상대적 우위가 중요하다.

**09 ③**

고객이 생각하는 '얻은 혜택'이 '지불한 비용'보다 작다고 느낄수록 고객 가치는 높아진다.

**10 ④**

고객가치 증진은 고객 충성도를 높이는 기반이 되며 밀접한 관계를 갖는다.

**11 ⑤**

고객이 기존에 사용하던 상품이나 서비스에서 다른 상품이나 서비스로 변경할 때 발생하는 모든 비용이나 손실로 이 비용을 높여야 고객이 이탈하지 않는다.

**12 ①**

고객의 만족 수준을 측정하고 파악하는 것이 고객 고객만족지수의 측정 목적에 해당한다.

**13 ②**

고객 고객만족지수의 측정 원칙은 계속성의 원칙, 정량성의 원칙, 정확성의 원칙이다.

**14 ⑤**

NCSI를 바탕으로 업종 간 고객 고객만족지수를 측정 및 발표함으로써 산업 전반 및 거시경제 동향을 파악할 수 있다.

**15 ①**

고객 충성도는 선행 변수가 아니라 결과 변수에 해당한다.

**16 ①**

경영전략은 기업의 장기적 목표 달성을 위한 방향성을 제공한다.

**17 ④**

시장개발 전략주요 방법은 해외 시장 진출과 신규 시장 진입이다. 다각화 전략의 주요 방법에는 관련 다각화, 비관련 다각화, 인수합병(M&A) 등이 있다.

**18 ③**

성장 가능성은 있으나 점유율이 낮아 불확실성이 크므로, 선택적 투자가 필요한 것은 물음표이다. 별은 성장성이 높고 경쟁력도 뛰어나므로 적극적인 투자가 필요하다.

**19 ③**

SCP 모형은 시장 구조, 기업 행동, 시장 성과의 3가지 요소 간의 관계를 분석하는 경제학적 분석 모형이다. 이 모형은 시장 구조가 기업의 행동을 결정하고, 기업의 행동이 궁극적으로 시장 성과를 좌우한다는 관점에서 시장 환경을 이해하는 데 활용된다.

**20** ④

신규 진입자의 위협에 대한 설명으로 진입 장벽이 높을 경우 기존 기업은 수익성을 보호할 수 있다.

**21** ⑤

구매자가 아니라 공급자의 교섭력이 높아지는 조건에 해당한다.

**22** ②

**오답 피하기**

- ① SO 전략: 강점을 적극적으로 활용하여 외부의 기회를 극대화
- ③ WO 전략: 약점을 보완하여 외부 기회를 활용
- ④ WT 전략: 약점을 줄이고 외부 위협에 대응
- ⑤ SWOT 분석 전략에 TS 전략은 해당하지 않는다.

**23** ①

절대적 위치가 아니라 상대적 위치를 분석하고 평가하는 기법이다.

**24** ③

마케팅 믹스의 4Ps는 제품(Product), 가격(Price), 유통(Place), 촉진(Promotion)로 구성되며, Process는 해당하지 않는다.

## OX형

**01** ①

마케팅 믹스의 4Ps는 제품(Product), 가격(Price), 유통(Place), 촉진(Promotion)이다. 확장된 7Ps의 전략에는 사람(People), 프로세스(Process), 물리적 증거(Physical Evidence)가 추가되었다.

**02** ②

원가우위 전략에 대한 설명으로 '저가 전략'이라고도 한다.

**03** ①

4Cs는 소비자 중심의 시각에서 마케팅 전략을 설계하며 공급자와 소비자 간 쌍방향 소통과 공감에 중점을 둔다.

**04** ①

지속적 경쟁우위(SCA; Sustainable Competition Advantage)란 다른 경쟁자들이 쉽게 모방하거나 따라 할 수 없는 고유한 능력이나 자원을 바탕으로, 오랜 기간 경쟁자보다 높은 시장 점유율과 수익성을 유지하는 것이다.

**05** ②

PSS는 기업이 제품과 서비스를 결합하여 고객에게 원하는 최종 결과나 가치를 제공하는 통합적인 비즈니스 모델이다.

## 연결형

**01** ④

VRIO란 지속적 경쟁우위의 조건으로 가치(Value), 희소성(Rarity), 모방 불가능성(Inimitability), 조직화(Organization)를 말한다.

**02** ①

Bass 모형이란 신제품이나 신규 서비스가 시장에 처음 도입된 이후, 소비자들이 이를 채택하는 속도와 확산 과정을 예측·분석하는 대표적인 혁신 확산 모델이다. 혁신 효과와 모방 효과라는 두 가지 요인을 통해 소비자의 행동을 설명하며, 두 효과는 결합되어 소비자가 제품이나 서비스를 채택하는 전체 과정을 설명한다.

**03** ⑤

STP 전략이란 마케팅을 효과적으로 수행하기 위해 시장을 세분화하고, 목표 시장을 선정한 뒤, 포지셔닝을 통해 자사의 제품이나 서비스를 시장 내에서 명확히 차별화하는 전략적 과정이다.

**04** ③

PSP 경영 철학이란 기업 경영에서 가장 중요한 3가지 핵심 요소를 강조하는 개념으로서, 사람, 서비스, 이익의 상호 유기적 관계를 설명하는 개념이다.

**05** ②

제품과 서비스의 통합 시스템(PSS)은 기업이 제품과 서비스를 결합하여 고객에게 원하는 최종 결과나 가치를 제공하는 통합적인 비즈니스 모델이다.

# 실전 모의고사

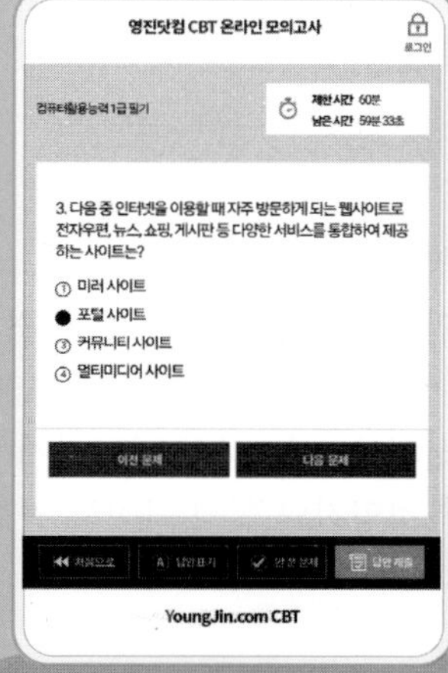

◀ 접속

## CBT 온라인 문제집

① QR 코드 찍기(PC는 홈페이지 접속)
② 랜덤 모의고사 무료 응시
③ 풀이 후 자동 채점
④ 해설 즉시 확인 가능

| 시험 일자 | 시험 시간 | 문항 수 |
|---|---|---|
| 년　월　일 | 70분 | 50문항 |

수험번호 : ______________________

성　명 : ______________________

정답 & 해설 ▶ 208p

**일반형(01~24번)　객관식 문제**

**01** 다음 중 서비스 유형에 따른 관리 방안으로 가장 적절한 것은?

① 시중은행과 같이 많은 직원이 필요한 서비스업은 교육 및 인력관리가 중요하다.

② 고객접촉도가 높은 서비스업의 업무 효율성 제고를 위해 모든 부문의 접촉 강화 전략이 필요하다.

③ 상호작용과 고객 맞춤화가 필요한 서비스업은 직원의 이직률을 낮추기 위해 엄격한 상하관계 관리가 중요하다.

④ 호텔 및 콘도와 같이 많은 자본투자가 이루어지는 서비스업은 성수기에 수요를 최대화하는 것이 중요하다.

⑤ 상호작용과 고객화 맞춤화 수준이 낮은 서비스업은 서비스 제공 인력의 전문성을 높이고, 수평적인 조직 관리가 필요하다.

**02** 다음 중 서비스업에 대한 내용으로 가장 적절한 것은?

① 서비스는 제조업체의 입장에서는 필요악이다.

② 도시화의 가속은 서비스업 성장의 저해요인이다.

③ 새로운 직업의 대부분이 서비스에 의해 창출되고 있다.

④ 임대의 개념으로 서비스를 보는 관점은 적절하지 않다.

⑤ 첫 구매의 경우, 유형재에 비해 서비스는 고객 기대 관리가 더욱 용이하다.

**03** 다음 중 서비스품질 갭(Gap)에 대한 설명으로 가장 적절한 것은?

① 기대한 서비스와 경험한 서비스의 차이는 경영자 인지 격차이다.

② 기대된 서비스와 고객기대에 대한 경영진의 인식 차이는 서비스 전달 격차이다.

③ 경영진 인식과 실제 서비스 전달 사이의 품질 명세 차이는 경영자 품질 명세 격차이다.

④ 서비스 전달과 고객에 대한 외적 커뮤니케이션의 차이는 시장 커뮤니케이션 격차이다.

⑤ 경영자 인식의 품질명세화와 고객기대에 대한 경영진의 인식 차이는 경험한 서비스 격차이다.

**04** 다음 중 서비스 품질 측정이 어려운 이유로 적절하지 <u>않은</u> 것은?

① 서비스 품질은 주관적이다.
② 전달 이전에 테스트가 어렵다.
③ 서비스 품질에 대한 데이터 수집이 어렵다.
④ 고객은 프로세스의 일부이며 변화 가능성이 있는 요인이다.
⑤ 자원이 고객과 분리되어 이동하므로 고객이 자원의 변화를 파악하기 어렵다.

**05** 다음 중 서비스 프로세스의 재설계 과정에 해당하지 <u>않는</u> 것은 무엇인가?

① 편의성과 전달 기능 향상을 위해 서비스 프로세스 중 물리적 요소를 재설계
② 고객별 서비스의 종류를 줄이고 다양성을 확보할 수 있도록 일관된 서비스를 제공
③ 서비스 속도를 증가시키고 접근성을 향상할 수 있는 방법으로 셀프 서비스를 활용
④ 편의성과 접근성을 높일 수 있도록 고객에게 서비스를 직접 전달하는 과정을 창출
⑤ 서비스의 효율성과 제공 속도를 높이기 위해 부가가치를 창출하지 않는 서비스 전달 단계를 제거

**06** 서비스 수요의 특성으로 옳지 <u>않은</u> 것은?

① 서비스는 재고로 저장하기 어렵거나 불가능하다.
② 서비스는 시간적 · 공간적 제약을 받는 경우가 많다.
③ 서비스 수요량이 공급량을 넘어서면 초과된 수요는 포기해야 한다.
④ 대부분의 서비스 수요는 눈에 보이지 않으며, 생성되자마자 소비된다.
⑤ 서비스 수요는 즉시 제공되지 않으면 수요 자체가 사라져 버리지는 않는다.

**07** 수율 관리의 적합성에 대한 설명으로 가장 적합하지 <u>않은</u> 것은?

① 가용 능력의 변경 비용이 높고, 한계 판매 비용은 낮은 경우 수율 관리의 적합성이 높아진다.
② 사전 판매나 선불 판매가 가능한 경우, 수율 관리의 적합성이 높아진다.
③ 서비스가 판매되지 못하면 가용 능력이 소멸되는 경우, 수율 관리가 더욱 적합하다.
④ 서비스 수요의 변동성이 커서 성수기와 비수기가 명확히 구분되고, 계절적 수요가 존재하는 경우 수율 관리의 적합성이 높아진다.
⑤ 서비스 공급이 제한되고, 공급량을 초과하는 수요가 발생하면 초과 수요는 포기해야 하므로 수율 관리의 적합성이 낮아진다.

**08** 서비스 인력의 선발 방법 중 '예측 타당성이 높은 선발'에 대한 설명으로 가장 적절한 것은?

① 서비스 기업의 문화에 적절한 인재를 선발하였다.
② 입사 후 서비스 직무 성과가 높을 것으로 예상되는 사람을 선발하였다.
③ 서비스 기업의 인재상과 어울리는 사람을 선발하였다.
④ 입사 후 1년 이내 이직할 가능성이 높은 사람을 선발하였다.
⑤ 입사 후 수행할 서비스 직무에 대한 지식이 많은 사람을 선발하였다.

**09** 다음 중 외부 모집에 대한 설명으로 적절한 것은?

① 훈련과 조직화에 드는 시간이 단축된다.
② 기업이 급격한 전환기를 겪을 때 효과적이다.
③ 성장기 기업은 유자격자의 공급이 어렵다.
④ 신속한 충원과 충원 비용 절감이 가능하다.
⑤ 조직 내 내부 정치와 관료제로 인해 비효율적일 수 있다.

**10** 다음 중 고객 만족 경영의 효과로 가장 거리가 <u>먼</u> 것은?

① 재구매 고객 창출
② 마케팅 비용 절감
③ 임직원의 이직률 감소
④ 고객 전환비용(Switching Cost)의 최소화
⑤ 고객에 의한 구전(WOM; Word of Mouth)

**11** 다음 중 고객을 계속 유지하기 위한 방법으로 가장 적절하지 <u>않은</u> 것은?

① 고객 서비스에 대한 원활한 정보 전달
② 내부고객에게 제공하는 서비스 향상
③ 종업원의 표준화된 서비스 제공을 위한 자율성의 제한
④ 위험을 감수하고 새로운 아이디어를 창출하는 기업 문화 조성
⑤ 모든 의사결정, 시스템 및 공정을 고객의 욕구와 기대에 맞추어 운영함

**12** 서비스 패러독스가 발생하는 원인과 거리가 <u>먼</u> 것은?

① 고객의 기대 수준이 점점 높아지고 있다.

② 서비스의 기계화(Self Service Technologies)가 이루어졌다.

③ 경쟁적인 서비스 환경이 차별성을 잃게 만들고 있다.

④ 기술의 단순화로 인해 고객이 서비스를 명확히 인지하고 있다.

⑤ 서비스의 획일화, 즉 지나친 표준화로 서비스의 개별성이 상실되고 있다.


**13** 서비스의 기본적 속성 중 상담, 수술, 금융 투자, 기획 서비스 등과 같이 실제 전달되는 편익과 관련이 깊으며, 서비스를 경험한 후에도 평가하기 어려운 속성은?

① 탐색 속성

② 경험 속성

③ 신뢰 속성

④ 복합 속성

⑤ 비분리 속성


**14** 다음 중 서비스 청사진(Service Blueprint)과 관련된 설명으로 적절하지 <u>않은</u> 것은?

① 상호작용 경계는 서비스 직원과 고객 간의 접점이다.

② 내부 상호작용 경계는 고객과 후방 직원 간의 상호작용이 이루어지는 지점이다.

③ 품질 개선을 위한 도구로, 기존의 공정 흐름도에 '가시성 경계'라는 개념을 추가한 것이다.

④ 고객의 행동, 전방부 직원 활동, 후방부 직원 활동, 지원 프로세스 등으로 구분된다.

⑤ 가시성 경계는 고객이 직접 접하는 서비스와 고객이 보지 못하는 준비 과정을 구분하는 선이다.


**15** 카노의 품질 모형 구성 항목 중, 충족 시 큰 만족을 주며 불충족 시에도 불만족을 일으키지 <u>않는</u> 서비스 품질은?

① 일원적 품질

② 당연적 품질

③ 무관심 품질

④ 역품질

⑤ 매력적 품질

**16** 갭 모형에서 고객의 기대에 대한 경영자의 지각과 조직의 서비스 품질 디자인 명세서 간의 차이를 의미하는 것은?

① GAP1
② GAP2
③ GAP3
④ GAP4
⑤ GAP5

**17** 서비스 품질을 개선하기 위한 방법에 대한 설명으로 가장 적절하지 <u>않은</u> 것은?

① 전사적으로 서비스 품질 향상을 위해 노력하는 기업 문화를 정착시켜야 한다.
② 자사가 제공하는 서비스에 대해 파악하고, 고객이 반응하는 포인트를 알아야 한다.
③ 지속적으로 변화하는 고객 기대를 예측하고, 이에 맞춰 서비스 수준과 방식을 변화시켜야 한다.
④ 고객이 서비스에 대해 충분히 높은 기대를 가지도록 서비스 기대 수준을 높여야 한다.
⑤ 고객에게 서비스 제공 시점, 구체적인 형태 등을 설명하고 명확한 정보를 제공해야 한다.

**18** 갭 모형에서 서비스 품질 명세서와 실제 서비스 전달 간에 차이가 발생했을 때, 이에 대한 해결 방안으로 가장 적절하지 <u>않은</u> 것은?

① 시장 조사 방법의 개선
② 보상의 적절성과 공평성
③ 권한의 위임과 자원 배치
④ 적합한 역량을 지닌 직원 채용과 배치
⑤ 종업원의 기술 적합성을 높이기 위한 교육

**19** 서비스 프로세스 설계와 관련된 설명으로 가장 적절하지 <u>않은</u> 것은?

① 서비스 프로세스 설계 시 고객에 대한 인식이 중요하다.
② 내부 프로세스를 수행하는 종업원은 기능적 사고를 갖는 것이 필요하다.
③ 서비스 제공자와 내부고객의 체인은 고객지향적인 방식으로 관리되어야 한다.
④ 내부 서비스가 불량하면 외부고객에게 제공되는 서비스의 품질이 저하될 수 있다.
⑤ 서비스 프로세스 설계 시 고객은 내부고객과 외부고객으로 구분할 수 있다.

**20** 다음 서비스 수요를 예측하는 기법들 중 나머지와 성격이 가장 <u>다른</u> 하나는?

① 델파이법
② 시장 실험법
③ 시계열 분석법
④ 구매 의도 조사법
⑤ 판매원 의견 통합법

**21** 서비스에 대한 고객 기대에 영향을 미치는 요인에 대한 설명으로 적절하지 <u>않은</u> 것은?

① 구전 커뮤니케이션: 구전으로 전해지는 정보는 편견이 없기 때문에 정보의 가치가 높다.
② 과거경험: 현재 이용하려는 서비스 기업에서 경험한 것만을 토대로 고객의 희망 및 예상 기대 수준을 결정한다.
③ 명시적 서비스 약속: 서비스 제공자가 통제할 수 있는 몇 안 되는 기대 요인 중 하나이다.
④ 지각된 서비스 대안: 고객이 다른 서비스 제공자가 있다는 것을 알게 된다면 고객이 기대하는 최저 서비스 수준이 높아진다.
⑤ 예상 서비스: 서비스 거래와 교환이 이루어지는 동안 고객이 예측하는 수준으로, 만일 고객이 서비스가 좋을 것으로 예측한다면 최저 서비스 수준은 높아질 것이다.

**22** 특정 기간의 수요 변화 모습을 분석하는 과정에서는 여러 수요의 변화 모습이 나타날 수 있다. 이에 대한 설명으로 적절하지 <u>않은</u> 것은?

① 추세란 일정 기간동안 어느 한 방향으로 일관된 변화 모습을 나타내는 수요의 모습이다.
② 계절 효과는 일반적으로 1년을 기준으로 반복되는 순환 변동으로 자연의 변화나 인간의 기본적 소비속성으로 생기는 경우가 많다.
③ 설명 가능한 사소한 변동이나 설명 불가능한 변동을 설명할 수 있는 효과는 무작위 효과라고 한다.
④ 순환 주기 효과는 계절 효과처럼 반복되는 순환 변동을 의미하고, 1년 미만의 기간 동안 발현되는 변동이다.
⑤ 원인 규명이 어려우며 패턴의 원인을 발견하기가 어려워 효과 대비 많은 비용이 예상되는 경우에는 무작위 변동으로 설명하기도 한다.

**23** 수요의 불확실성을 보완하기 위하여 예약 시스템을 활용하는데, 예약 시스템을 설계하는 과정에 대한 설명으로 적절한 것은?

① 미리 도착하는 고객들에게 먼저 서비스를 제공할 수 있는 시스템을 설계하여야 예약 시스템을 원활히 관리할 수 있다.

② 고객이 제시간에 도착하지 않는 비도착율을 감안해야 하는데, 평균 예약 취소율을 감안하여 초과 예약을 계산한다.

③ 고객에게 제공할 수 있는 최대 서비스 시간을 기준으로 예상 도착 간격을 정하고, 서비스 제공자의 휴식시간을 감안한 예약 간격을 설정한다.

④ 마지막 고객의 경우 예약을 이행하지 않았을 경우 서비스 능력의 유휴 시간으로 이어지게 되므로 신중히 결정하여야 한다.

⑤ 전체 서비스 제공 가능 시간에 휴식시간과 비예약 고객을 위한 서비스 시간을 포함시켜 예약 간격으로 나누면 예약 일정을 결정할 수 있다.

**24** 다음 중 경영 전략의 특징에 대한 설명으로 가장 적절한 것은?

① 전략 집행과 결과 검토를 위한 충분한 기간이 필요하다.
② 전략 수립 과정에서는 소수 인력을 집중 투입하는 편이 효율적이다.
③ 전략적으로 선택된 부분은 일부이기 때문에 전략의 영향력은 상당히 작다.
④ 조직 내·외부의 환경 요인을 파악하여 경쟁을 회피하기 위한 목표를 설정한다.
⑤ 전략적 의사 결정은 간헐적으로 이루어지는 것이 일반적이기 때문에 일관된 패턴을 갖기 어렵다.

> **OX형(25~29번)**　**다음 문항을 읽고 옳고(O), 그름(X)을 선택하시오.**

**25** 슈매너의 서비스 프로세스 매트릭스 중 서비스샵은 노동 집약도의 정도가 낮고 상호작용과 고객 맞춤화의 정도가 낮은 특성이 있다.

( ① O　② X )

**26** 서비스 수요와 공급의 불일치 조절을 위하여, 파트타임 종업원을 추가로 고용하는 것은 성수기 공급 증대 전략에 해당한다.

( ① O　② X )

**27** 조직 및 집단 차원에서의 갈등은 무조건 비효율적이지는 않으며, 때로는 집단의 성과를 향상시키기도 한다.

( ① O　② X )

**28** 이직 관리는 개인적인 경력 목표를 설정하고 이를 달성하기 위한 경력 계획을 수립하는 활동이다.

( ① O   ② X )

**29** 고객의 입장에서 기존의 마케팅 믹스인 4Ps를 4Cs로 대체하자는 주장이 있으며, 4Cs는 제공자와 고객 간의 양방향 상호작용 중심이라는 경향을 가지고 있다.

( ① O   ② X )

**연결형(30~34번)** 다음 설명에 적절한 보기를 찾아 각각 선택하시오.

〈보기〉

① 전사적 품질경영(TQM)    ② FCFS    ③ 제품의 서비스화    ④ 표준화    ⑤ 고객화

**30** 융합 상품의 개발 방식 중 정수기 판매회사에서 제품을 판매하는 대신 렌탈 서비스로 전환한 경우의 방식

(         )

**31** 서비스를 처리하는 순서의 배정 규칙 중 먼저 온 순서대로 서비스를 제공하여 단순성과 공정성이 있는 기준

(         )

**32** 고객의 욕구 충족 및 관심 사항을 우선적으로 고려하여 고객의 다양한 요구에 효과적으로 응대하도록 하는 프로세스 설계 방법

(         )

**33** 서비스 프로세스의 설계 방법 중 서비스 생산성 증가 목적으로 하여, 고객별 개성과 성향은 생각하지 않고 대량 서비스 또는 일관된 서비스를 지향하는 방법

(         )

**34** 기업의 경쟁 우위를 확보하고 최고 경영자를 중심으로 전 조직원과의 의식 개혁을 통하여 품질 중심의 기업 문화를 창출하고 고객 만족을 지향하는 시스템으로 변화하기 위한 활동

(         )

**35** 다음은 A 가구 회사의 서비스에 대한 품질 비용의 설명으로 가장 옳은 것은?

> 직원 1: "저희 회사가 직원들에 대한 교육 프로그램 중 가구의 설치 및 운반 능력 향상 교육 등을 다양화하고 횟수도 종전보다 30% 가량 늘린 결과, 직원들이 가구를 설치하고 운반하는 과정에서 고객들의 만족도가 높아진 것 같습니다."
>
> 직원 2: "그뿐만이 아니라, 실제로 가구를 납품하고 설치한 후에 문제가 있어 고객의 클레임을 처리하거나 A/S를 하는 비용이 실제로 감소하였습니다."

① 직원 1의 발언은 서비스에 대한 품질 비용 중 평가 비용과 관련이 깊다.
② 직원 2의 발언은 서비스에 대한 품질 비용 중 예방 비용과 관련이 깊다.
③ 직원 1의 발언은 서비스에 대한 품질 비용 중 내부 실패 비용과 관련이 깊다.
④ 직원 2의 발언은 서비스에 대한 품질 비용 중 외부 실패 비용과 관련이 깊다.
⑤ 서비스 품질 관리가 우수한 기업의 품질 비용은 일반적으로 A 가구 회사와 같이 서비스 실패 사전 방지를 위한 비용의 비중이 낮다.


**36** 다음의 커피 전문점 S사의 서비스 프로세스에 관한 내용 중 가장 옳지 <u>않은</u> 것은?

> 커피 전문점의 대표적인 S사는 일정한 가격으로 한정된 종류의 커피 등을 판매한다.
> 구매를 원하는 고객은 카운터에서 정해진 메뉴 내에서 직접 주문, 계산한 후 주문한 음료가 나오면 이를 받아 자신이 원하는 자리에서 음료를 마시거나 테이크아웃 하여 나간다. 이러한 서비스 프로세스를 적용하기 위하여 종업원을 위한 매뉴얼 형태의 업무 수행 방법이 존재한다.

① 사례에서 S사의 서비스 프로세스는 매우 표준화된 프로세스를 제공하고 있다.
② 사례와 같은 서비스 프로세스를 주로 적용하는 경우는 검증된 효율적인 방법이 존재할 가능성이 높다.
③ 사례의 S사와 같은 경우 이질적인 태도와 능력을 지닌 종업원들의 업무수행을 균질화하기 위한 노력이 필요하다.
④ 고객의 요구가 다양하고 이질적인 경우에는 상당히 정형화된 사례와 같은 프로세스만을 제공할 경우 바람직하지 못한 성과로 나타날 수 있다.
⑤ S사와 같이 모든 고객에게 동일한 서비스 프로세스가 제공하는 경우, 서비스 제공자에게 많은 판단력이 요구되므로 종업원의 능력 수준이 높아야 한다.

**37** 다음은 신문 기사 중 일부이다. 이에 대한 내용으로 가장 옳지 <u>않은</u> 것은?

〈2014년 3월 P 신문 기사 중 일부〉
항공권은 같은 날 같은 비행기에 나란히 앉아 같은 목적지에 가더라도 옆자리에 앉은 사람의 표와 가격 차이가 날 수 있다. 어떤 조건의 항공권을, 언제 예매했느냐에 따라 요금이 달라지기 때문이다. 항공권 예약을 일찍 할수록 요금은 더 저렴해진다. 항공사들은 선 구매를 조건으로 항공권을 할인해 주는 '조기 발권(Early Bird)' 서비스를 상시 운영하고 있다.

① 항공사의 정책은 성수기, 비수기 등의 수요의 변동성이 높은 경우에 보다 적합성이 있다.
② 수요에 따라 좌석을 바로 늘릴 수 없는 특징은 기사 내용의 항공사 정책의 적합성을 낮추는 요인이 된다.
③ 항공사들은 '조기 발권' 정책 등을 활용하여, 가용능력이 제한된 서비스에서 관리를 통하여 수익 극대화를 추구한다.
④ 위와 같은 정책이 가능한 이유는 고객의 욕구, 가격지불의도 등에 따라 몇 개의 세분화된 시장으로 구분될 가능성이 있기 때문이다.
⑤ 매번 항공기 좌석을 100% 채워서 운행할 수는 없는데, 이러한 빈 좌석은 소멸된다는 특성이 기사 내용의 항공사 정책의 적합성을 높인다.


**38** 다음은 백화점에서 진행되는 백화점 매장별 직원들 사이의 대화이다. 다음 중 옳지 <u>않은</u> 것은?

모피 매장 직원: "요즘 7월은 여름 더위가 한창이지만, 저희 매장은 대대적인 모피 할인 행사를 통해 고객을 끌어들이고 있어요. 겨울에 모피를 구입하는 것보다 많은 할인 혜택이 있기 때문에, 여름에도 모피를 사러 오시는 분들이 많습니다."
빙수 매장 직원: "아, 그렇군요. 저희 빙수 매장은 여름철이 되면서 빙수를 찾는 고객 수가 하루 기준으로 두 배 정도 늘어났어요. 그래서 일시적으로 파트타임 아르바이트생을 몇 명 더 채용했어요."
명품 매장 직원: "저희 매장의 이 가방은 현재 일시 품절 상태인데, 해외 본사로부터 재고가 입고될 때까지 고객 요청 시 예약만 받고 있어요."
곰탕 매장 직원: "저희 매장은 여름철에는 상대적으로 손님이 적은 편이라, 직원들이 여름휴가를 많이 가는 편입니다."
화장품 매장 직원: "그나저나 저도 여름휴가를 가려 했는데, 모든 호텔이 손님이 많아서 그런지 평소 가격보다 훨씬 비싼 가격을 받더라고요."

① 모피 매장의 경우는 비수기 수요 진작 전략에 해당한다.
② 빙수 매장의 경우는 성수기 수요 증대 전략에 해당한다.
③ 명품 매장의 경우는 성수기 수요 감소 전략에 해당한다.
④ 곰탕 매장의 경우 비수기 공급 조정 전략에 해당한다.
⑤ 호텔의 경우는 성수기 수요 감소 전략에 해당한다.

**39** 다음 사례의 부서에서 계획하고 있는 방법으로 팀원을 모집했을 때의 설명으로 가장 적절하지 <u>않은</u> 것은?

> 부서장: "우리 팀이 맡은 대형 프로젝트가 계속해서 늘어나면서 업무가 과중한 것 같습니다. 그래서 팀원을 신규로 충원할까 하는데, 어떤 방식으로 선발하는 편이 좋을지 의견 있으시면 말씀해 주세요."
> 직원 1: "제 생각에는 외부 경력자를 채용하는 방법도 있겠지만, 회사 내부 옆 본부에 있는 사람을 뽑는 게 더 효율적일 것 같다는 생각입니다."
> 직원 2: "저도 그렇게 생각합니다. 마케팅 3팀의 김 과장 같은 사람은 기존에 저희 업무를 해 본 적이 있기 때문에 효율적으로 일할 수 있을 것입니다."

① 훈련과 조직화 시간을 단축할 수 있다.
② 능력이 충분히 검증된 사람을 채용할 수 있다.
③ 시간 비용 및 충원 비용이 많이 든다는 단점이 있다.
④ 재직자의 개발 동기 부여와 장기 근속 유인을 제공한다.
⑤ 조직 내부 이동의 연쇄 효과로 인한 혼란이 야기될 수 있다.


**40** 다음 중 사례에 적용된 인사 고과 평가 방법에 대한 설명으로 가장 옳지 <u>않은</u> 것은?

> 김 대리는 이번 성과 평가 기간에 회사로부터 새로운 메일을 한 통 받았다. 김 대리 팀의 팀장인 박 부장에 대한 평가를 김 대리에게 하도록 하는 내용의 메일이었으며, 조직 통솔력, 의견 수렴도, 업무 할당 및 지시 능력, 부하 육성 능력, 솔선수범, 고충 처리 능력 등이 평가 항목으로 포함되어 있었고, 이에 점수를 매기도록 되어 있었다.

① 부하 직원의 참여 의식을 고취시킬 수 있다는 장점이 있다.
② 상사가 부하 직원에게 보복할 가능성이 있다는 단점이 있다.
③ 평가 실시가 용이하며, 직속 상사가 부하 직원을 잘 알고 있다는 장점이 있다.
④ 부하 직원이 직속 상사를 평가하므로, 상사의 입장에서 호의적이지 않을 수 있다.
⑤ 부하 직원이 본인이 좋아하는 상사에게만 좋은 평가를 주는 인기투표가 될 가능성이 있다.

**41** 다음 상황에 대해 SWOT 전략 수립 방법 중 사례와 잘 연결된 전략은?

> 한식 프랜차이즈 기업 A는 '건강하고 친숙한 한국 음식'이라는 점을 바탕으로, 해외에서 불고기·김치 등 K–푸드
> 의 인기에 힘입어 글로벌 시장에 진출하고 있다. 그런데 최근 세계 외식 시장에서는 로컬 음식 수요가 줄고, 글로
> 벌 브랜드 간의 경쟁이 치열해지고 있다. 이에 A기업은 자체 브랜드력을 키우고 현지화된 메뉴를 개발하여 이러
> 한 위협을 최소화하는 전략을 실천하고 있다.

① SO 전략
② WO 전략
③ WT 전략
④ ST 전략
⑤ WS 전략

**42** 다음 사례를 읽고 고객 만족 경영의 어떤 개념을 설명하는지 고르시오.

> 다른 지역으로 해외 출장을 자주 가는 A는 매번 오랜 시간 비행 후 중요한 비즈니스 고객을 만나는 것이 바람직하
> 지 않다고 생각한다. 이를 해결하기 위해 A는 짧은 시간이라도 화장을 고치고 옷을 다림질할 수 있는 호텔을 이용
> 하곤 한다. K 항공사는 A와 같은 고민을 가진 고객들을 위해 샤워부스, 화장을 고칠 수 있는 공간, 다림질 서비스
> 를 제공하며 큰 호응을 얻고 있다.

① 고객 가치 연장
② 고객 가치 증진
③ 고객 만족 연장
④ 충성 고객 증대
⑤ 반복 구매 유도

**43** 다음은 의류를 제작하여 판매하는 인터넷 쇼핑몰의 직원들 사이의 대화이다. 서비스 공급능력 계획과 관련하여 대화 내용에 대한 설명 중 가장 올바른 것은?

> 직원 1: "저희는 사전에 일정량 이상의 의류 제품 A를 미리 제작해 놓기보다는, 매월 사전 구매 접수를 통해 구매 의사를 접수받은 후, 그때그때 맞춰 제작에 들어가 수요자들에게 공급하는 방식이 좋을 것 같아요."
>
> 직원 2: "그렇게 하면 좋을 수도 있지만, 때로는 주문이 갑자기 몰리면 모두 처리하지 못할 수도 있어요. 차라리 지금까지의 평균적인 판매량이 있으니, 그만큼은 항상 제작해 두는 방식이 좋을 것 같아요."

① 직원 1의 방식으로 공급 능력을 계획할 시, 재고 관리가 부담이 된다.
② 직원 1의 방식은 제작 인력이나 제작 장비를 안정적으로 유지할 수 있다.
③ 직원 1의 방식으로 공급할 경우, 사후 제작 시간 소요로 인해 제품을 받을 때까지 시간이 길어지면 구매 취소로 이어질 수 있다.
④ 직원 2의 방식으로 공급 능력을 계획할 시, 재고가 남거나 부족한 문제가 발생하지 않는다.
⑤ 직원 2의 방식으로 공급 능력을 계획할 시, 서비스 인력을 그때그때 채용해야 하므로 비용이 많이 든다.


**44** 다음은 의사협회 모임에서 의사들 사이의 대화이다. 대화에 관한 내용 중 옳지 <u>않은</u> 것은?

> A: "요즘은 병원도 경영 관리가 중요한 것 같아요. 그래서인지 일시적으로 환자가 증가하더라도 의사를 추가로 채용하기보다는, 파트타임 의사를 고용하는 경우가 더 많은 것 같아요."
>
> B: "저희 안과 병원은 100% 예약제로 운영하고 있어요. 사전에 예약하지 않은 환자는 검사나 기본적인 진료를 바로 받을 수가 없어요."
>
> C: "저희 병원은 기존에 1층에 있던 대기실을 변경해 대기실 겸 커피숍으로 함께 운영하면서 시설 낭비를 최소화하고 있어요."
>
> D: "저희 병원은 시력 교정 수술 환자를 추가로 유치하기 위해 친구, 가족 등이 함께 수술을 받을 경우 수술비를 할인해주는 이벤트를 실시하고 있어요."
>
> E: "병원마다 다양한 경영 관리를 하고 있네요. 저희 병원은 직장인 환자들이 늘고 있는 추세에 따라 일주일에 두 번 저녁 9시까지 추가 야간 진료를 하고 있어요."

① A의 파트타임 의사 고용은 일시적인 공급 증대 전략에 해당한다.
② B의 100% 예약제는 환자 수요를 분산시키기 위한 수요 조정 전략의 성격이 있다.
③ C의 병원의 경우, 서비스 시설 변경을 통한 비수기 공급 조정 전략의 성격이 있다.
④ D의 병원의 수술비 할인 이벤트는 수요 증대 전략의 성격이 있다.
⑤ E의 병원의 추가 야간 진료는 수요 감소 전략의 성격이 있다.

**[45~46]** 다음은 서비스 수요와 공급 관리의 여러 사례들이다.

사례 1: A 패밀리 레스토랑은 고객이 매장에 입장하여 착석하면 주문을 받는 동시에 웨이팅 푸드인 빵을 제공하고 있다. 또한 점심시간 등 고객이 몰리는 시간대에 매장에서 식사가 아닌 도시락으로 포장할 경우, 같은 음식을 더 저렴한 가격에 제공하고 있다.

사례 2: B 샐러드 뷔페 식당의 가격 체계는 평일 점심, 평일 저녁, 주말(공휴일)로 구분되어 있으며, 평일 점심은 17,000원, 평일 저녁은 23,000원, 주말 및 공휴일에는 24,000원의 가격 체계를 유지하고 있다.

사례 3: C 패밀리 레스토랑은 평일 점심에 수프, 메인 요리, 커피로 구성된 런치 세트 메뉴를 저렴하게 공급하고 있으며, 저녁 8시 30분 이후에 방문하는 고객에게는 에피타이저를 무료로 제공하고 있다. 이 레스토랑은 국내 친환경 농가와 직거래를 통해 식자재를 공급받고 있다.

사례 4: 과거에는 해외여행 시 공항 면세점을 이용하기 위해 공항에 일찍 가는 사람이 많았으나, 요즘은 사전에 인터넷 면세점을 이용하는 사람들이 증가하고 있다. 인터넷 면세점은 대기 시간 없이 물건을 구매할 수 있으며, 공항 면세점보다 추가 할인 혜택을 받을 수 있는 경우도 있다.

사례 5: D 택배 회사는 기존의 기본 배송 서비스 외에, 안전한 물류 배송을 위한 '고객 안심 서비스'와 빠른 배송을 위한 '당일 배송 서비스'를 제공하고 있다.

**45** 위의 사례들에 대한 서비스 대기 관리와 관련된 설명 중 가장 옳지 <u>않은</u> 것은?

① 사례 1에서 웨이팅 푸드를 제공함으로써 고객은 실제로 주문한 음식이 나올 때까지의 대기 시간을 실제보다 짧게 느낄 수 있다.

② 사례 1에서 고객은 대기 인원이 많아 기다려야 하는 경우, 도시락 포장을 선택하면 더 저렴한 가격에 이용할 수 있으며 대기 시간을 피할 수 있다.

③ 사례 4의 인터넷 면세점을 대체 채널로 이용하면 공항 면세점의 대기 문제를 줄일 수 있다.

④ 사례 4의 인터넷 면세점 고객은 가격 할인이라는 인센티브를 받으면서 대기 시간을 줄일 수 있고, 이로 인해 서비스 공급자는 서비스 용량도 효율적으로 관리할 수 있다.

⑤ 사례 1, 4의 고객 대기는 고객 개인의 선택 문제이므로, 서비스 공급자가 고객의 대기 시간 지각에 대해 신경 쓸 필요는 없다.

**46** 사례 속 서비스 기업의 전략에 관한 다음 설명 중 가장 옳지 <u>않은</u> 것은?

① 사례 2와 같이 차별적 가격 결정을 할 수 있는 이유는 수요가 집중되는 시점과 그렇지 않은 시점이 어느 정도 구분되기 때문이다.

② 사례 3의 식사재 직거래는 식자재의 안정성을 확보하고자 하는 공급 관리 방안이다.

③ 사례 3의 저녁 8시 30분 이후 에피타이저 제공은 일반적인 저녁 식사 시간이 지난 이후에 추가적인 수요를 창출하기 위한 방안이다.

④ 사례 4에서 가격에 민감한 고객은 추가 할인을 받기 위해, 가격에 덜 민감한 고객보다 인터넷 면세점을 더 많이 이용할 가능성이 있다.

⑤ 사례 5의 택배 회사는 서비스 상품의 다양화를 통한 수요 창출 전략을 사용하고 있다.

**[47~48] 다음 대화를 읽고 물음에 답하시오.**

**47** 주문한 제품이 늦게 나오고 있어 고객들의 불만이 늘어나는 상황에서 B 매니저가 선택할 수 있는 성수기 공급 증대 전략으로 적절하지 <u>않은</u> 것은?

① 종업원 교차 훈련을 통해 생산성을 향상시킨다.
② 시설을 확충하여 시간당 공급 가능한 물량을 늘린다.
③ 바쁘지 않은 시간대에 방문한 고객에게 인센티브를 제공한다.
④ 점심시간에 고객이 집중되므로 해당 시간에 활용할 파트타임 직원을 고용한다.
⑤ 종업원의 노동 시간을 연장하여 업무 시작 전 가능한 업무를 사전에 진행해 둔다.

**48** 마이스터는 실제 대기시간뿐만 아니라 고객에게 지각된 대기시간도 중요하다고 하였는데, 이에 대한 설명으로 적절하지 <u>않은</u> 것은?

① 구매 전의 기다림은 구매 중의 기다림보다 더 길게 느껴진다.
② 다 함께 기다릴 때보다 혼자 기다릴 때 더 길게 느껴진다.
③ 고객에게 기다림의 원인을 설명했을 때 기다림을 더 길게 느낀다.
④ 제공받는 서비스에 더 큰 가치를 느낄수록 사람들은 기다림을 짧게 느낀다.
⑤ 아무 일도 하지 않고 기다릴 때는 무언가를 하고 있을 때보다 더 길게 느껴진다.

> 미용사: "어떤 스타일로 해드릴까요?"
> 손님: "저번처럼 김태희 스타일로 해주세요."
> 미용사: "앞머리는 이 정도로 짧고, 옆과 뒤는 목이 드러나도록 일직선인 단발머리 스타일이요?"
> 손님: "앞머리는 그보다 약간 더 길게 해주세요."
> 미용사: "커트가 끝났습니다. 마음에 드세요?"
> 손님: "저번 스타일과 많이 다른 것 같아요. 뭔가 어색해요."
> 미용사: "옆과 뒤를 조금 더 짧게 해드릴까요?"

**49** 손님이 지난번 스타일과 다르다고 인식하는 이유는 서비스의 어떤 특성 때문인가?

① 무형성
② 이질성
③ 비분리성
④ 소멸성
⑤ 측정 곤란성

**50** 손님이 앞머리를 약간 더 길게 해달라고 요구하고, 지난번 스타일과 다르다고 하여 커트 시간이 더 많이 소요되었다. 이처럼 고객의 관여 때문에 일정 통제가 어려운 것은 서비스의 어떤 특성 때문인가?

① 무형성
② 이질성
③ 비분리성
④ 소멸성
⑤ 측정 곤란성

# SMAT 모듈C 실전 모의고사 02회

| 시험 일자 | 시험 시간 | 문항 수 |
|:---:|:---:|:---:|
| 년  월  일 | 70분 | 50문항 |

수험번호 : ______________________

성    명 : ______________________

정답 & 해설 ▶ 211p

**일반형(01~24번)**  　**객관식 문제**

**01** 다음 중 서비스 패러독스(Service Paradox)가 발생하게 된 원인으로 가장 적절한 것은?

① 셀프서비스 증가

② 고객의 기대 감소

③ 숙련된 서비스 제공자 일선 배치

④ 개인의 요구에 맞춘 서비스 개별화

⑤ 서비스 생산 및 제공 과정에서 인간 존중

**02** 서비스 유형별 분류 매트릭스 작성에 필요한 것으로 가장 거리가 먼 것은?

① 고객 접촉도에 따른 접점 관리

② 부가 서비스 영역의 증가 주목

③ 고객의 적극적인 참여에 대한 독려

④ 서비스 수요 관리의 중요성 인지와 정보 기술 활용

⑤ 일괄적인 서비스 향상을 위한 통합 시스템 구축

**03** 서비스 전달 시스템을 효율적으로 설계하기 위해 고려해야 할 서비스 보증(Service Guarantee)에 대한 설명으로 가장 적절한 것은?

① 최소한의 보증은 무보증과 유사하다.

② 보증을 요구한 고객이 만족하는지를 명확하게 확인한다.

③ 효율성을 위해 서비스 설계 단계에서의 참여자를 최소화한다.

④ 법률적 용어를 사용하여 최대한 상세하게 보증 조건을 제시한다.

⑤ 고객이 보증을 요구할 경우 다양한 상황을 충분한 시간을 가지고 검토한 후에 대응한다.

**04** 다음 중 서비스 품질 격차(Gap) 모델에 대한 설명으로 가장 적절한 것은?

① 서비스 품질은 격차가 클수록 우수하다고 할 수 있다.
② 서비스 경험과 기대 사이에 발생 가능한 두 가지 격차를 밝힌다.
③ 품질 명세 격차는 고객 기대 수준을 조정함으로써 해결할 수 있다.
④ 품질 명세 격차는 서비스 품질명세가 고객 기대와 불일치할 때 발생한다.
⑤ 경영자 인지 격차는 서비스 경쟁에 대한 경영자의 올바른 이해를 통해 해결할 수 있다.

**05** 개선할 서비스 프로세스의 선정 방법으로 옳지 <u>않은</u> 것은?

① 어떤 서비스가 고객에게 가장 중요한가?
② 어떤 프로세스가 고객의 눈에 가장 잘 띄는가?
③ 서비스를 생산하는 프로세스는 어떤 것인가?
④ 어떤 프로세스가 고객이 설정한 성과 기준에 가장 큰 영향을 미치는가?
⑤ 서비스 제공자가 설정한 성과 기준에 어떤 서비스가 가장 큰 영향을 미치는가?

**06** 다음 중 서비스 수요를 예측하거나 관리하는 것에 대한 설명 중 옳은 것은?

① 시간 경과에 대한 기준을 이용하여 서비스 수요를 파악하는 것이 좋다.
② 가급적 넓은 범위의 시장 규모를 단위로 활용하여 수요를 확인하는 것이 좋다.
③ 날씨와 환경 등은 제품 수요에 비해 서비스 수요에는 영향을 미치지 않는다.
④ 동일 시간을 기준으로 할 때 서비스 수요는 제품수요에 비해 변화의 폭이 적다.
⑤ 고객의 나이에 따른 특성은 거의 모든 시장에서 서비스 수요 예측을 위한 중요 변수가 된다.

**07** 서비스 대기 행렬 이론과 관련된 설명으로 가장 옳지 <u>않은</u> 것은?

① 서비스를 처리하는 우선순위 규칙 중 FCFS의 장점은 단순성과 공정성에 있다.
② 고객 대기 비용(간접 비용)은 서비스를 받기 위해 대기하는 장소 등의 관리비도 포함된다.
③ 대기는 '고객이 도착하는 간격'과 '서비스에 걸리는 시간'이 불확실할 때에도 발생할 수 있다.
④ 대기 시스템에서 발생하는 총 비용을 최소화하는 서비스 용량의 수준을 찾는 것이 대기 행렬 이론의 목적이다.
⑤ 대기 행렬 이론에서는 서비스 시스템이 한 고객을 처리하는 데 걸리는 서비스 시간은 포아송 분포를 따른다고 가정한다.

**08** 인적자원관리의 성격과 중요성에 관한 다음의 설명 중 가장 옳지 <u>않은</u> 것은?

① 인적 자원은 능동적이고 자율적인 성격을 띤다.
② 인적자원관리는 직원이 창출하는 노동 상품이 하나의 인격체라는 인식에서 출발한다.
③ 각 개인의 노동력은 이질적인 것이 아니며, 각 인적 자원은 그들이 담당할 수 있는 직무가 동일하다.
④ 조직의 구성원들은 목표를 달성하기 위해 필수적이며, 구성원들을 어떻게 관리하는가에 따라 조직의 성패가 좌우된다.
⑤ 성공적인 인적자원관리를 위해서는 선발에서부터 평가와 보상에 이르는 전 과정을 통합적으로 계획하고 관리해야 한다.

**09** 다음 중 직무 평가 방법으로 적절한 것은?

① 요소 비교법은 간단하고 신속하다.
② 서열법은 기업들이 가장 많이 이용하는 직무 평가 방법이다.
③ 분류법은 평가 요소를 기준 직무의 평가 요소와 결부시켜 비교하는 것이다.
④ 분류법은 사전에 만들어 놓은 등급에 직무를 판별하여 맞추어 넣는 방법이다.
⑤ 요소 비교법은 직무 요소마다 점수화, 통계화하여 직무 가치를 평가하는 방법이다.

**10** 다음 중 고객 만족 경영에 대한 설명으로 가장 적절한 것은?

① 기업이 제공하는 모든 활동에 대해 고객의 종합적 인식에 의한 판단 평가이다.
② 시장을 세분화하여 다양한 고객의 소리를 청취하고, 시장의 변화를 파악하는 노력이다.
③ 기업이 고객을 발굴하고, 선정하고, 획득하고, 개발하고, 유지하는 모든 비즈니스 프로세스를 말한다.
④ 직원 만족도/충성도, 생산성, 고객 만족도/충성도, 수익 창출 및 지속 성장의 관계를 정의하는 것이다.
⑤ 고객 만족도를 정량적으로 파악하고, 객관적으로 판단하여 이를 제고하기 위한 경영 노력 그 자체를 말한다.

**11** 다음 중 전략 수립 과정에 포함되는 내용에 대한 설명으로 적절하지 <u>않은</u> 것은?

① 사업 전략이란 기업의 장기적 계획이며 어떻게 사명을 달성할 것인가를 지시하는 역할을 한다.

② 경쟁 우선순위를 설정한 후 외부 환경 평가와 기업의 강·약점 파악을 바탕으로 기업 전략을 수립한다.

③ 외부 환경 평가는 조직 외부 환경 분석을 통해 기회 및 위협 요인을 확인하고, 이들이 기업에 미치는 직·간접적인 영향을 분석한다.

④ 조직의 핵심 능력 발견은 내부 보유 자원 및 능력을 경쟁자와 대비하여 상대적 강·약점을 파악하고 특유 능력이 발휘될 여지를 결정한다.

⑤ 기업 사명이란 조직의 특유한 목표 집합이며 사업 영역, 목표 고객, 사업에 관한 기본 믿음으로서의 생존, 성장, 수익성에 대한 목표를 나타낸다.

**12** 서비스 운영 전략과 관련된 설명으로 가장 적절한 것은?

① 원가 우위 전략, 차별화 전략, 집중화 전략 등 본원적 전략은 기업 수준의 전략에 해당한다.

② 기업 전략은 사업 전략의 전략 목표 달성을 위한 하위 기능 활동을 조정하는 전략을 의미한다.

③ 기능 전략은 기업의 생산, 마케팅, 재무, 인적자원관리 등 기능적 부문에서 수행하는 전략이다.

④ 사업 전략이란 기업의 주력 사업이 경쟁하는 산업과 범위를 결정하며 신규 사업의 시장 진출에 대한 목표와 방향을 설정해 주는 전략이다.

⑤ 기업 전략은 기업 내 특정 사업에 대한 전략으로 표적 시장 내에서의 경쟁 방안, 목표 고객, 시장 활동 수준, 자원 확보와 배분 방법 등에 대한 전략을 결정한다.

**13** 서비스 지향성에 관한 설명 중 가장 적절하지 <u>않은</u> 것은?

① 탁월한 서비스는 접점에서 전달되므로, 서비스 지향성은 접점 위주로 포커스를 두어야 한다.

② 서비스 지향성은 시장 정보에 대한 전략적 반응으로 탁월한 서비스가 최우선이라는 믿음을 반영하는 성향이다.

③ 서비스 지향성은 절대적 개념이 아닌 상대적 개념으로 이를 평가할 때에도 경쟁자와의 상대적 우위가 중요한 지표일 수 있다.

④ 조직 가치는 서비스 지향성에 영향을 주는 주요 요인으로 고객 중심의 강조, 종업원 만족, 혁신성 등의 조직 가치가 중요한 요인으로 작용할 수 있다.

⑤ 고객의 불만이 발생된 것은 서비스 제공에 대한 전사적인 실패로 인식하고 고객 불만의 해결도 전사적 관점에서 접근하여야 본질적 개선을 이룰 수 있다.

**14** 기업의 생존을 위한 지속적 경쟁우위의 전략적 선택으로서 가장 바람직하지 <u>않은</u> 것은?

① 서비스 인프라의 구축
② 새롭고 독특한 가치의 창출
③ 대체가 어려운 서비스의 확보
④ 진입 장벽이 높은 서비스의 제공
⑤ 저렴한 가격 제품 또는 서비스의 지속적 출시

**15** 면접의 유형에 대한 설명으로 적절하지 <u>않은</u> 것은?

① 정형적 면접: 구조적 면접 또는 지시적 면접 방식이다.
② 계획적 면접: 심층 면접 또는 행동 면접 방식을 사용한다.
③ 패널 면접: 1명의 면접자가 다수의 피면접자를 면접하는 방식이다.
④ 비지시적 면접: 피면접자인 지원자에게 최대한 의사표시의 자유를 주고 그 가운데서 지원자에 관한 정보를 얻는 방법이다.
⑤ 스트레스 면접: 대인적인 압박감이 있는 특수한 직장 환경에서 직무를 수행할 수 있는 능력이 있는 가의 여부를 평가하기 위해 행해지는 면접이다.

**16** 다음 중 직무 평가에 대한 설명으로 적절하지 <u>않은</u> 것은?

① 노무비의 정확한 평가와 통제에 활용한다.
② 노동조합과의 단체 교섭 기초 자료로 사용된다.
③ 동종의 직무는 모든 조직에서 같은 직무 평가 결과를 받게 된다.
④ 조직 내 공헌도를 일정한 기준에 의해 개별 직무별로 정하는 것이다.
⑤ 직무 분석의 결과로 작성된 직무 기술서와 직무 명세서를 기초로 한다.

**17** 서비스를 공급하는 방식 중 자체 공급 방식을 확보하는 전략에 대한 설명으로 옳지 <u>않은</u> 것은?

① 수요 추구형 전략은 재고가 남거나 부족한 문제가 없다는 장점이 있다.
② 수요 추구형 전략은 상황에 따른 수요 예측치의 크기에 따라 공급량을 조정한다.
③ 공급 평균화 전략은 서비스 인력을 채용하고 해고하는 데 많은 비용이 든다는 단점이 있다.
④ 공급 평균화 전략은 일정 기간 수요를 측정하여 평균을 낸 후, 그 수치만큼 공급 능력을 확보하는 전략이다.
⑤ 혼합 전략은 수요 추구형 전략과 공급 평균화 전략을 혼합하여 사용하는 전략으로 총비용이 최소가 되는 지점을 선택한다.

**18** 주문 공급 모형 중 고정 주문 간격 모형에 대한 설명으로 적절하지 <u>않은</u> 것은?

① 주기적 주문량이 매번 일정하다.
② 단점은 안전 재고의 수준이 높다는 점이다.
③ 주문 기간과 시점이 정해져 있으므로 관리의 유연성이 낮다.
④ 주기적으로 재고 수준을 점검하기 때문에 통제 비용이 적게 소요된다.
⑤ 같은 공급자에게 반복 주문을 하므로 주문 비용이 절감된다는 장점이 있다.

**19** 특정 기간의 수요 변화 모습을 분석하는 과정에서는 여러 수요의 변화 모습이 나타날 수 있다. 이에 대한 설명으로 적절하지 <u>않은</u> 것은?

① 추세란 일정 기간 동안 어느 한 방향으로 일관된 변화 모습을 나타내는 수요의 모습이다.
② 계절효과는 일반적으로 1년을 기준으로 반복되는 순환 변동으로 자연의 변화나 인간의 기본적 소비 속성으로 생기는 경우가 많다.
③ 설명 가능한 사소한 변동이나 설명 불가능한 변동을 설명할 수 있는 효과는 무작위 효과라고 한다.
④ 순환 주기 효과는 계절효과처럼 반복되는 순환 변동을 의미하고, 1년 미만의 기간 동안 발현되는 변동이다.
⑤ 원인 규명이 어려우며 패턴의 원인을 발견하기가 어려워 효과 대비 많은 비용이 예상되는 경우에는 무작위 변동으로 설명하기도 한다.

**20** 갭 모형에서 서비스 품질 명세서와 실제 서비스 전달 간의 차이가 발생 시 이에 대한 해결 방안으로 가장 적절하지 <u>않은</u> 것은?

① 시장조사 방법의 개선
② 보상의 적절성과 공평성
③ 권한의 위임과 자원 배치
④ 적합한 역량을 지닌 직원 채용과 배치
⑤ 종업원 기술의 적합성을 높이기 위한 교육

**21** 서비스 패러독스가 발생하는 원인과 거리가 <u>먼</u> 것은?

① 고객의 기대 수준이 점점 높아지고 있다.
② 서비스의 기계화(Self Service Technologies)가 이루어졌다.
③ 경쟁적인 서비스 환경이 차별성을 잃게 만들고 있다.
④ 기술의 단순화로 인해 고객이 서비스를 명확히 인지하고 있다.
⑤ 서비스의 획일화, 즉 지나친 표준화로 서비스의 개별성이 상실되고 있다.

**22** 다양한 서비스 유형에 대한 다음의 설명 중 적절하지 <u>않은</u> 것은?

① 일반적인 택배 서비스의 경우 일정 수준의 표준화 된 매뉴얼이 있으며, 고객과의 상호작용 밀도가 높지 않은 편이다.

② 백화점에서 회원 카드를 발급하고 회원들에게 할인 쿠폰 서비스 등을 제공하는 것은 고객의 충성도를 높이기 위한 방안 중 하나이다.

③ 법률 서비스의 경우, 서비스를 제공하는 직원은 고객과의 인간관계를 유지하는 능력, 문제를 해결할 수 있는 전문적 능력 등이 중요하다.

④ 서비스에서 여러 가지 옵션을 고객이 개별적으로 선택할 수 있는 고객 참여도가 높은 서비스의 경우, 일반적으로 표준화된 서비스를 제공하기 어렵다.

⑤ 인터넷 쇼핑몰을 통한 장보기는 기존 오프라인 마트 이용 시와 비교할 때, 직원의 고객 응대를 더 중요하게 만들고 있다.


**23** 서비스의 기본적인 특징으로 옳지 <u>않은</u> 것은?

① 저장하거나 재판매할 수 없는 소멸성

② 느끼거나 맛보거나 만질 수 없는 무형성

③ 생산과 소비가 동시에 일어나는 비분리성

④ 순간순간 이루어지기 때문에 나타나는 이질성

⑤ 고객이 원하면 판매 이전으로 되돌릴 수 있는 영구성


**24** 서비스 패키지에 대한 설명으로 가장 적절한 것은?

① 서비스 패키지는 특정 환경에서 재화들의 결합으로 제공되는 상품의 묶음을 의미한다.

② 서비스 패키지는 지원 설비, 명시적 서비스, 묵시적 서비스, 정보, 보조 용품 등으로 구성된다.

③ 부대 서비스를 이용하기 위해서 촉진 서비스가 필요한 경우에는 핵심 서비스가 부대 서비스의 이용을 촉진시킬 수 있다.

④ 서비스 경영자들은 다양한 고객의 니즈를 충족시키기 위해 가능한 모든 요소를 서비스 패키지에 포함시키는 것이 중요하다.

⑤ 서비스의 이질적 특성으로 인해 서비스 경영자가 서비스가 무엇인지 명확하게 설명하기 어렵기 때문에 서비스 패키지를 개발하게 되었다.

 **다음 문항을 읽고 옳고(O), 그름(X)을 선택하시오.**

**25** 경제의 서비스화와 관련해서 후크스(1968)는 GNP의 절반 이상이 서비스 부문에서 창출되는 경제를 '서비스 경제'라고 정의하였다.

( ① O  ② X )

**26** EOQ 모형에서 Q값이 증가할 때 유지 비용은 늘어나고, 주문 비용은 줄어든다. 즉, 유지 비용과 주문 비용은 반비례 관계에 있다.

( ① O  ② X )

**27** 서비스 수요는 발생하는 순간 만족시키지 못하면 수요 자체가 사라지는 경우가 많다.

( ① O  ② X )

**28** 어느 기업에 500명의 종업원이 있다면, 그 기업 내 직위(Position)의 수는 500개이다.

( ① O  ② X )

**29** 고객 가치 창조를 위한 혁신은 크게 두 가지로 나누어 볼 수 있다. 하나는 가치혁신(Value Innovation)이고 다른 하나는 절차혁신(Process Innovation)이다.

( ① O  ② X )

〈보기〉

① 예방비용    ② 상호작용적    ③ 전문서비스    ④ 신협력적    ⑤ 품질개선

**30** 노사관계의 유형 중 노, 사, 정이 국가적 차원에서 노사문제를 해결하고, 국민 경제의 입장에서 노사관계를 인식하여, 국가 주요 정책에 대해 거시적이고 상호 이해적인 노조 태도를 취하는 노사관계 유형

(          )

**31** 서비스 품질에 대한 비용 중 내·외부 실패 비용 및 평가 비용 외에 실패, 평가 비용을 최소화하기 위한 사전적인 품질정책 수립, 교육 등 활동과 관련된 비용

(          )

**32** 품질 계획, 품질 통제와 함께 서비스 품질의 삼박자(Trilogy) 중 하나로, 고객에게 더 나은 서비스를 제공하기 위한 노력에 해당하는 일련의 활동

(          )

**33** 슈매너의 서비스 프로세스 매트릭스 중 노동 집약도와 상호작용과 고객화의 정도가 모두 높은 특성을 지닌 서비스 영역

(          )

**34** 서비스 트라이앵글은 내·외부적 그리고 서로 상호간에 괴리가 없는 가치의 선순환을 통해 높은 브랜드 가치를 창출할 수 있다고 주장한다. 여기서 서비스란 직원과 고객과의 (          ) 마케팅을 의미하며, 이를 통해 고객 만족과 서비스 품질을 향상시킬 수 있다.

(          )

**35** 다음의 커피 전문점 S사의 서비스 프로세스에 관한 내용 중 가장 옳지 <u>않은</u> 것은?

> 커피 전문점의 대표적인 S사는 일정한 가격으로 한정된 종류의 커피 등을 판매한다.
> 구매를 원하는 고객은 카운터에서 정해진 메뉴 내에서 직접 주문. 계산한 후 주문한 음료가 나오면 이를 받아 자신이 원하는 자리에서 음료를 마시거나 테이크아웃 하여 나간다. 이러한 서비스 프로세스를 적용하기 위하여 종업원을 위한 매뉴얼 형태의 업무 수행 방법이 존재한다.

① 사례에서 S사의 서비스 프로세스는 매우 표준화된 프로세스를 제공하고 있다.

② 사례와 같은 서비스 프로세스를 주로 적용하는 경우는 검증된 효율적인 방법이 존재할 가능성이 높다.

③ 사례의 S사와 같은 경우 이질적인 태도와 능력을 지닌 종업원들의 업무수행을 균질화하기 위한 노력이 필요하다.

④ 고객의 요구가 다양하고 이질적인 경우에는 상당히 정형화된 사례와 같은 프로세스만을 제공할 경우 바람직하지 못한 성과로 나타날 수 있다.

⑤ S사와 같이 모든 고객에게 동일한 서비스 프로세스가 제공하는 경우, 서비스 제공자에게 많은 판단력이 요구되므로 종업원의 능력 수준이 높아야 한다.

**36** 다음은 관광지에 있는 호텔의 예약과 관련된 정책 중 일부이다. 이에 관한 내용 중 가장 옳지 <u>않은</u> 것은?

> P 호텔은 사전 객실 예약 접수를 받을 때. 실제 호텔에서 판매 가능한 객실 수가 250실임에도 불구하고 그 이상인 260실까지 예약을 받고 있다. 이는 그동안의 호텔 운영 경험상, 갑작스러운 예약 취소, 노쇼(No-Show) 발생 등을 감안하여 예약 가능 최대 객실 수를 결정한 것이었다.

① 호텔 객실 제공 서비스는 재고 저장이 불가능한 상품에 해당한다.

② 이러한 호텔의 정책은 수입 손실을 최소화하기 위한 노력으로 도입되었다.

③ 호텔에 예약한 고객이 초과 예약으로 인해 서비스 제공을 받지 못하여 발생하는 비용을 재고 과잉 비용이라 한다.

④ 예약한 고객이 예약 당일에 나타나지 않는 경우, 해당일에 그 호텔 객실은 가치를 잃게 되므로 이를 해결하기 위해 도입되었다.

⑤ 이러한 호텔의 정책은 실제 예약을 한 고객이 객실에 투숙하지 못하는 상황이 발생하여 고객에게 나쁜 이미지를 심어줄 수 있다.

**37** 다음 사례에서 A 회사가 신규 서비스 수요 예측을 위하여 적용한 기법은 어느 것인가?

> A 회사는 신규로 고객들에게 제공할 IT 서비스와 관련하여 수요를 예측하기 위해 다음과 같은 방법을 사용하였다. 먼저, 해당 IT 서비스와 관련된 교수, 마케팅 전문가 등 위원들을 선정하여 그들에게 설문조사를 통해 의견을 제시하도록 하였다. 이후 각자의 설문지에 나타난 개인 응답 내용을 전체적으로 수집 · 요약하여 통계적으로 분석한 후, 이를 다시 기존 위원들에게 회신하였다. 위원들은 자신의 의견과 평균치를 비교하여 수정하거나 자신의 의견을 고수한 채로 설문지를 다시 제출하였다. 이러한 절차를 몇 차례 반복한 끝에 어느 정도 일치된 의견으로 수렴된 결과를 사용하였다.

① 지수 평활법
② 이동 평균법
③ 시장조사법
④ 델파이 기법
⑤ 지명 집단 기법

**38** 다음 S 회사에서 채용을 위하여 적용한 면접의 유형은 어느 것에 해당하는가?

> S 회사는 미국에서 젊은 나이에 실력을 인정받아 은행 지점장에 올랐던 P씨가 국내에서 활동하기 위해 국내 증권사인 S사에서 인터뷰를 보았다. 면접관은 P씨에게 "미국에선 잘했을지 모르지만 한국 시장이 호락호락할 것 같으냐?", "왜 외국계 은행도 많은데 국내 증권사인 S사에 입사하려 하느냐?", "한국에 쉬러 온 것은 아니냐?" 등과 같은 매우 곤혹스럽고 자존심을 건드리는 질문만 한 후, "나중에 연락하겠다."며 면접을 끝냈다.

① 패널 면접
② 심층 면접
③ 구조적 면접
④ 스트레스 면접
⑤ 비지시적 면접

**39** 다음은 전략적 상황분석에 의한 SWOT 전략 수립 방법 중 사례와 잘 연결된 전략은?

> 가: 미국 최대 서적 체인점인 A사는 최근 디지털 콘텐츠 시장의 급신장으로 온라인 시장에 진출하려 한다. 그러나 온라인 시장에서의 낮은 인지도와 고객 DB의 열세로 인해, 경쟁사인 D사가 독점하고 있는 온라인 시장을 잠식하기에는 역부족이다.
>
> 나: B 전자는 휴대폰 시장의 선도 기업이다. 최근 시장 수요가 감소하고 후발 주자의 거센 추격으로 위협을 받고 있다. 특히 중국 업체 중 W사, L사의 저가 가격 공세가 거세다. 그럼에도 불구하고 B 전자는 2020년 비전 달성을 위해 내년 매출 목표 10% 성장을 목표로 하고 있다.
>
> 다: C 오일은 국내 4대 정유회사 중 하나로, 지속되는 수요 부진과 원유 가격의 영향으로 매출 및 수익이 감소하고 있다. 최근 최대 주주인 E의 적극적인 투자 지원에 힘입어 저부가가치 제품 생산 구조에서 고부가가치 제품 생산 구조로 전환하고, ODC 투자를 확대할 예정이다.

| | 가 | 나 | 다 |
|---|---|---|---|
| ① | 시장 침투 전략 | 시장 기회 선점 전략 | 제품 다각화 전략 |
| ② | 시장 기회 선점 전략 | 시장 침투 전략 | 전략적 제휴 전략 |
| ③ | 제품 다각화 전략 | 시장 침투 전략 | 시장 기회 선점 전략 |
| ④ | 전략적 제휴 전략 | 시장 침투 전략 | 제품 다각화 전략 |
| ⑤ | 전략적 제휴 전략 | 시장 기회 선점 전략 | 제품 다각화 전략 |

**40** 다음은 웨딩홀 예약에 대한 대화이다. 대화에 관한 내용 중 옳지 <u>않은</u> 것은?

> A: "이번에 제가 결혼 예정이라 웨딩홀 예약을 알아보면서, 웨딩홀의 비용이 사람들이 많이 결혼하는 성수기와 비수기에 따라 가격 차이가 크다는 걸 알게 되었어요."
>
> B: "그러게요! 5월의 신부가 되고 싶었는데, 성수기인 5월에는 웨딩홀 예약이 거의 6개월 전에 마감되더라고요. 예약 가능한 다른 웨딩홀을 겨우 한 군데 찾았는데, 정해진 가격에서 전혀 할인이 되지 않는다고 하더라고요."
>
> C: "저는 그래서 봄 대신 원하는 시간대에 결혼식을 올릴 수 있고, 정가보다 30% 할인해주는 7월 여름에 결혼하기로 하고 웨딩홀을 예약했어요."
>
> D: "요즘 금요일 저녁에 결혼식을 하면, 웨딩홀 측에서 사용료와 식대를 할인해주고 여러 가지 서비스도 많이 제공하니 이것도 한 번 고려해 볼 만한 것 같아요."

① A의 말에 따르면 웨딩홀은 서비스 수요–공급의 불일치 조정 기법을 사용하고 있음을 알 수 있다.
② B가 말한 웨딩홀의 정책은 성수기 수요 감소 전략에 해당할 수 있다.
③ C가 말한 웨딩홀의 정책은 비수기 공급 조정 전략에 해당할 수 있다.
④ D가 말한 평일 저녁 결혼식에 대한 웨딩홀의 할인 정책은 수요 측 조정 기법이다.
⑤ 웨딩홀은 성수기에는 더욱 사전 예약 제도를 활용해 고객 우선순위를 관리할 가능성이 높다.

**41** 다음은 의사협회 모임에서 의사들 사이의 대화이다. 대화에 관한 내용 중 옳지 <u>않은</u> 것은?

> A: "요즘은 병원도 경영 관리가 중요한 것 같아요. 그래서인지 일시적으로 환자가 증가하더라도 의사를 추가로 채용하기보다는, 파트타임 의사를 고용하는 경우가 더 많은 것 같아요."
> B: "저희 안과 병원은 100% 예약제로 운영하고 있어요. 사전에 예약하지 않은 환자는 검사나 기본적인 진료를 바로 받을 수가 없어요."
> C: "저희 병원은 기존에 1층에 있던 대기실을 변경해 대기실 겸 커피숍으로 함께 운영하면서 시설 낭비를 최소화하고 있어요."
> D: "저희 병원은 시력 교정 수술 환자를 추가로 유치하기 위해 친구, 가족 등이 함께 수술을 받을 경우 수술비를 할인해주는 이벤트를 실시하고 있어요."
> E: "병원마다 다양한 경영 관리를 하고 있네요. 저희 병원은 직장인 환자들이 늘고 있는 추세에 따라 일주일에 두 번 저녁 9시까지 추가 야간 진료를 하고 있어요."

① A의 파트타임 의사 고용은 일시적인 공급 증대 전략에 해당한다.
② B의 100% 예약제는 환자 수요를 분산시키기 위한 수요 조정 전략의 성격이 있다.
③ C의 병원의 경우, 서비스 시설 변경을 통한 비수기 공급 조정 전략의 성격이 있다.
④ D의 병원의 수술비 할인 이벤트는 수요 증대 전략의 성격이 있다.
⑤ E의 병원의 추가 야간 진료는 수요 감소 전략의 성격이 있다.

**42** 다음은 유럽 ○○ 항공사의 경쟁우위 확보를 위한 서비스 마케팅 전략들을 설명하는 사례이다. 가장 관련이 <u>적은</u> 전략은?

> ○○ 항공사는 항공 시장에서 경쟁이 심화되며 한때 큰 위기를 맞았었다. 그 이후, ○○ 항공사는 당일 출장이 가능하도록 이른 새벽과 늦은 밤 항공편을 증편하고, 대형 항공사가 취항하지 않는 노선에 신규로 취항하였으며, 대형 항공사와의 경쟁 노선에서는 낮은 가격의 상품을 출시하였다. 또한, XXX사를 인수하여 렌터카, 크루즈 여행, 영화관 등을 항공 상품과 연계하는 전략을 구사하면서 제2의 전성기를 맞고 있다.

① 차별화 전략
② 원가 우위 전략
③ 틈새시장 전략
④ 다각화 전략
⑤ 집중화 전략

**43** 다음은 서비스의 기본적 특징 중 어떤 특성을 가장 많이 염두에 둔 대화인가?

> H 호텔 관리자: "다음 주 예약이 전혀 없는 상황에서 손실을 최소화할 수 있는 좋은 방안이 있으면 제안해 주세요."
> H 호텔 지배인: "빈 방으로 한 주를 그냥 보낼 바에는, 유지 보수에 필요한 비용이 상쇄되는 수준에서 저렴하게 단체 투숙객을 받는 건 어떨까요?"

① 무형성
② 소멸성
③ 일회성
④ 이질성
⑤ 비분리성


**44** 다음의 상황에 처한 서비스 종사자에게 가장 필요한 두 가지는?

> K 요리점은 '고객이 원하는 최선을 제공하라'는 오랜 문화를 간직하고 있다. 연인인 이용감 군과 나미인 양은 유명한 면 요리점 K를 찾았다. 두 사람은 다양한 종류의 면 요리를 맛보고 싶어 했고, 네 가지 종류(4인분)의 면 요리를 각각 1인분의 절반씩만 제공하고, 나머지는 포장해 달라고 요청하였다. 그러나 종업원 B는 그러한 형태의 주문을 받을 수 없다며 주문 접수를 거절하였다. 조리원 C는 시간이 조금 더 걸릴 뿐, 기술적으로는 요청한 대로 제공하는 것이 전혀 문제가 되지 않는다는 것을 알고 있었지만, 접수 담당이 B이기에 별다른 이의를 제기하지 않았다.

① 규정 준수, 표준화된 서비스
② 서비스의 균질화, 예외적 서비스 지양
③ 일사불란한 관리체계, 조리 업무의 효율성
④ 임파워먼트(Empowerment), 종사원 사기 관리
⑤ 고객지향적 기업 문화의 체득, 고객 입장에서 생각하기

**[45~46]** 다음을 읽고 물음에 답하시오.

> A 호텔의 지배인은 최근 가나다 여행사로부터 사업 제의를 받았다. 현재 가나다 여행사는 중남미 여행객들에게 여행 상품을 판매하고 있는데, 예상보다 많은 고객이 몰려 기존에 계획했던 숙박업소 이용이 어려워지자 새로운 호텔을 찾고 있었다. 이에 따라 A 호텔에 숙박 서비스를 제공해 줄 수 있는지 문의한 것이다.
>
> A 호텔은 여행 기간 동안 숙박 제공이 가능한 객실이 남아 있는 상황이지만, 가나다 여행사는 숙박비를 일반 판매 요금보다 낮은 금액으로 제공해 주기를 원했다. A 호텔의 정상 객실 요금은 18만 원이며, 가나다 여행사는 12만 원으로 숙박료를 낮춰 달라고 요청했다.
>
> 현재 A 호텔이 위치한 지역은 성수기도 비수기도 아닌 시기이며, 주변에 다른 호텔도 많아 고객이 자발적으로 투숙할 확률은 약 50%다. 만약 가나다 여행사 고객을 받는다면 전 객실이 만실이 된다.

**45** 다음 제시되는 예를 보고, A 호텔 지배인이 해야 하는 의사결정 중 가장 적합하지 <u>않은</u> 것은?

① A 호텔 지배인은 객실로 인해 발생하는 기회비용과 부족비용을 감안하여 결정하는 것이 옳다.

② A 호텔 지배인은 향후 가나다 여행사와의 협업 가능성을 고려하여 객실 판매 여부를 결정해야 한다.

③ A 호텔 지배인은 소멸성, 동시성, 변동성, 무형성 등 서비스의 특성을 고려하여 판단해야 한다.

④ A 호텔 지배인은 공실에 대한 기회비용은 항상 서비스 부족비용보다 크다는 것을 감안하여 판단하여야 한다.

⑤ A 호텔 지배인은 성수기 · 비수기가 아닌 기간의 평균 고객 이용률을 고려하여 기대 이익을 분석해야 한다.

**46** A 호텔 지배인이 알아야 하는 정보 중 하나는 객실을 활용하여 얻을 수 있는 이익률에 대한 상황이다. 다음 설명 중 적합하지 <u>않은</u> 것은?

① 성수기에는 상대적으로 정상가 단기 고객의 비율이 낮고, 비수기에는 장기 고객의 비율이 낮아진다.

② 이러한 의사결정은 과거의 이용률과 시장 정보를 활용하여 고객 관계와 수익 기회를 함께 고려해야 한다.

③ 이익률을 관리하는 기본 방법은 가능한 높은 가격으로 판매하고, 동시에 이용률을 높이는 것이다.

④ 비싸게 판매하더라도 급하게 항공권을 구하려는 고객을 위해 좌석 일부를 남기는 항공사의 사례와 유사하다.

⑤ 예약 시스템이 잘 구축된 산업에서는 가격에 민감한 고객들이 예약을 통해 가격 절감 효과와 안정성을 추구한다.

[47~48] **다음의 사례를 읽고 물음에 답하시오.**

> F사는 그동안 서비스직 채용 시 외부 모집에 주로 의존해 왔다. 하지만 외부 모집으로 입사한 인력이 조직에 잘 적응하지 못해 최근 3년간 1년 내 이직률이 18.2%에 달했다. 이에 F사는 인사혁신 TF팀을 구성하여 외부 모집의 문제점을 파악하고 모집 방식을 개선하고자 하였다. TF팀은 외부 모집의 한계와 내부 모집의 장점을 담은 보고서를 경영진에 제출하였다.

**47** 인사혁신 TF팀의 보고서에 포함할 수 있는 외부 모집의 문제점으로 적절한 것은?

① 모집의 원천이 다양하지 않다.
② 고용 평등법을 충족시키지 못할 위험이 있다.
③ 새로운 아이디어와 견해가 유입되지 않는다.
④ 조직 내부 정치로 인해서 비효율적일 수 있다.
⑤ 선발 점수와 입사 후 성과 간 불일치 가능성이 높다.

**48** 인사혁신 TF팀이 대안으로 생각하고 있는 내부 모집의 장점으로 옳지 <u>않은</u> 것은?

① 장기 근속 유인을 제공한다.
② 충원 비용을 절감할 수 있다.
③ 훈련과 조직화 시간이 단축된다.
④ 성장기 기업에게 적합한 대안이다.
⑤ 능력이 충분히 검증된 인재를 채용할 수 있다.

> 산업 전반에서 서비스의 비중이 커지고 그 중요성이 강조되면서, 전통적인 제조 중심 기업들도 제품과 서비스를 하나의 패키지로 제공하는 전략을 시도하고 있다.
>
> 애플은 아이팟 제품과 아이튠스 서비스를 융합하여 시장에서 큰 성공을 거두었고, 롤스로이스는 비행기 엔진뿐만 아니라 정비 서비스를 연계하여 '엔진 사용' 자체를 상품화했다.
>
> 2000년대 들어 국내에서도 정수기 렌탈 서비스가 크게 유행했는데, 이는 제품이 아니라 그 제품이 제공하는 기능에 주목하는 전략의 성공 사례라 할 수 있다.
>
> 이처럼 인간의 삶을 풍요롭게 하기 위해 제공되는 제품과 서비스의 경계가 점점 흐려지고 있다. 전자책 시장에서는 제조 기업 소니와 아마존닷컴이 함께 경쟁 중이다.

**49** 위의 지문에서 언급된 애플과 롤스로이스의 경우가 해당하는 제품−서비스 통합전략은?

① 서비스 중심 PSS
② 결과 중심의 PSS
③ 과정 중심의 PSS
④ 제품 중심의 PSS
⑤ 서비스의 제품화

**50** 위 지문에서 정수기 렌탈과 같은 '사용 중심의 PSS'의 예시로서 적절하지 <u>않은</u> 것은?

① 공기청정기 렌탈 서비스
② 자동차를 구매하는 대신 이동성을 제공
③ 세탁기를 구매하는 대신 세탁 기능을 구매
④ 전산장비의 판매와 유지보수를 묶어 상품화
⑤ 전시장 운영사와 조명 업체 간 일정 조도 유지 조건의 계약

# 07

# 정답 & 해설

## 실전 모의고사 01회
174p

| 01 ① | 02 ③ | 03 ④ | 04 ⑤ | 05 ② |
| 06 ⑤ | 07 ⑤ | 08 ② | 09 ② | 10 ④ |
| 11 ③ | 12 ④ | 13 ③ | 14 ② | 15 ⑤ |
| 16 ② | 17 ④ | 18 ① | 19 ② | 20 ③ |
| 21 ② | 22 ④ | 23 ② | 24 ① | 25 ② |
| 26 ① | 27 ① | 28 ② | 29 ① | 30 ③ |
| 31 ② | 32 ⑤ | 33 ④ | 34 ① | 35 ④ |
| 36 ⑤ | 37 ③ | 38 ② | 39 ③ | 40 ③ |
| 41 ④ | 42 ① | 43 ③ | 44 ⑤ | 45 ⑤ |
| 46 ③ | 47 ③ | 48 ③ | 49 ② | 50 ③ |

## 일반형

### 01 ①

**오답 피하기**

- ② 고객접촉도가 높은 서비스업의 업무 효율성 제고를 위해 접촉이 꼭 필요한 부문은 접촉 강화 전략, 그렇지 않은 부문은 접촉 감소 전략을 활용하는 것이 필요하다.
- ③ 상호작용과 고객 맞춤화가 필요한 서비스업은 표준화된 운영절차와 엄격한 상하관계 관리가 필요하다.
- ④ 호텔 및 콘도와 같이 많은 자본투자가 이루어지는 서비스업은 성수기 수요를 비수기로 전환하는 수요 관리가 중요하다.
- ⑤ 상호작용과 고객 맞춤화 수준이 낮은 서비스업은 서비스 제공 인력의 전문성을 높이고, 수평적 상하관계 관리가 필요하다.

### 02 ③

**오답 피하기**

- ① 서비스 산업과 제조업의 구분이 필요하며, 특히 최근 제조업의 산출물인 제품의 차별화를 위해 서비스가 활용되고 있다.
- ② 도시화가 진행됨에 따라 서비스 산업이 성장하였다.
- ④ 서비스의 경우 임대의 개념으로 보는 것이 적절하며, 예를 들어 의료서비스의 경우 병원의 시설과 의사의 전문 지식을 빌리는 것으로 이해할 수 있다.
- ⑤ 서비스는 무형재이기에 첫 구매 시 고객이 기대를 형성하기 어렵다.

### 03 ④

**오답 피하기**

- ① 기대한 서비스와 경험한 서비스의 차이는 경험한 서비스 격차이다.
- ② 기대된 서비스와 고객기대에 대한 경영진의 인식 차이는 경영자 인지 격차이다.
- ③ 경영진 인식과 실제 서비스 전달 사이의 품질 명세 차이는 서비스 전달 격차이다.
- ⑤ 경영자 인식의 품질명세화와 고객기대에 대한 경영진의 인식 차이는 경영자 품질명세 격차이다.

### 04 ⑤

자원이 고객과 함께 이동하므로 고객은 자원의 변화를 관찰할 수 있다.

### 05 ②

서비스 프로세스가 일관된 경우 각각의 고객들을 위해 서로 다른 서비스 제공 프로세스를 개발하여야 하므로 종류와 다양성이 증가한다.

### 06 ⑤

서비스 수요의 변동성에 대한 특징으로 서비스 수요는 높은 변동성을 보인다. 월별, 주별은 물론 요일이나 시간대에 따라 수요가 변한다. 서비스 수요가 일정 시점에 집중되거나 시간별로 급격한 변동을 보일수록 수요 예측은 더욱 어려워진다.

### 07 ⑤

서비스에서 수율(Yield)관리는 가용 능력이 제한된 서비스에서 수요–공급의 관리를 통해 수익을 극대화하는 것을 말한다. 서비스 공급이 제한되고, 공급량을 초과하는 수요가 발생하면 초과 수요는 포기해야 하는 상황에서 수율 관리의 적합성은 높아진다.

### 08 ②

입사 후 성과가 높을 것이라고 예상되는 사람을 선발하였다면 선발의 예측 타당성이 높다고 할 수 있다.

**오답 피하기**

- ①, ③ 인재선발 방침과 관련이 있다.
- ④ 잘못된 선발의 예이다.
- ⑤ 선발 방식에 대한 내용이다.

### 09 ②

②번을 제외한 나머지 선지는 내부 모집에 대한 설명에 해당한다.

### 10 ④

고객 만족 경영에서의 고객은 내부고객을 포괄하는 개념이며, 적극적인 관계마케팅을 통한 전환비용 극대화를 통해 고객의 재구매를 활성화시킬 수 있다.

### 11 ③

고객을 계속 유지하기 위해서는 고객의 요구에 유연하게 대응할 수 있도록 종업원에게 높은 자율성을 부여해야 한다.

### 12 ④

시간이 지날수록 기술은 복잡해지고 고객은 이러한 기술의 진보를 따라잡지 못하고 있는 실정이다.

### 13 ③

서비스의 세 가지 속성 중 '신뢰 속성'은 서비스를 경험한 후에도 평가하기 어렵다는 특성을 가지고 있다.

### 14 ②

내부 상호작용 경계는 후방부의 직원 활동과 지원 시스템 간 경계를 의미한다.

**15** ⑤

매력적 품질은 고객의 기대를 초과하거나 고객이 미처 기대하지 못한 부분으로 충족 시 큰 만족감을 주며 불충족 시에도 불만족을 일으키지 않는다.

**16** ②

GAP2는 기업 경영진이 소비자의 기대를 잘 알고 있을 수는 있으나, 이것을 시행 매뉴얼로 제대로 옮기지 못하는 상황에서 발생하는 격차이다.

**17** ④

고객은 서비스에 대한 기대를 하고, 이에 따라 자신이 받은 서비스에 대해 평가를 하므로 과한 기대 수준은 기업의 이미지에 부정적인 영향을 끼칠 수 있다.

**18** ①

시장 조사 방법의 개선은 '시장 조사 갭'의 해결 방안에 해당한다.

**19** ②

내부 프로세스를 수행하는 종업원 또한 전체적인 관점에서 프로세스 중심의 사고를 갖는 것이 필요하다.

**20** ③

나머지 방법들이 정성적 예측기법의 성격이라면, 시계열 분석법은 정량적 예측기법에 해당한다.

**21** ②

현재 이용하려는 서비스 기업과 관련된 경험만을 과거 경험으로 보는 것은 매우 제한적인 관점이다. 즉, 고객들은 해당 기업뿐만 아니라 관련 있는 다른 기업들과의 경험도 비교하여 기대를 형성한다.

**22** ④

순환 주기 효과의 경우 어느 정도 기간 동안 발현되는지 명확히 정해지지 않는 경우가 많다.

**23** ②

**오답 피하기**

- ① 미리 도착하는 고객들에게 먼저 서비스를 제공할 수 있는 시스템은 일찍 도착해야 먼저 서비스를 제공받을 수 있기 때문에 시스템이 예약이 필요없다.
- ③ 고객에게 제공할 수 있는 평균 서비스 시간을 기준으로 예상 도착 간격을 정하고 서비스 제공자의 휴식 시간을 감안한 예약 간격을 설정한다.
- ④ 첫 번째 고객의 경우 예약을 이행하지 않았을 경우 서비스 능력의 유휴 시간으로 이어지게 되므로 신중히 결정하여야 한다.
- ⑤ 전제 서비스 제공 가능 시간에서 휴식시간과 비예약 고객을 위한 서비스 시간을 제외시켜 예약 간격으로 나누면 예약 일정을 결정할 수 있다.

**24** ①

**오답 피하기**

- ② 지원 배분 결정부터 일상 업무 활동까지 그 내용이 광범위하므로, 전 조직이 전략 수립에 적극적으로 참여하는 것이 필요하다.
- ③ 선택된 분야에 노력과 자원의 집중이 이루어지므로, 전략의 영향력은 상당히 크다.
- ④ 외부 환경의 기회·위협과 조직의 강점·약점을 적절히 대응하여, 각 사업의 장기적 경쟁우위를 달성하기 위한 목표를 설정한다.
- ⑤ 전략적 의사결정은 연속적으로 이루어지는 것이 일반적이며, 상호 보완적이고 일관된 패턴을 가져야 한다.



**25** ②

서비스 샵은 상호작용과 고객 맞춤화의 정도가 높다.

**26** ①

성수기와 비수기에 수요·공급 조정 전략 중 파트타임 종업원 추가 고용은 성수기 공급 증대 전략에 해당한다.

**27** ①

전통적 견해에서는 모든 갈등이 부정적이라고 가정하였으나, 인간관계적 견해나 상호작용적 견해에서는 갈등의 긍정적인 요소도 있다고 본다.

**28** ②

이 문항은 경력 개발 관리에 대한 설명이다. 이직 관리는 이직률의 증가를 막기 위해 이직과 관련된 사항을 관리하는 것을 의미한다.

**29** ①

4Cs는 Customer(고객), Cost(비용), Convenience(편의), Communication(소통)을 의미하며 상호작용 성격이 있다.



**30** ③

융합 상품의 개발 방식 중 정수기 판매회사에서 제품을 판매하는 대신 렌탈 서비스로 전환한 경우의 방식은 제품의 서비스화(Servitization)이다.

**31** ②

FCFS(First Come, First Service)는 선착순 우선 규칙으로 먼저 도착한 고객을 가장 먼저 서비스하는 규칙이다.

**32** ⑤

고객화란 고객 요구에 맞춰 서비스가 얼마나 개인화되고 차별적으로 제공되는지를 나타내는 정도이다.

**33** ④

표준화란 서비스 제공 과정과 결과를 균일하고 일관되게 유지하기 위해 명확한 기준과 절차를 정하여 모든 고객에게 동일한 방식으로 제공하는 것이다.

**34** ①

TQM(Total Quality Management)은 '전사적 품질 경영' 또는 '종합적 품질 경영'이라고 하며, 기업의 모든 구성원이 참여하여 모든 경영 프로세스와 활동에서 지속적인 품질 개선과 고객 만족을 달성하고자 하는 경영 방식이다.

**35** ④

오답 피하기
- ①, ③ 직원1의 발언은 예방 비용에 해당하는 설명이다.
- ② 직원2의 발언은 외부 실패 비용에 해당하는 설명이다.
- ⑤ 서비스 품질 관리가 우수한 기업은 서비스 실패 사전 방지를 위한 비용의 비중이 높다.

**36** ⑤

많은 판단력과 유연성이 요구되어 서비스 제공자의 능력 수준이 높아야 하는 것은 고객화된 서비스 프로세스에 해당한다.

**37** ②

신문 기사의 내용은 항공사의 정책 중 수율 관리에 관한 내용에 해당한다.

**38** ②

빙수 매장의 경우는 성수기 공급 증대 전략을 활용해야 한다.

**39** ③

마케팅 1팀이 계획하고 있는 방법은 내부 모집에 해당하므로 신속한 충원과 충원비용을 절감할 수 있는 장점이 있다.

**40** ③

사례의 평가 방법은 부하평가(상향식 평가)에 대한 것으로 3의 내용은 상사에 의한 고과에 대한 설명이다.

**41** ④

ST 전략이란 강점을 통해 외부 위협을 최소화하는 전략으로 '건강하고 친숙한 한국 음식'이라는 강점을 통해 세계 외식 시장에서의 치열한 경쟁(위협)을 최소화하기 위해 자체 브랜드력을 키우고 현지화 메뉴 개발을 하는 ST 전략을 보여주고 있다.

**42** ①

고객가치 연장에 대한 전형적인 사례이다.

**43** ③

직원 1의 방식은 수요 추구형 전략에 가까우며, 직원2의 방식은 공급 평균화 전략에 가깝다.
수요추구형 전략은 재고 관리의 부담이 낮으나, 서비스 인력을 그때그때 채용하거나 해고하는데 많은 비용이 든다. 공급 평균화 전략은 인력이나 장비를 안정적으로 유지할 수 있는 장점이 있으나, 재고 관리에 부담이 따른다.

**44** ⑤

E 병원의 추가 야간 진료는 의사들의 추가적인 노동 시간이라는 측면에서는 공급 증대 전략의 성격에 해당한다.



**45** ⑤

연장된 대기시간이 고객의 불만을 가져올 수 있으므로, 대기 시간에 대한 지각에 관심을 두어야 한다.

**46** ③

사례 3의 저녁 8시 30분 이후 고객에게 에피타이저 제공은 일반적인 저녁 식사 시간이 지난 이후의 추가적인 수요를 창출하기 위한 방안이다.

**47** ③

비수기 인센티브를 제공하는 전략은 성수기 수요 감소 전략에 해당한다.

**48** ③

원인이 설명되지 않았을 때 기다림을 더 길게 느낀다.

**49** ②

서비스는 제공자의 기분, 상태, 환경과 같은 다양한 조건 등에 따라 품질이 달라질 수 있다. 따라서 서비스를 일정 수준 이상의 균일한 품질로 만들려는 노력과 고객마다 다른 이질적 욕구를 충족시켜 주기 위해 고객별로 개별화시키는 것이 중요하다.

**50** ③

생산과 소비가 분리되지 않고 동시에 일어나는 비분리성 때문이다. 즉, 서비스는 생산과 동시에 소비되기 때문에 고객이 서비스 공급에 참여하여 서비스 생산에 관여함으로써 서비스 제공자의 일정 관리가 어렵다.

## 실전 모의고사 02회

190p

| | | | | |
|---|---|---|---|---|
| 01 ① | 02 ⑤ | 03 ② | 04 ⑤ | 05 ⑤ |
| 06 ① | 07 ⑤ | 08 ③ | 09 ④ | 10 ⑤ |
| 11 ② | 12 ③ | 13 ① | 14 ⑤ | 15 ③ |
| 16 ③ | 17 ③ | 18 ① | 19 ④ | 20 ① |
| 21 ④ | 22 ⑤ | 23 ⑤ | 24 ② | 25 ① |
| 26 ① | 27 ① | 28 ① | 29 ③ | 30 ④ |
| 31 ① | 32 ⑤ | 33 ③ | 34 ② | 35 ⑤ |
| 36 ③ | 37 ④ | 38 ④ | 39 ④ | 40 ③ |
| 41 ⑤ | 42 ⑤ | 43 ② | 44 ⑤ | 45 ④ |
| 46 ① | 47 ⑤ | 48 ④ | 49 ④ | 50 ④ |

## 일반형

**01** ①

서비스 패러독스가 발생하게 된 원인으로는 서비스 표준화, 기술기반의 비인간적 서비스 증가, 숙련되지 않은 일선 근무자의 서비스 제공, 셀프서비스 증가, 일부 기업의 좋은 서비스로 인한 고객의 기대 증가, 약속한 양질의 서비스 미제공 등이 있다.

**02** ⑤

서비스는 정형화된 틀에서 벗어날 때 진정한 가치를 발휘할 수 있다. 이는 시간과 장소에 따라 다양한 형태의 서비스가 요구되는 이유이기도 하다.

**03** ②

**오답 피하기**
- ① 최소한의 보증은 무보증보다 더 효율적이다.
- ③ 서비스 설계 단계에서는 고객과 종업원 등 모든 이해관계자를 포함시켜야 한다.
- ④ 복잡하고 법률적 언어는 피하는 것이 바람직하다.
- ⑤ 고객이 보증을 요구할 경우, 즉각적으로 대응하는 것이 필요하다.

**04** ⑤

**오답 피하기**
- ① 서비스 품질은 격차가 적을수록 우수하다고 할 수 있다.
- ② 이 모델은 서비스 경험과 기대 사이에서 발생 가능한 5가지 격차를 밝히는 것이다.
- ③ 품질 명세 격차는 고객의 기대를 정확히게 품질 명세화할 수 있는 계획 과정의 확립이 전제되어야 해결할 수 있다.
- ④ 품질 명세 격차는 서비스 품질 명세가 경영자가 인지하는 고객 기대와 불일치할 때 발생한다.

**05** ⑤

서비스 프로세스의 개선은 서비스 제공자의 입장이 아니라 고객의 입장에서 이루어져야 한다.

**06** ①

서비스는 시간 단위에 따라 수요 변화가 크기 때문에, 가능한 한 시간의 세분화된 단위에 따라 수요를 예측하고 관리하는 것이 바람직하다.

**07** ⑤

대기행렬이론에서는 한 고객을 처리하는 데 걸리는 서비스 시간이 지수분포를 따른다고 가정한다.

**08** ③

각 개인의 노동력은 동질적인 것이 아니며, 인적 자원은 각각 담당할 수 있는 직무와 그 직무를 수행하는 능력이 다르다.

**09** ④

**오답 피하기**
- ① 서열법의 장점이다.
- ② 기업들이 가장 많이 이용하는 직무 평가 방법은 점수법이다.
- ③ 평가 요소를 기준 직무의 평가 요소와 비교하는 방법은 요소 비교법이다.
- ⑤ 직무 요소마다 점수를 부여하고 통계화하여 직무 가치를 평가하는 방법은 점수법이다.

**10** ⑤

**오답 피하기**
- ① 고객 가치
- ② 고객의 요구사항 파악
- ③ 고객관계 관리
- ④ 서비스 수익체인(Service Profit Chain)

**11** ②

외부 환경 평가와 기업의 강점·약점을 바탕으로 기업 전략을 수립한 후, 경쟁 우선순위를 설정한다.

**12** ③

기능 전략을 적절히 설명한 것이다.

**오답 피하기**
- ① 사업 수준의 전략에 해당한다.
- ② 기능 전략에 대한 설명이다.
- ④ 기업 전략에 대한 설명이다.
- ⑤ 사업 전략에 대한 설명이다.

**13** ①

탁월한 서비스는 전사적으로 기획되고 설계된 서비스를 접점에서 전달하는 것으로, 단순히 접점에만 초점을 두는 것이 아니다.

**14** ⑤

경쟁우위를 위해 저가격의 제품 또는 서비스를 지속적으로 출시하는 데에는 여러 가지 불이익과 한계가 존재한다.

**15** ③

패널 면접은 다수의 면접자가 한 명의 피면접자를 면접하는 방식으로, 면접 후 피면접자에 대한 의견 교환과 보다 광범위한 평가가 가능하다.

**16 ③**

직무 평가는 조직 내에서의 상대적 중요도를 평가하는 것이므로, 동일한 직무라도 속한 조직에 따라 직무 평가 결과가 달라질 수 있다.

**17 ③**

수요 추구형 전략의 단점에 해당한다.

**18 ①**

고정 주문 간격 모형에서는 주기적으로 주문하지만, 주문량은 매번 달라진다.

**19 ④**

순환 주기 효과는 어느 정도의 기간 동안 발현되는지 명확히 지정되지 않는 경우가 많다.

**20 ①**

시장 조사 방법의 개선은 시장 조사 갭을 해결하는 방안에 해당한다.

**21 ④**

시간이 지날수록 기술은 복잡해지고, 고객은 이러한 기술 발전을 따라잡지 못하는 상황이 발생하고 있다.

**22 ⑤**

인터넷 쇼핑몰보다는 오프라인 마트에서 직원의 고객 응대가 더 중요하다.

**23 ⑤**

서비스는 잘못 판매했을 경우 돌려주거나 돌려받기 어려운 특성이 있다. 물론 불완전한 판매가 이루어진 경우 수정이 가능하나, 고객에게 깊은 불만을 남길 수 있다는 점을 인식해야 한다.

**24 ②**

서비스 패키지는 지원 설비, 명시적 서비스, 묵시적 서비스, 정보, 보조용품 등으로 구성된다.

**오답 피하기**

- ① 서비스 패키지는 특정 환경에서 재화와 정보를 함께 결합하여 제공되는 상품 묶음을 의미한다.
- ③ 핵심 서비스를 이용하기 위해 부대 서비스가 필요한 경우, 촉진 서비스는 핵심 서비스의 이용을 유도할 수 있다.
- ④ 서비스 경영자들은 고객이 원하는 서비스 패키지와 일치하는 종합적 경험을 제공하는 것이 중요하다.
- ⑤ 서비스의 무형적 특성으로 인해 서비스 경영자는 서비스가 무엇인지 명확하게 설명하기 어려우며, 이로 인해 서비스 패키지 개발이 필요하다.

OX형

**25 ①**

전체 고용 인구에서 서비스 부분이 차지하는 비중이 50%를 넘게 되면 '서비스 경제'로 진입했다고 볼 수 있다.

**26 ①**

유지비용과 주문비용은 상충 관계에 있으므로, 이 둘의 합계인 총비용은 하향 볼록형 곡선이 되어, 총비용을 최소화하는 주문량인 경제적 주문량이 존재한다.

**27 ①**

서비스 수요는 재고로 관리되지 않기 때문에, 수요가 발생하는 즉시 만족시키지 못하면 수요가 다른 제공자로 이동하거나 요구가 소멸되어 사라지는 경우가 많다.

**28 ①**

직위(Position)란 한 사람이 수행하는 일의 단위를 말하므로, 한 기업의 직위 수는 곧 그 기업의 인원수를 의미한다.

**29 ②**

고객 가치 창조를 위한 혁신은 가치 혁신(Value Innovation)과 비용 혁신(Cost Innovation)이다.

연결형

**30 ④**

신협력적이라는 것은 거시적 관계로서 서로 협력적인 관계를 의미한다.

**31 ①**

예방비용이란 품질 문제가 발생하지 않도록 사전에 예방하기 위해 투입되는 비용이다.

**32 ⑤**

서비스 품질 삼박자는 품질 개선을 위해 품질 계획, 품질 통제(관리), 품질 개선이 서로 조화로워야 함을 강조한 것이다.

**33 ③**

슈메너의 서비스 프로세스 매트릭스는 노동 집약도와 고객 맞춤화 정도에 따라 4가지 유형으로 나눈 서비스 분류 방법이다.

**34 ②**

서비스는 일방적으로 제공되는 것이 아니라, 회사, 종업원, 고객이 상호작용적으로 진행될 때 가장 큰 효과를 만들어낼 수 있다.

사례형

**35 ⑤**

많은 판단력과 유연성이 요구되어 서비스 제공자의 능력 수준이 높아야 하는 것은 고객화된 서비스 프로세스의 경우이다.

**36 ③**

호텔에 예약한 고객이 초과 예약으로 인해 서비스 제공을 받지 못하여 발생하는 비용을 재고 부족 비용이라 한다.

**37 ④**

A 회사가 적용한 기법은 델파이 기법에 해당한다.

**38 ④**

사례의 면접 방법은 공격적이고 피면접자를 무시하여 좌절하게 만들어 감정의 안정성과 좌절에 대한 인내성을 관찰하는 등의 평가 방법으로 스트레스 면접에 해당한다.

- 가. 전략적 제휴 전략: 두 개 이상의 기업이 공동의 목표를 달성하기 위해 계약을 맺고 자원을 공유하거나 협력하는 비즈니스 전략을 말한다. 합병이나 인수처럼 법적으로 통합되는 것은 아니지만, 서로의 강점을 활용해 시너지를 창출하고 시장에서 경쟁력을 높이려는 목적을 가진다.
- 나. 시장 침투 전략: 현재 존재하는 시장에서 기존 제품이나 서비스를 통해 시장 점유율을 확대하려는 전략이다. 즉, 새로운 제품을 만들기보다는 현재 판매 중인 제품을 더 많이 팔거나, 더 많은 고객에게 도달하거나, 경쟁자의 고객을 빼앗는 방식으로 성장을 추구하는 전략이다.
- 다. 제품 다각화 전략: 기업이 기존 시장 또는 새로운 시장에 새로운 제품을 추가하여 사업 영역을 넓히는 성장 전략이다.

**40 ③**

C가 말한 웨딩홀의 정책은 비수기 수요 진작 전략에 해당한다.

**41 ⑤**

E 병원의 추가 야간 진료는 의사들의 추가적인 노동 시간이라는 측면에서는 공급 증대 전략에 해당한다.

**42 ⑤**

이지젯 항공사의 사례에 예시된 전략적 활동들 중에 '집중화 전략'을 설명하는 부분은 낮다.
○○ 항공사의 전략은 여러 노선 확대, 가격 전략, 서비스 연계 등 다방면으로 사업 영역을 확장하고 있는 것으로, 이는 차별화, 원가 우위, 틈새시장, 다각화 전략과는 잘 맞지만, 하나의 특정 시장이나 고객군에 집중하는 '집중화 전략'과는 거리가 멀다.

**43 ②**

서비스의 소멸성은 서비스 상품이 저장되거나, 재판매하거나, 돌려받을 수 없는 속성을 말한다. 호텔 객실도 시간이 지나면 소멸되는 특성 때문에 시간이 경과하면 호텔이 줄 수 있는 서비스 편익도 사라진다.

**44 ⑤**

'고객의 원하는 가장 최선을 제공하라'는 기업의 문화를 잘 체득한 종업원이라면 두 사람의 주문을 기쁜 마음으로 수용하여야 마땅하다.


**통합형**


**45 ④**

현재 서비스에 대한 기회비용과 부족비용을 계산하기에는 자료가 부족하여 이를 감안하여 판단하는 것이 올바른지에 대해서 결정할 수 없지만 일반적으로 주위에 경쟁 호텔이 많은 경우에는 서비스 부족비용이 서비스 기회비용보다 크게 발생하는 경우가 많다고 볼 수 있다.

**46 ①**

성수기에는 상대적으로 정상가 단기고객의 비율이 장기고객의 비율보다 높아진다.

**47 ⑤**

내부 모집의 경우에는 기존 인력의 성과를 감안하여 선발하기 때문에 선발 점수와 실제 직무 성과 간 차이는 적겠지만, 외부 모집의 경우 선발점수와 실제 직무 성과 간 차이가 발생할 수 있다.

**48 ④**

성장기 기업은 내부 직원을 활용할 수 있는 여력이 부족하다. 성장기 기업들은 외부 모집을 활용하는 것이 일반적이다.

**49 ④**

제품 중심의 PSS는 제품을 판매하거나 사용하는 것을 촉진시키기 위해 서비스가 부가적으로 추가되어 제공되는 형태를 말한다.

**50 ④**

④번을 제외한 나머지 선지는 사용자 중심의 PSS에 대한 설명과 예시에 해당한다.

# MEMO

# MEMO

삶은 괴로운 것이다.
그리고, 살아간다는 것은
그런 괴로움 속에서
가치가 있는 의미를 찾아가는 것이다.

프리드리히 니체